Martin Steinhäuser

Kinderkirche, Christenlehre & Co.

Profilentwicklung in der bildungsorientierten Arbeit
mit Kindern in Kirchgemeinden

BAND 1
Arbeitsbuch für die Praxis

*Allen, die in der Kirche mit Kindern arbeiten,
sei dieses Buch hochachtungsvoll gewidmet.*

 Der Autor, Dr. habil. Martin Steinhäuser, arbeitet als Professor für Gemeindepädagogik und kirchliche Arbeit mit Kindern an der Evangelischen Hochschule Dresden, Campus Moritzburg.

Dieses Arbeitsbuch bündelt seine langjährigen Erfahrungen in der Praxis mit Kindern, in der Ausbildung von Studierenden und der fachlich-wissenschaftlichen Reflexion.

Impressum

Die Deutsche Bibliothek – Bibliographische Information
Die Deutsche Bibliothek verzeichnet diese Publikation in der Deutschen Nationalbibliographie; detaillierte bibliographische Daten sind im Internet über http://dnb.ddb.de abrufbar.

© 2023 Evangelische Verlagsanstalt GmbH, Leipzig
Printed in Germany

Das Werk einschließlich aller seiner Teile ist urheberrechtlich geschützt. Jede Verwertung außerhalb der Grenzen des Urheberrechtsgesetzes ist ohne Zustimmung des Verlags unzulässig und strafbar. Das gilt insbesondere für Vervielfältigungen, Übersetzungen, Mikroverfilmungen und die Einspeicherung und Verarbeitung in elektronischen Systemen.

Das Buch wurde auf alterungsbeständigem Papier gedruckt.

Covermotive: Bertram Kober, Leipzig
Gesamtgestaltung: Silke Kröger Grafikdesign, Berlin
Druck und Binden: Druckerei Böhlau, Leipzig

ISBN 978-3-374-07330-6
www.eva-leipzig.de

Vorwort

Es ist ein kostbares Geschenk und großartiges Privileg, Kinder in Kirchgemeinden willkommen heißen zu dürfen, mit ihnen zu feiern und zu diskutieren, zu spielen und mitzufühlen, zu singen und zu streiten. „Solchen gehört das Reich Gottes", sagt Jesus (Lk 18,16). Ein umfassenderer Ausdruck von Wertschätzung ist kaum denkbar. Diese Zusage kann Gestalt gewinnen, in Begegnungen, im gemeinsamen Suchen und Fragen, im Anteilnehmen und -geben.

Freilich ist dieses Geschenk mit Verantwortung verknüpft. Die „Kommunikation des Evangeliums" ist kein Selbstläufer, auch und gerade im Zusammenhang der Generationen. Die Kirche stellt sich der Verantwortung, indem sie Familien unterstützt und Menschen befähigt, mit Kindern in Gemeinden zu arbeiten. Haupt- und ehrenamtlich Mitarbeitende sind dabei die wichtigste Ressource.

Dieses Buch versteht sich als Teil solcher Unterstützung. Es zeigt Beispiele aus der Praxis und lässt Menschen zu Wort kommen, die auf unterschiedliche Weise beteiligt sind – Kinder und Gemeindepädagoginnen, Eltern und Kirchvorsteher. Es entfaltet Kriterien zur konzeptionellen Reflexion dieser Praxis und empfiehlt Schritte zur Profilentwicklung, vor Ort und in der Region.

Damit möchte ich Mut machen und Hilfen geben, sich auf die Arbeit mit Kindern im Sinne Jesu einzulassen und mit ihnen auf dem Weg des Glaubens und der Hoffnung unterwegs zu sein.

Danksagungen

Dieses Buch wurde durch ein Forschungsprojekt fundiert und inspiriert. Mein erster Dank gilt den Kindern, Eltern und Mitarbeitenden – sowohl jenen, die uns ihre Türen geöffnet und Gedanken gezeigt haben als auch jenen, die wir später, für die Zwecke dieses Buches, fotografieren durften.

Sehr herzlich möchte ich mich auch bei denen bedanken, die in der Datenerhebung und -auswertung geholfen haben, in der konzeptionellen Beratungsgruppe sowie bei der Verbesserung von Textentwürfen: Bettina Baumgärtel, Matthias Bellmann, Christoph Jung, Uwe Hahn, Steffi Heinrich, Sarah Helbig, Petra Lucas, Ulrike Pentzold, Janine Pflug, Annegret Pilz, Elise Pürthner, Verena Renner, Dr. Tino Schlinzig, Prof. Dr. Jörg Schneider, Christin Thoß, Ekkehard Weber. Ein besonderer Dank gilt meinem Kollegen Prof. Dr. Christian Kahrs, der dieses Projekt von Anfang bis Ende begleitet und mit großem Sachverstand befördert hat.

Dankenswerterweise bekam das Projekt institutionelle und finanzielle Förderung – von der Evangelischen Hochschule Dresden, den WERTESTARTERN (Stiftung für Christliche Wertebildung), dem Ev.-Luth. Landeskirchenamt Sachsens, dem Kirchenamt der Ev. Kirche in Deutschland, dem Landeskirchenamt der Ev.-Luth. Kirche in Bayern, dem Ev. Oberkirchenrat der Ev. Landeskirche in Württemberg sowie der KD-Bank-Stiftung.

„Ich [komme] auch aus Neugier, weil es mir Spaß macht, dass alle Kinder zusammen spielen können und zusammen sind und dass wir auch Geschichten erzählen und singen."

(Svenja aus Oberstadt)

Inhaltsverzeichnis

Einleitung ___ 8

Teil I
Impressionen aus der Praxis
Wie dieser Teil funktioniert ___ 20

Christenlehre im Dorf Wiesenbrunn
Eine Schnittfläche für Leben, Glauben, Generationen und Gemeinde ___ 21

Eine Stunde ___ 23
Die Kinder: *„Die Geschichten und die Gespräche über die Geschichten …"* ___ 26
Eine Mutter: *„Dass auch auf das Soziale viel Wert gelegt wird …"* ___ 28
Ein Vater: *„… der Grundstein für ein späteres Glaubensleben …"* ___ 30
Eine Kirchvorsteherin (und Mutter): *„… dass man sich hier zuhause fühlt."* ___ 32
Die Gemeindepädagogin: *„Das ist so das Erfüllende: Die Gemeinschaft."* ___ 34
Zusammenfassende und vergleichende Überlegungen ___ 36

Der Kindertreff in der Kleinstadt Oberstadt
Profilentwicklung im Experimentierfeld inszenierter Beziehungen ___ 39

Die Stunden ___ 41
Die Kinder: *„Weil es mir Spaß macht."* ___ 48
Eine Mutter: *„… dass es nicht eine Lehre ist."* ___ 50
Ein Kirchvorsteher (und Vater): *„Damit eben auch Kirche in Zukunft Gemeinde hat."* ___ 52
Die Gemeindepädagogin: *„Eine ‚offene Christenlehre', würde ich sagen."* ___ 54
Zusammenfassende und vergleichende Überlegungen ___ 56

Christenlehre im Dorf Waldhofen
Stabilisierung nach außen und Identität nach innen ___ 59

Eine Stunde ___ 61
Die Kinder: *„Dass es sich auf jeden Fall lohnt, dort hinzugehen …"* ___ 64
Ein Vater: *„… halt über Gott und die Kirche was zu erfahren."* ___ 66
Eine Kirchvorsteherin (und Mutter): *„Aber wie gesagt: Ein guter Selbstläufer"* ___ 68
Die Gemeindepädagogin: *„Das Weitergeben von der Guten Nachricht …."* ___ 70
Zusammenfassende und vergleichende Überlegungen ___ 72

Kinderkirche in der Großstadt Meisterfurt
Gewährleistung von Glauben und Zugehörigkeit ___ 75

Eine Stunde ___ 77
Die Kinder: *„… wir machen Gebete, Spiele, essen und trinken. Das große Thema ist Gott!"* ___ 80
Eine Mutter: *„Herzensbildung und Gemeinschaftsgefühl"* ___ 82
Ein Elternpaar: *„… so ein kleiner Hort des Glücks."* ___ 84
Ein Kirchvorsteher (und Vater): *„Der Ort, wo das am besten funktioniert."* ___ 86
Die Gemeindepädagogin: *„Dass es so bisschen eine innere Heimat auch ist"* ___ 88
Zusammenfassende und vergleichende Überlegungen ___ 90

Inhaltsverzeichnis

Teil II
Kinderkirche konzeptionell reflektieren

Wie dieser Teil funktioniert ___ 96

Glauben ___ 97
Leben ___ 100
Lernen ___ 102
Kirche als Gemeinde ___ 104
Beziehung ___ 106
Begegnung ___ 108
Beteiligung ___ 110
Vernetzung ___ 112
Didaktik und Mathetik ___ 114
Gemeinschaft ___ 116
Relevanz ___ 118

Teil IV
Schritte zur Profilentwicklung

Wie dieser Teil funktioniert ___ 156

Profilentwicklung im Überblick ___ 157
Den Auftrag klären ___ 160
Beteiligung ermöglichen ___ 162
Visionen kreativ entwickeln ___ 164
Gegebenheiten sichten ___ 166
Ziele formulieren ___ 168
Die Umsetzung planen ___ 170
Abschließen und evaluieren ___ 172
Lokale Profilentwicklung und regionale Kooperation ___ 174

Teil III
Kinderkirche als Prozess verstehen und gestalten

Wie dieser Teil funktioniert ___ 122

Grundfunktionen einer Christenlehre ___ 124
Gesamtintention ___ 126
Was ist „Sache"? ___ 128
Wie werden aus Sachen „Inhalte"? ___ 130
Begegnungen mit einer „Sache" vorbereiten ___ 132
Fokussierung ___ 134
Begegnungen planen ___ 136
Woher die Kinder kommen ___ 138
Der Übergang ___ 140
Der Raum ___ 142
Liturgisch-rituelle Elemente ___ 144
Erzählen ___ 146
Gespräche führen ___ 148
Einen eigenen Ausdruck gestalten ___ 150
Vernetzungen entwickeln ___ 152

Abschluss

Busfahrer, Hebamme, Backstage Manager? ___ 177
Nachdenkliche Ausblicke ___ 182

Anhänge ___ 187

Bildnachweise ___ 200

Einleitung

An wen richtet sich dieses Buch?

Engagierte in der Praxis
Dieses Buch ist vor allem für Menschen geschrieben, die sich in der kirchlichen Arbeit mit Kindern zwischen ca. 6 und 12 Jahren engagieren, ob haupt- oder ehrenamtlich. Es soll sie dabei unterstützen, ihr Tun zu reflektieren, sie inspirieren und ihnen Freude bereiten.

Erfahrene und Neulinge
Manche Leserinnen und Leser wissen längst, „wie das geht in der Kinderkirche". Vielleicht möchten sie sich dennoch Zeit nehmen, wieder einmal grundlegend über ihre Praxis nachzudenken, im Team Erwartungen abzugleichen oder eine Weiterentwicklung anzuschieben. Das Buch soll aber auch jenen nützen, die eine Ausbildung absolvieren, in den Beruf starten, oder sich überhaupt erstmal ein Bild verschaffen möchten, worum es geht.

Strukturelle Begleiter
Auch denjenigen Menschen, die diese Engagierten fachlich begleiten, die konzeptionell interessiert oder strukturell verantwortlich sind, wie z. B. in einer regionalen Arbeitsstelle, im Gemeindekirchenrat oder einer Synode, soll dieses Buch nützlich sein. Es soll ihr Verständnis für die innere Struktur und die Zusammenhänge in diesem Arbeitsbereich auffrischen und ihnen so helfen, ihre Rolle als Unterstützerinnen auszugestalten.

West und Ost, Nord und Süd
Die Geschichte der „Kirche mit Kindern" hat zu unterschiedlichen Konzepten und Namen geführt. Das betrifft auch die Strukturen von Haupt- und Ehrenamtlichkeit. Sehr deutlich wird dies, wenn man die evangelischen Landeskirchen in Deutschland, Österreich und der Deutschschweiz miteinander vergleicht. Selbst wenn man sich auf die Altersgruppe zwischen 6 und 12 Jahren begrenzt – es ist schwer, Übersicht zu gewinnen. Namen und Konzepte sind von regionalen Traditionen geprägt.

Der Titel signalisiert: In diesem Buch biete ich an, Überlegungen nicht über *Namen*, sondern *fachlich* zu organisieren. Dafür steht das Attribut „bildungsorientiert" im Untertitel. Auf den nächsten Seiten beschreibe ich, was ich damit meine. In *konzeptioneller Hinsicht* verwende ich „Kinderkirche" und „Christenlehre" gleichwertig, synonym.

Kein „Lehr"-Buch
Ich präsentiere in diesem Buch weder eine neue Konzeption von Kinderkirche noch fertige Praxisentwürfe. Vielmehr schlussfolgere ich aus der bereits angedeuteten Beobachtung zur Vielfalt: Wenn sich sowohl die *Praxis* als auch die *konzeptionellen Kriterien*, die diese Praxis leiten, zwischen Landeskirchen, von Region zu Region, je sogar von Ort zu Ort unterscheiden, und zwar teilweise erheblich, dann sollte eine Reflexionshilfe diese Unterschiedlichkeit (wenigstens teilweise) aufnehmen und *flexible* Mittel zur Profilentwicklung anbieten. Dieses Buch will kein *Lehrbuch* sein, sondern eine *Hilfe zur situationsspezifischen Erkundung*.

Einleitung

Worum es geht
Kind und Kirche

„Welche Kirche braucht das Kind?" Diese Frage, formuliert schon 1994 von der Synode der Evangelischen Kirche in Deutschland, ist grundsätzlicher Natur.[1] In ihrer Doppelsinnigkeit eröffnet sie eine Pendelbewegung zwischen der Selbstreflexion der Institution Kirche und den (vermutlichen) Bedürfnissen von Kindern. Die Frage eignet sich immer wieder neu, Praxis und Diskurs anzuregen.

Praxis in drei Akzentuierungen

Für dieses Buch konkretisierte ich die Frage zunächst so: „In welchen Formen begegnen sich Kirche und Kinder zwischen ca. 6 und 12 Jahren in der Kirchgemeinde?" Die Frage führt zu einer großen Vielfalt in der Praxis. Deren Ähnlichkeiten und Unterschiede lassen sich in Bezug auf drei Dimensionen ordnen:

- eine *liturgische* Dimension (akzentuiert z. B. im Kindergottesdienst),
- eine *freizeitpädagogisch-erlebnisorientierte* Dimension (akzentuiert z. B. in Jungschar und, je nach verbandlichen Akzenten, Pfadfindern) und
- eine *bildungsorientierte* Dimension (akzentuiert z. B. in Konfirmandenunterricht 3/8 bzw. 4/8 oder Christenlehre).

Es ist wichtig zu sehen, dass sich diese drei Dimensionen in den verschiedenen Formen überschneiden. Sie führen nicht zu trennscharfen Unterschieden. Man kann deshalb lediglich von *Orientierungen* und *Akzentuierungen* sprechen. Umso wichtiger ist es zu klären, worin die profilbildenden Unterschiede liegen.

Historische Ausformungen in Ost und West

Die derzeitige Vielgestalt ist ein *Kind historischer Entwicklungen*, speziell im Verhältnis zwischen ost- und westdeutschen Formen seit dem Zweiten Weltkrieg und nach der deutschen Wiedervereinigung. Das betrifft auch *bildungsorientierte Formen* der Begegnung zwischen Kirche und Kind.

In der DDR hatte die Kirche mit der Profilierung der gemeindlichen „Christenlehre" auf die Verdrängung des Religionsunterrichts aus der Schule reagiert. Insofern gehören unterrichtlich-didaktische Elemente zu ihren Wurzeln. Diese Wurzeln wurden schon seit den 70er Jahren des 20. Jahrhunderts durch die stärker lebensweltorientierte Funktion des „Begleitens" ergänzt. Naheliegenderweise entstand mit der Wiedereinführung des RU in den ostdeutschen Landeskirchen 1992 konzeptioneller Klärungsbedarf.[2]

In den westdeutschen Landeskirchen hingegen sahen die Kirchen insgesamt gesehen über Jahrzehnte ihre bildungsorientierten Anliegen im schulischen RU gut aufgehoben. Kirchliche Angebote folgten vorwiegend liturgischen oder freizeitpädagogischen Leitlinien und fanden in Vereinen und Verbänden eigenständige Organisationsformen. Interessant sind in diesem Zusammenhang allerdings Ansätze seit den 70er Jahren des 20. Jahrhunderts, Teile der Arbeit mit Konfirmandinnen auf das Grundschulalter vorzuziehen.[3] Die Perspektive auf die Bildungsorientierung als innerlich tragender pädagogischer Idee weist, bei aller Unterschiedenheit in der Ausformung, auf Schnittflächen zur ostdeutschen Christenlehre hin.

[1] Kirchenamt der Evangelischen Kirche in Deutschland (Hg.): Aufwachsen in schwieriger Zeit. Kinder in Gemeinde und Gesellschaft, Gütersloh 1995, 58ff.

[2] Vgl. etwa die Beiträge in: Comenius-Institut (Hg.): Christenlehre und Religionsunterricht. Interpretationen zu ihrer Entwicklung 1945-1990, Weinheim 1998.

[3] Hinderer, Martin u. a.: Zweiphasige Konfirmandenarbeit (KU 3/8 bzw. 4/8). In: Böhme-Lischewski, Thomas u. a.: Konfirmandenarbeit gestalten. Perspektiven und Impulse für die Praxis aus der bundesweiten Studie zur Konfirmandenarbeit in Deutschland, Gütersloh 2010, 201-212.

Einleitung

Aktuelle Herausforderungen

Eine Reihe von Faktoren tragen zu einer Art *tektonischer Sensibilisierung* im Feld religiöser Bildung allgemein bei, und so auch speziell im Blick auf bildungsorientierte Formate in den Kirchgemeinden. Zu nennen sind:

- gesellschaftliche Megatrends wie *Individualisierung, Pluralisierung und Säkularisierung*, eine Verschiebung sozialisationsbegründender Faktoren *von der Institution zur Person*,
- der anhaltende *Bedeutungsverlust der Großkirchen*, mit den damit einhergehenden Schrumpfungsprozessen und Strukturreformen. In den ostdeutschen Landeskirchen wirkt sich der jahrzehntelange Mitgliederrückgang bspw. in einem drastischen Minoritätenstatus christlicher Kinder in den meisten Schulklassen aus.
- Der *Religionsunterricht* in Deutschland wird sich angesichts der gesellschaftlichen Veränderungen weiter in Richtung eines interreligiösen und konfessionell-kooperativen Profils entwickeln müssen, wenn er „als ordentliches Lehrfach auch noch in zwanzig Jahren Teil des schulischen Fächerkanons sein soll".[4]
- Die Langzeit-Effekte der *Corona-Krise* erscheinen derzeit schwer abschätzbar. Umfragen belegen Veränderungen. Werden die beobachteten Rückgänge in den Teilnahme-Zahlen vorübergehender oder dauerhafter Natur sein?[5]

Konkretion „Christenlehre"

Wie bereits eingangs betont, empfehle ich, sich beim Nachdenken über diese Frage nicht am Namen aufzuhalten. „Christenlehre", das sei sofort zugestanden, wirkt als Begriff obsolet – sowohl religionsdidaktisch als auch pragmatisch. Umso faszinierender ist es, mit welcher Selbstverständlichkeit er vielerorts von Eltern, Großeltern, Kirchenvorständen und auch von Kindern weiterbenutzt wird. An anderen Orten hingegen wurde er inzwischen ausgetauscht durch Namen wie Kinderkirche oder Kindertreff, Schatzinsel, Senfkornbande usw. Insgesamt gesehen, fungiert der Name „Christenlehre" als *Dachbegriff*, wie ein *Markenname* für das verbindende bildungsorientierte Anliegen.[6] Historisch und empirisch gesehen, geschieht Christenlehre:

- systematisch (d. h. im planvollen Erschließen christlicher Tradition und gemeindepädagogisch vernetzt),
- kontinuierlich (d. h. in regelmäßigen Zeitabständen),
- gruppenbezogen (d. h. die versammelten Kinder spielen eine theologisch-didaktisch konstitutive Rolle als Gruppe),
- verbindlich (d. h. im Kontrakt zwischen Gemeindeleitung, Mitarbeitenden, Eltern und Kindern, dass so ein Format und eine verlässliche Bereitstellung und Beteiligung an ihm sinnvoll sei),
- ganzheitlich (d. h. in großer Vielfalt der gewählten Lernformen unter freizeitpädagogischer Berücksichtigung der kindlichen Bedürfnisse),
- begleitet (d. h. von ehren- oder hauptamtlichen, speziell qualifizierten und fortgebildeten Mitarbeitenden).[7]

Wenn ich im vorliegenden Arbeitsbuch den Namen „Christenlehre" verwende, dann auch deshalb, weil er gerade in seiner Sperrigkeit die Aufmerksamkeit auf den Bildungsgehalt des Tradierungsprozesses lenkt, also jenen Aspekt, der in „Kinderkirche" oder „Kirche mit Kindern" nicht ausdrücklich wird.[8]

---

[4] Kirchenamt der EKD (Hg.): Religiöse Orientierung gewinnen. Evangelischer Religionsunterricht als Beitrag zu einer pluralitätsfähigen Schule. Eine Denkschrift des Rates der Evangelischen Kirche in Deutschland, Gütersloh 2014, 8.

[5] Vgl. Hahn, Uwe: Wir können auch digital ... Eine erste kleine Zwischenbilanz zur Arbeit mit Kindern in Zeiten einer Pandemie. In: PGP 75 (2022), H. 1, 49; für den Kindergottesdienstbereich Greier, Kirsti/Sander, Andreas: Wahrgenommene Auswirkungen der Corona-Pandemie auf die Kirche mit Kindern. Ergebnisse einer Befragung unter Verantwortlichen in den Landeskirchen, https://comenius.de/wp-content/uploads/Greier_Sander_Broschure-KiGo-Corona-Befragung_EBiB_2022-09-29-2.pdf (2022, Abruf 27.2.2023).

[6] Vgl. Akremi, Leila/Merkel, Simone: Arbeit mit Kindern in Zahlen. Erhebung der Arbeit mit Kindern in der Evangelischen Kirche Berlin-Brandenburg-schlesische Oberlausitz, Berlin, Amt für Kirchliche Dienste 2014; Landeskirchenamt der Ev.-Luth. Landeskirche Sachsens (Hg.): Dokumentation Arbeit mit Kindern in der Ev.-Luth. Landeskirche Sachsens, Dresden o. J. (2019).

[7] Vgl. Steinhäuser, Martin: Art. Christenlehre. In: WiReLex (2021) https://www.bibelwissenschaft.de/stichwort/100214/ (Abruf 27.2.2023).

Bildung

Im Untertitel dieses Buches und in den bisherigen Absätzen dieser Einleitung ist von „bildungsorientiert" die Rede – was ist damit gemeint?

Der umfassende Anspruch

Mit der Verwendung des Bildungsbegriffs setze ich bestimmte Akzente im Verständnis des Generationenverhältnisses, speziell hinsichtlich der Überlieferung des christlichen Glaubens.[9]

In pädagogischer Hinsicht zielt Bildung auf die Menschwerdung des Menschen, auf Kritikfähigkeit und Vernunft, auf Solidarität und Verantwortung.

Theologisch gesehen, knüpft Bildung an die Glaubenstradition der Gottebenbildlichkeit an. Der Mensch soll sich von Gott her und auf Gott hin verstehen lernen und so Orientierung in der Welt gewinnen.

In der reformatorischen Tradition leitet sich aus der Rechtfertigungstheologie ein inhaltlicher Zusammenhang zwischen *Glauben und Bildung* ab. Weil niemand in seinem Glauben vor Gott vertretbar sei, solle jeder die *Bibel verstehen* und die *Lehre beurteilen* können. Deshalb gewinnt das Bildungsanliegen Bedeutung, sowohl auf der Ebene *familiärer* und *gemeindlicher* Katechese als auch im Blick auf öffentlich-schulische Bildung als auch auf die Selbstverständigung über das *Kirchesein von Kirche*.

„Bildungsorientiert"

Der Bildungsbegriff kann *verschiedene* religionspädagogische Handlungsfelder orientieren. Umgangssprachlich ist er stark mit der *Schule* verknüpft. Indem ich ihn trotzdem auf den *gemeindepädagogischen* Zusammenhang von Christenlehre/Kinderkirche beziehe, möchte ich drei Aspekte unterstreichen.

■ Der Bildungsbegriff verweist auf die Emanzipation und Verständigung des Subjektes mit seinem Gegenüber. Dies ist der pädagogische Anker dafür, dass die Fragen, Sichtweisen und Glaubensvorstellungen von Kindern wesentlich sind für Kinderkirche

> *„Im Prozess der Bildung geht es um den Prozess der Subjektwerdung des Menschen in der Gesellschaft als ein ständiges Freilegen seiner ihm gewährten Möglichkeiten."*[10]

und es dafür professioneller Rahmenbedingungen bedarf.

■ Die Kirche kann von den *Schulen* im öffentlichen Bildungsauftrag nicht erwarten, dass diese dem skizzierten rechtfertigungstheologischen Zusammenhang von Glauben und Bildung eine Gestalt geben. Dies muss die Kirche schon selber tun.

■ Christenlehre resp. Kinderkirche sind mit den anderen Formenkreisen der kirchlichen Arbeit mit Kindern (s. o.) zwar in einem *umfassenden* Bildungsbegriff verbunden,[11] setzen aber in der Inszenierung der Begegnung mit Sachen *spezifische konzeptionelle Akzente*. Diese Akzentuierung führt das katechetische Erbe in der Gemeindepädagogik bildungsorientiert weiter. Wie das konkret Gestalt gewinnt – darum geht es in diesem Buch.

---

[8] In ähnlicher Weise wird auch in einer neuen Handreichung der Evangelischen Kirche Berlin-Brandenburg-schlesische Oberlausitz (EKBO, 2022) der Begriff „Christenlehre" für bildungsorientierte Formatanteile der gemeindlichen Arbeit mit Kindern verwendet (https://akd-ekbo.de/wp-content/uploads/AKD_Handreichung_Christenlehre.pdf, Abruf 2.3.2023).

[9] Vgl. Kirchenamt der EKD (Hg.): Kirche und Bildung. Herausforderungen, Grundsätze und Perspektiven evangelischer Bildungsverantwortung und kirchlichen Bildungshandelns, Gütersloh 2009.

[10] Biehl, Peter: Die Gottebenbildlichkeit des Menschen und das Problem der Bildung – zur Neufassung des Bildungsbegriffs in religionspädagogischer Perspektive. In: Ders./Nipkow, Karl Ernst: Bildung und Bildungspolitik in theologischer Perspektive, Münster 2003, 9-102, 40.

[11] Vgl. z. B. Comenius Institut (Hg.): Gottesdienstliche Angebote mit Kindern. Empirische Befunde und Perspektiven (Evangelische Bildungsberichterstattung, Bd. 1), Münster 2018, 15f.

Einleitung

Weitere fachliche Voraussetzungen dieses Buches

Neben dem religionspädagogischen Bezug auf den Bildungsbegriff setze ich in diesem Arbeitsbuch einige weitere spezifisch gemeindepädagogisch-konzeptionelle Aspekte voraus.

Kommunikation des Evangeliums

Die Formulierung „Kommunikation des Evangeliums" hat in den letzten Jahrzehnten orientierende Kraft erlangt, nicht nur für die Gemeindepädagogik, sondern für die gesamte Praktische Theologie. Dabei weist „Kommunikation" darauf hin, dass ein Inhalt auf *Austausch* und *Dialog* angewiesen ist, um zur Geltung zu kommen. Ein kommunikativer Prozess ist grundsätzlich *ergebnisoffen*. Er unterstützt wechselseitiges Verstehen und bringt neue Ideen hervor, ist aber auch anfällig für Missverständnisse.

Das passt zum Charakter von „Evangelium". Denn worin die „Gute Botschaft" – z. B. eines biblischen Textes – liegt, erweist sich erst im Zuge seiner Kontextualisierung, seiner Aneignung aus der individuellen Lebensgeschichte oder kollektiven Situation heraus. „Evangelium" ist in diesem Sinne nicht etwas Feststehendes, das man *ermitteln* könnte, um es dann zu *vermitteln*. Sondern Evangelium hat die Qualität eines Ereignisses, das in der konkreten Begegnung Relevanz *gewinnt*.

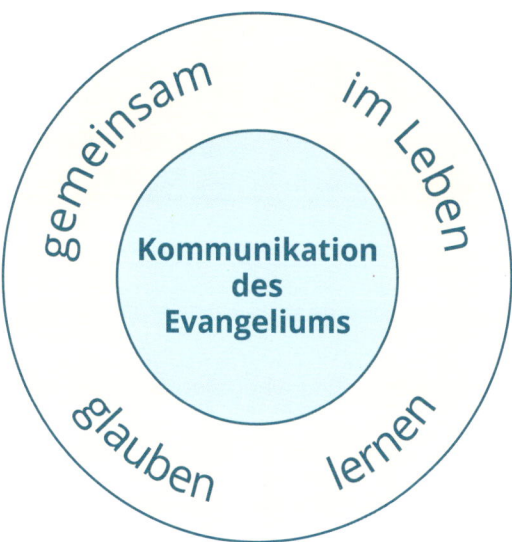

Die gemeindepädagogische Matrix

Die nebenstehende Grafik nenne ich eine „Matrix" (griech. wörtl.: „Gebärmutter"), weil sie vier maßgebliche Dimensionen zeigt, in denen die Kommunikation des Evangeliums in der gemeindepädagogischen Praxis sozusagen ins Leben kommt. Sie werden durch die Forschung, die diesem Arbeitsbuch zugrundeliegt, bestätigt und zugleich auch erweitert und präzisiert.

„Gemeinsam"

Kirchgemeinden lassen sich als *Sozialformen des Glaubens* beschreiben. In der Begegnung von Menschen, innerhalb von Gruppen, zwischen den Generationen gewinnt das Evangelium Gestalt.

„Im Leben"

Das Evangelium erzeugt keine Sonderwelt. Es erlangt Relevanz im *Alltag* der Menschen, in *Familien* und auf *Schulhöfen*, in *Gesellschaft* und Ökumene.

„Glauben"

Der Bezug auf den christlichen Glauben bildet das Alleinstellungsmerkmal der Christenlehre gegenüber vielen anderen sinnvollen und attraktiven Freizeitmöglichkeiten der Kinder. Kinderkirche soll diesen Bezug thematisch machen, subjektbezogen erkunden und praktisch einüben, was anderenorts keinen oder nur impliziten Raum hat.

„Lernen"

Eng mit dem Bildungs-Aspekt verknüpft sind Lehr-Lern-Prozesse. Christenlehre soll konkrete Zugewinne ermöglichen, Auseinandersetzungen und Vertiefungen mit Themen und Gegenständen der christlichen Tradition.

Perspektivenwechsel

Mit ihrem Plädoyer für einen „Perspektivenwechsel" setzte die bereits erwähnte EKD-Synode schon 1994 einen weiteren nachhaltigen Impuls. Sie kritisierte fehlende Wahrnehmungen für das den Kindern eigene Verständnis von Leben und Welt und für ihre Bedürfnisse und Vorstellungen. Mit theologischen, pädagogischen, soziologischen und psychologischen Gründen forderte sie, zu versuchen, die Welt mit den Augen von Kindern zu sehen.[12] Mit diesen Impulsen löste die Synode einen Prozess des Umdenkens in der kirchlichen Arbeit mit Kindern aus, der bis heute andauert.[13]

Konstruktivistische Didaktik

Das Plädoyer für einen Perspektivenwechsel spielt zusammen mit neueren Einsichten aus der Lernforschung. Diese lenken die Aufmerksamkeit darauf, dass Lernvorgänge stets von *aktiven Wirklichkeitskonstruktionen der Lernenden* abhängen, welche wiederum biografisch, kontextuell-situativ sowie von weiteren Faktoren vorgeprägt sind. Didaktisch gesehen, gibt es daher bestimmte Lerngegenstände nicht „an sich". Sie können immer nur in der Perspektive subjektiver Wahrnehmungen erschlossen werden. Erst im Diskurs dieser Wahrnehmungen entsteht (gegebenenfalls strittig), „was Sache ist", d. h. zu welchen Bedingungen die Lernenden Wirklichkeit konstruieren. Deshalb haben die Wahrnehmungen der Lernenden grundlegende Bedeutung für Planungsprozesse.[14]

Systemische Perspektive

Eine Beforschung und Konzeptionalisierung muss die Vielfalt möglicher Perspektiven auf Christenlehre in den Blick nehmen, also z. B. die *Eltern* sowie das zuständige *auftraggebende Gremium*, meistens ein lokaler Gemeindekirchenrat, einbeziehen. Erst in einer solchen systemischen Betrachtung kann ein realitätsgerechtes Bild von Kinderkirche entstehen.

Praxis in der Praxis reflektieren

Dieses Buch folgt der Idee, dass Praktikerinnen zu Expertinnen ihrer eigenen Praxis

---

[12] Vgl. o. (Anm. 1), 49f.

[13] Als Beispiel seien die Thesen zur gemeindlichen Arbeit mit Kindern im Raum der Ev.-Luth. Landeskirche Sachsens genannt, die 2022 unter dem Titel „Kinder sind Kirche" veröffentlicht wurden. (https://www.sonntag-sachsen.de/sites/default/files/thesen-kinder-kirchenkonferenz_thesen.pdf, Abruf 2.3.2023)

Einleitung

werden sollen. Eine Unterstützung besteht darin, ihnen Werkzeuge an die Hand zu geben, die ihre Reflexivität stärken, um der eigenen alltäglichen Praxis gegenübertreten zu können. Das erste Kapitel in Teil IV dieses Arbeitsbuches geht etwas genauer auf diese Idee ein (→ IV-1). Doch schon jetzt weise ich auf dieses Anliegen der „unterstützten Selbst-Aufklärung" hin, denn es schlägt sich in Struktur und Gestaltung dieses Arbeitsbuches (s. u.) nieder.

Verwendungsmöglichkeiten
Zum Blättern
Dieses Buch ist wie ein Journal gestaltet. Das soll Sie zum Querbeet-Lesen einladen. Die einzelnen Kapitel sind bewusst kurz gehalten – als Anregung, nicht als umfassende Abhandlungen. Natürlich können Sie auch der Gliederung folgen, aber lassen Sie sich ruhig erstmal animieren, Ihre eigenen Themen querbeet zu finden und dort zu verweilen.

Für eigene Erkundungen
Das Buch enthält Anregungen, die Sie für Reflexionen Ihres eigenen Kontextes nutzen können. Vielleicht wecken die Interview-Ausschnitte Ihre Neugier, selbst ein kleines Projekt aufzusetzen? In den Anhängen zeige ich Ihnen die Methoden, die wir für die Interviews mit den Kindergruppen entwickelt haben.

Bei Beratungen
Vielleicht nützt Ihnen das Buch als Themenspender für Besprechungen in den *lokalen oder regionalen Teams*, in denen Sie in der Arbeit mit Kindern tätig sind. Hinten eingelegt finden Sie auf perforiertem Karton ausgewählte Fotos, die Sie mit Methoden der Erwachsenenbildung einsetzen können, um Problembewusstsein zu schaffen und Profilentwicklungen in Gang zu setzen, z. B. in Gremien oder bei Elternabenden.

In Fortbildungen
Häufig ruht die Arbeit mit Kindern auf den Schultern von Ehrenamtlichen. Auch ihre

---
[14] Vgl. z. B. Mendl, Hans (Hg.): Konstruktivistische Religionspädagogik. Ein Arbeitsbuch, Münster 2005.

Einleitung

Zugänge möchte dieses Buch unterstützen. Vielleicht nützt es auch landeskirchlichen Instituten oder Professionellen auf Kirchenkreis-Ebene, die Ehrenamtliche in regionalen Fortbildungs-Einheiten befähigen.

Aufbau und Gestaltungsmittel
Vier Hauptteile

■ Das Buch startet mit Wahrnehmungen zur Vielfalt. Teil I nimmt Sie mit nach *Wiesenbrunn* und *Oberstadt*, *Waldhofen* und *Meisterfurt*. Zu jedem Ort beschreibe ich eine hospitierte Stunde, gefolgt von den Ergebnissen aus Interviews mit der betreffenden Kindergruppe, der Gemeindepädagogin, Elternteilen und einem Vertreter des lokalen Kirchenvorstands. Jeweils am Ende vergleiche ich die Sichtweisen der Gesprächspartner im betreffenden Ort miteinander – was erscheint als konzeptionell prägend?

■ Aus diesen Wahrnehmungen und Reflexionen zur Praxis, so punktuell sie auch sein mögen, habe ich eine Reihe *grundlegender Kategorien* abgeleitet (Teil II). Sie sind für jedwede bildungsorientierte Arbeit mit Kindern relevant.

■ Teil III überführt die gewonnenen Erkenntnisse in *Leitlinien zur Planung*, bringt also die gesammelten Einsichten zurück zur Praxis.

■ Teil IV ändert noch einmal die Fragerichtung: Wie kann man Profil und Struktur der bildungsorientierten Arbeit mit Kindern *insgesamt* reflektieren und ggf. weiter entwickeln – *lokal, in Teams, regional*?

Die nebenstehende Grafik gibt einen Überblick. Der äußerste Kreis nennt Stationen im Verlauf einer Christenlehre-Stunde, wie wir sie mehr oder weniger wiederkehrend in den Hospitationen des Forschungsprojektes angetroffen haben. Diese Stationen sind in den vier Stundenbeschreibungen im Teil I sowie in der zweiten Hälfte der Gliederung von Teil III wieder erkennbar. Sie sind Ausdruck für fünf Grundfunktionen einer Stunde, angeordnet im zweiten Ring. Weiter nach innen werden die Ringe von den systematischen, den prozesssteuernden und den bilanzierenden Kriterien gefüllt (Teil II), wobei im dritten Ring sowie im Zentrum die Begriffe der gemeindepädagogischen Matrix wiederkehren, leicht variiert.

Forschungsbezug

Den Teilen I bis III dieses Buches liegt ein Forschungsprojekt zugrunde, das am Campus Moritzburg der Evangelischen Hochschule Dresden (Studiengang Evangelische Religions- und Gemeindepädagogik) angesiedelt war. Vorgehensweise und empirische Ergebnisse sind, zusammen mit fachlich-kommentierenden Beiträgen, in einem Dokumentationsband veröffentlicht.[15]

Für das vorliegende Arbeitsbuch habe ich die empirischen Erträge (Teil I) stark gekürzt. Interview-Zitate (außer in den Kinderbriefen) sind um der leichteren Lesbarkeit willen geglättet. Wer tiefer in die Materie einsteigen will, kann die empirischen Texte über *QR-Codes* auf den Randspalten erreichen.

[15] Steinhäuser, Martin: „Kinderkirche, Christenlehre & Co". Profilentwicklung in der bildungsorientierten Arbeit mit Kindern in Kirchgemeinden. Bd. 2: Dokumentation und Kommentare zum Forschungsprojekt, Leipzig 2024.

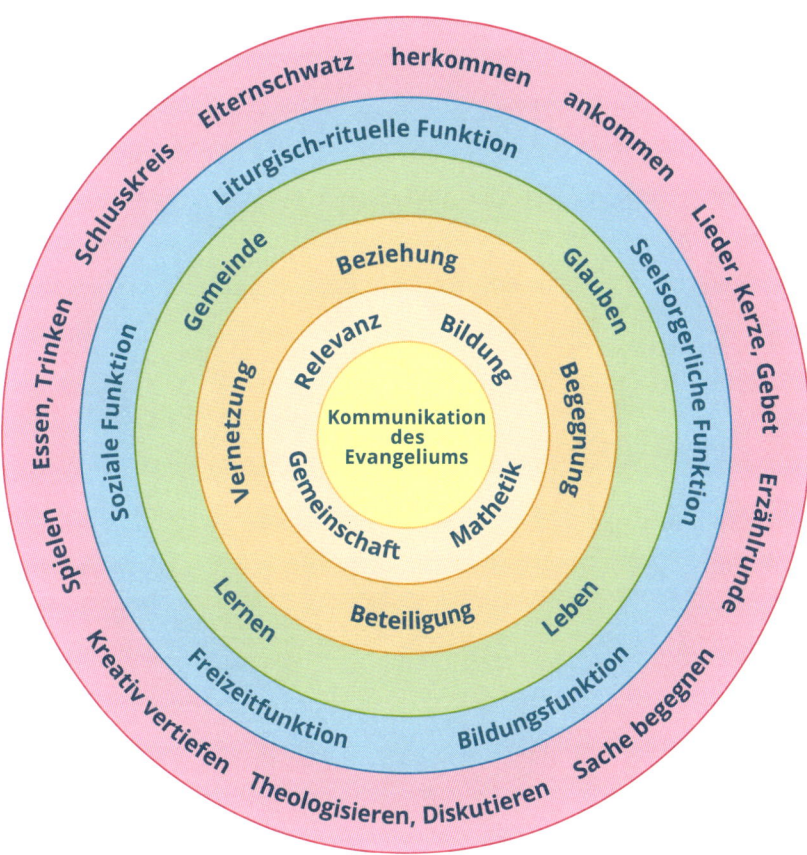

Einleitung

Dort sind dann auch die Interview-Zitate im Format der Transkripte zitiert, was sie noch einmal ein ganzes Stück anschaulicher, lebendiger, sozusagen „wirklicher" macht.

Gestaltungsmittel

Neben den QR-Codes werden die Lesenden durch weitere Elemente in ihrer Begegnung mit den Inhalten unterstützt.

Kleine Übungen in Teil I zielen darauf, Wahrnehmung und Deutung zu schärfen.

- *Strukturgrafiken* sollen raschen Überblick erleichtern.
- Hin und wieder gibt es Platz für *eigene Notizen*.
- Die *Bilder* hat der Leipziger Fotograf Bertram Kober speziell für dieses Buch angefertigt. Sie sollen die Betrachtenden hineinziehen, berühren, ihre Vorstellungskraft anregen.[16]
- In Kap. IV-4 verlinkt ein QR-Code auf ein kleines *Video*, welches die Anwendung der kreativen Methodik erläutert, die im Kapitel skizziert wird.

Sprache

Um sowohl geschlechtergerecht als auch sprachlich angenehm formulieren zu können, wechsele ich in der allgemeinen Benutzung maskuliner und femininer Formen willkürlich ab. Ausnahmen: Wörtliche Zitate sowie bei konkreten Bezügen auf die gemeindepädagogischen Mitarbeitenden in unseren vier Forschungsfeldern – der Zufall wollte es, dass unter ihnen kein Mann war.

[16] Wichtiger Hinweis: die Fotos wurden nicht in denjenigen Gemeinden gemacht, die wir im Rahmen des Forschungsprojektes besucht haben. Deren Anonymisierung von Orts- und Personennamen bleibt gewahrt.

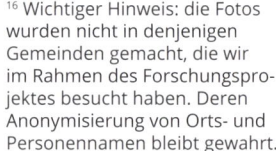

Einleitung

Das Reich Gottes gleicht einem Senfkorn, das ein Mensch nahm und in seinen Garten säte; und es wuchs und wurde ein Baum und die Vögel des Himmels wohnten in seinen Zweigen.

Teil I

Impressionen aus der Praxis

Wiesenbrunn und Oberstadt, Waldhofen und Meisterfurt. Kirchgemeinden in vier Dörfern und Städten zeigen unterschiedliche Gestalten bildungsorientierter Arbeit mit Kindern.

Wie dieser Teil funktioniert

Teil I dieses Arbeitsbuches lädt Sie ein, in die Rolle von Beobachtenden zu schlüpfen. Spüren Sie den Sichtweisen von Kindern und Eltern, Gemeindepädagoginnen und Kirchenvorständen nach. Fragen Sie sich selbst, wie man diese oder jene Praxis, diese oder jene Erzählung verstehen könnte. Das alles soll Ihnen nicht zeigen, „wie man es machen müsste", sondern Sie anregen, Ihre eigene Praxis zu reflektieren.

Weder umfassend noch objektiv

Was Sie im Folgenden lesen, sind Wahrnehmungen und Deutungen. Eine andere Stunde wäre ganz anders verlaufen. Andere Gruppen derselben Gemeinde oder andere Eltern hätten im Interview vielleicht ganz andere Vorstellungen geäußert. Ein anderes Forscherteam hätte anderes gesehen. In der Einleitung zu diesem Buch habe ich skizziert, wie wir gerade zu diesen Orten, diesen Hospitationen und diesen Gesprächspartnern gekommen sind. Unser Ziel ist es nicht, so etwas wie „Objektivität" zu erreichen. Unser Ziel ist es, fundierte Kriterien zur Praxisreflexion zu ermitteln.

Ein Vertrauensgeschenk

Ich persönlich empfinde solche Praxisbesuche als etwas sehr Kostbares. Menschen öffnen ihre Türen. Sie lassen sich auf Blicke von außen und auf Interviews ein. Das ist nicht ohne Risiko! Wie leicht fühlt man sich ‚bewertet', gar ‚zensiert'. Zumal pädagogische Interaktionen etwas Unvorhersehbares an sich haben. Man weiß vorher nicht wirklich, was passieren wird. Wie werden die Kinder reagieren? Was werden sie im Interview sagen? Und die Eltern? Ich habe es als ein Vertrauensgeschenk empfunden, zu Gast sein zu dürfen. Und ich bitte Sie als Lesende um Respekt und Wertschätzung für die gezeigte Praxis.

Wie Sie diesen Teil verwenden können

- Zitate in den Texten sollen Ihnen Situationen und Sichtweisen nahebringen. Um der Lesbarkeit willen sind diese Zitate weitgehend geglättet.
- Über QR-Codes gelangen Sie zu ausführlicheren „Fallbeschreibungen" und „vergleichenden Analysen" zum jeweiligen Abschnitt. Dort sind die Zitate nicht geglättet – und damit noch lebendiger und anschaulicher als auf den folgenden Seiten.[1]
- Interview-Ausschnitte und Übungen laden Sie ein, Ihre eigene Praxis vergleichend einzubeziehen.
- Natürlich sind alle Angaben anonymisiert. Das heißt auch: Die Fotos stammen nicht aus Wiesenbrunn und Oberstadt, Waldhofen und Meisterfurt! Sie sind als zusätzliches Hilfsmittel gedacht, um Ihre Wahrnehmung zu schärfen und Reflexionen anzuregen.
- Der „Wir"-Stil in den folgenden Texten signalisiert zum einen, dass ich die geschilderte Praxis nicht allein besucht und durchdacht habe – wir waren stets zu zweit oder zu dritt unterwegs. Zum anderen möchte der „Wir-Stil" Sie mit hineinnehmen in unser Sehen und Hören, Nachdenken und Fragen.

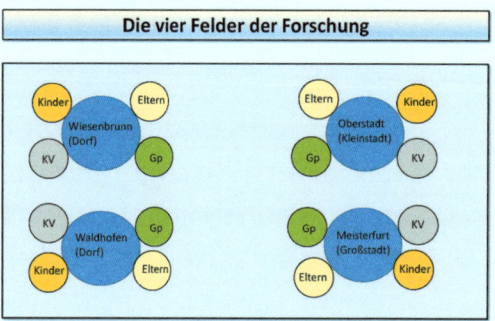

---

[1] Vgl. dazu auch den Dokumentationsband zum Forschungsprojekt, das diesem Arbeitsbuch zugrunde liegt (→ S. 15, Anm. 15).

Eine Schnittfläche für Leben, Glauben, Generationen und Gemeinde

Christenlehre im Dorf Wiesenbrunn*

Eine dörfliche Gegend im Osten Sachsens. Viele Häuser hier sind in einem spezifischen, traditionellen Stil gebaut und liebevoll gepflegt. Überhaupt spielen kulturelle und religiöse Bräuche in dieser Gegend eine große Rolle. Die Menschen dort sprechen gern und einladend von diesen Traditionen. Sie beklagen aber auch häufig, dass ihre Gegend unter sozio-ökonomischen Strukturproblemen leide. Als besonders gravierend sehen die Menschen, dass viele Junge die Gegend verlassen. Internetzugang und Handy-Empfang sind vielerorts mangelhaft. In den Einkaufsläden mancher Orte scheint die Zeit stehengeblieben zu sein. Aber man sieht auch neue mittelständische Produktionsgebäude, die von Aufbrüchen und wirtschaftlichen Perspektiven zeugen. So entsteht in unserem kleinen Forscherteam das Bild einer Gegend, in der die Menschen schwanken zwischen Resignation und Engagement.

*Alle Namen von Orten, Personen und anderweitigen identifizierbaren Bezügen sind anonymisiert; die Fotos bilden andere Gruppen an anderen Orten ab.

In Wiesenbrunn selbst leben reichlich 1.500 Menschen, von ihnen etwas mehr als 25% evangelisch. Katholiken bilden eine sehr kleine Minderheit. Das Pfarrhaus steht neben der Kirche und gehört zu den ältesten Gebäuden im Dorf. Es ist in der traditionellen Bauweise dieser Gegend errichtet und wurde vor Kurzem saniert.

Im Erdgeschoss befindet sich ein Raum für die Arbeit mit Kindern. Dicke Wände mit kleinen Fenstern, eine gewölbte Decke aus unverputzten Ziegelsteinen, eine indirekte Beleuchtung durch Standleuchten in den vier Ecken des Zimmers und ein Kaminofen mit einem Korb Feuerholz vermitteln eine gemütliche Atmosphäre. An den Wänden befinden sich eine Magnettafel sowie bunte Farben und vielfältige Bilder von oder für Kinder. Es gibt eine Eckbank mit Tisch, in einer anderen Ecke sind Stühle gestapelt; in einer Ecke liegt ein Berg Sitzkissen. Regale halten vielfältigste Utensilien bereit. Eine Leinwand kann von der Decke heruntergezogen werden. Mit einer Art „lebendiger Unaufgeräumtheit" vermittelt der Raum insgesamt einen einladenden, unverwechselbaren, absichtsvoll gestalteten, kreativen Eindruck.

Ebenfalls im Erdgeschoss des Pfarrhauses befindet sich die Gemeindeküche. Sie wird von der Gemeindepädagogin gern für die Kindergruppe mitgenutzt, zusammen mit einem Brotbackofen, der hinter dem Pfarrhaus im Garten steht.

Wir treffen an einem kalten, sonnigen Dienstag Mitte Januar kurz nach 15 Uhr am Pfarrhaus in Wiesenbrunn ein. Wir – das sind ein Student und der Autor dieses Buches. Gerade verabschiedet die Gemeindepädagogin Anna Lehmann die Kinder der vorhergehenden Gruppe und schwatzt mit einigen abholenden Eltern. Eine ältere Frau hilft mit bei der Vorbereitung von Kinderpunsch und Keksen. Ab 15.30 Uhr trudeln die Kinder der nächsten Gruppe ein – drei Jungen und fünf Mädchen im Alter von ca. 9 bis 10 Jahren. Der herzlichen Begrüßung nach zu urteilen, haben sie ein offenes, lebendiges, vertrauensvolles Verhältnis zu Anna Lehmann. Am Vormittag hat es geschneit. Die Kinder wissen, dass noch etwas Zeit ist, um den Schnee zu genießen, und gehen in den Garten, der sich zwischen Pfarrhaus und Kirche befindet. Anna Lehmann bereitet noch den Raum für die anschließende Stunde vor und gesellt sich dann zu den Kindern.

Manche Kinder starten eine Schneeballschlacht. Drei Mädchen bauen gemeinsam einen Schneemann. Ein Junge beobachtet die Gruppe, ohne selbst teilzunehmen. Erst als ein Mädchen ihn mit einem Schneeball trifft, macht er mit. Zwischenzeitlich kommt es unter den Kindern zu Regel-Konflikten, die sie einvernehmlich untereinander klären können. Gelegentlich bekommt auch Anna Lehmann Schneebälle ab und spielt mit. Danach sammelt sie die Gruppe und fragt, was die Kinder gern als Gruppe gemeinsam spielen würden. Die Mehrheit entscheidet sich für Schneeballfänger. Zunächst spielen alle mit. Den bereits erwähnten drei Mädchen scheint es bald langweilig zu werden, denn sie bauen lieber ihren Schneemann weiter. Dann bittet die Gemeindepädagogin die Kinder in den Christenlehre-Raum.

Eine Stunde

15.50 Uhr | Ankommen im Raum
Manche Kinder bedienen sich bei Keksen und Punsch. Andere sind auf unsere Aufnahmegeräte neugierig. Dann versammeln sich alle um den Tisch. Wir dürfen unsere Gastrolle erläutern. Es herrscht eine lockere Stimmung. Zwischendurch sagt die Gemeindepädagogin, was die Kinder heute erwartet. Während sie das Anzünden einer Kerze vorbereitet, kommen die Kinder langsam zur Ruhe.

15.55 Uhr | Anfangsritual
Die Gemeindepädagogin bestimmt (alphabetisch), wer heute die Kerze anzünden darf. Der Umgang mit Feuer konzentriert die Gruppe. Die Gemeindepädagogin hilft dem Kind, das ein bisschen ängstlich ist. Nach einem Wunschlied der Kinder („Eine Hand voll Erde") führt Frau Lehmann ein neues Lied mit Bewegungen ein („Gib uns Ohren, die hören"). Die Kinder machen unterschiedlich intensiv mit. Frau Lehmann nimmt die acht Kinder aufmerksam wahr und motiviert sie. Das Miteinander in der Gruppe funktioniert weiter, auch wenn sich die Gemeindepädagogin zwischenzeitlich mit einem einzelnen Kind beschäftigt.

Anna Lehmann erzählt kurz von ihrer persönlichen Weihnachtsferienzeit, was die Kinder sehr interessiert. Sie erwähnt, dass sie jedes Christenlehre-Kind seitdem schon wieder getroffen habe. Dann lädt sie die Kinder ein, Gott für Erlebnisse der letzten Woche zu danken oder um etwas zu bitten. Dazu reicht sie ein Kerzenglas im Kreis herum. Frido sagt nichts, auch nicht, als ihm Frau Lehmann Vorschläge macht, was er sagen könnte. Die anderen Kinder erzählen von persönlichen Erlebnissen. Ab und zu bremst die Gemeindepädagogin den Rede-Eifer. Am Schluss formuliert sie ein Gebet, in welchem sie versucht, alles Gesagte zusammenzufassen. Die Kinder falten die Hände und hören zu.

16.05 Uhr | Eröffnung des Themas

Mithilfe einer kurzen Abfrage leitet die Gemeindepädagogin über: „Wo wird, außer hier in der Christenlehre, gebetet?" Die Kinder antworten mit Wissen (Moschee) und persönlichen Erfahrungen (Kirche, Familie, Religionsunterricht). Die Aufmerksamkeit ist direkt nach der Frage am höchsten, doch schon nach wenigen Antworten machen es sich Lena, Antonia und Rahel liegend auf ihrem Stuhl oder auf der Bank bequem; es wirkt, als ob sie gedanklich abschalten. Wie wir im Interview mit ihrer Mutter am nächsten Tag erfahren, sind zwei von ihnen bereits seit 6.00 Uhr morgens im Früh-Hort gewesen und deshalb nachmittags oft etwas müde. Dann kündigt die Gemeindepädagogin an: „Ich habe euch eine Geschichte mitgebracht. Mal sehen, was ihr dazu sagt. Ob Jakob wirklich betet?" Sie liest eine ganz kurze Geschichte aus einem Buch vor. Diese endet mit einem Disput zwischen dem Kind Jakob und seiner Großmutter zur Frage, was als Gebet gelten könne.

16.08 Uhr | Diskussion

Sogleich beginnen die Kinder zu diskutieren, was ein Gebet ausmache und wie es aussehen könne. Die Gemeindepädagogin moderiert deutlich, aber nicht streng, und streut Informationen ein (z. B. zur Bedeutung von „Amen"). Dabei achtet sie darauf, dass die Kinder zunächst selbst versuchen, aufkommende Fragen zu beantworten. Die Kinder berichten von persönlichen Erlebnissen. Vier Kinder zeigen durch die Länge ihrer Gesprächsbeiträge und ihre Körperhaltung, dass sie intensiv am Thema beteiligt sind. Die anderen halten sich etwas mehr zurück und beschäftigen sich mit sich selbst oder mit dem Raum.

16.12 Uhr | Fokussierung
Am Ende des Gesprächs lädt die Gemeindepädagogin die Kinder ein, sich in einem Kreis aufzustellen. Dies erhöht die Motivation auch bei jenen Kindern, die gedanklich nicht mehr ganz bei der Sache zu sein schienen.

Mit wenigen Worten erklärt die Gemeindepädagogin den Kindern, dass sie ihnen nun das Vaterunser zeigen möchte, und verbindet die Vorstellung des Wortlauts mit unterschiedlichen Gesten zu den einzelnen Bitten. Die Kinder ahmen die Bewegungen nach und bringen eigene Ideen zu möglichen Gesten ein; einige kennen den Text bereits.

16.15 Uhr | Kreatives Erlernen des Textes

Anschließend erklärt die Gemeindepädagogin eine Aufgabe: Die Kinder teilen sich entsprechend ihres Kenntnisstandes des Vaterunsers in zwei Gruppen auf. Jede Gruppe bekommt den Text des Vaterunsers auf Papier ausgedruckt, dazu zwei Scheren und die Aufgabe, das Gebet zeilenweise zu zerschneiden, damit die jeweils andere Gruppe es anschließend in der richtigen Reihenfolge wieder zusammensetzen könne. Manche Kinder hören bei der Aufgabenstellung genau zu und fragen nach, während andere sich im Raum bewegen und kaum zuzuhören scheinen. Bei der Umsetzung der Aufgabe beteiligen sich jedoch alle lebhaft, wobei die Gemeindepädagogin diejenige Teilgruppe unterstützt, die größere Schwierigkeiten beim Lösen der Aufgabe hat. Es macht den Kindern offenkundig Spaß, sich getrennt voneinander und doch füreinander zu beschäftigen.

Nachdem die Gruppen die Schnipsel für die jeweils andere Gruppe vorbereitet haben, tauschen sie die Plätze. Die Kinder verabreden das Wie des Auslegens miteinander. Die Gemeindepädagogin hilft der einen Gruppe, in der drei Kinder sehr intensiv, akribisch und lautstark an der Bewältigung der Aufgabe arbeiten, wohingegen sich die zwei anderen lange zurückhalten und erst etwas später von den anderen Kindern und der Gemeindepädagogin einbezogen werden. In der zweiten Gruppe teilen sich die Kinder selbständig die Aufgabe untereinander und sortieren engagiert. Manche Kinder beginnen zwischenzeitlich ein Rutsch-Spiel mit den Kissen auf dem Fußboden.

16.27 Uhr | Vertiefendes Bewegungsspiel

Während einige Kinder noch mit Kissen durch den Raum rennen, erklärt die Gemeindepädagogin das anschließende Spiel. Einige Kinder bringen Ideen für Regeländerungen ein, was von der Gemeindepädagogin aufgenommen und ins Spiel übertragen wird. Es geht darum, im Raum umherzulaufen, sich in Zweierpärchen abzuklatschen und dabei die Reihenfolge des Vaterunsers stückweise zu wiederholen. Die Kinder realisieren diese Spielidee gern, auch die Gemeindepädagogin selbst spielt mit.

16.32 Uhr | Abschluss des Themas

Nach dem Spiel lädt die Gemeindepädagogin die Kinder ein, sich wieder im Kreis aufzustellen und gemeinsam das Vaterunser mit Bewegungen zu beten. Darauf lassen sich die Kinder ein, wobei jedoch ihr Bewegungsdrang und die nachlassende konkrete Konzentrationsfähigkeit spürbar sind.

16.35 Uhr | Ausblick und freies Spiel

Die Gemeindepädagogin kündigt den Kindern an, dass sie mit ihnen in der kommenden Woche einzelne Teile des Gebetes näher untersuchen möchte. Zwei Kinder ‚hängen' sich an die Gemeindepädagogin. (Schon während der gesamten Christenlehre-Stunde gibt es immer wieder Momente, in denen verschiedene Kinder engen körperlichen Kontakt zur Gemeindepädagogin suchen.)

Dann dürfen die Kinder selbst ein Spiel vorschlagen. Begeistert machen die Kinder einige Vorschläge und wählen aus: „Feuer, Wasser, Sand". Beim Spiel ist eine höhere Beteiligungsmotivation spürbar als in der thematisch-kreativen Phase. Ein Kind meldet sich, um Spielleiter zu sein. Die Kinder sagen, dass sie das Spiel aus der Schule als Wettkampfspiel kennen, jedoch wird es in der Christenlehre nicht als Wettkampf-, sondern als Bewegungsspiel gespielt. Während des Spieles tut sich ein Kind weh und beginnt zu weinen. Die Gemeindepädagogin tröstet es. Die Kinder bieten dem verletzten Kind an, neuer Spielleiter zu sein. Daraufhin scheinen die Schmerzen des Kindes zu verfliegen.

16.39 Uhr | Schlussritual

Die Kinder stellen sich erneut im Kreis auf. Das folgende Ritual scheint ihnen vertraut: Sie fassen sich an den Händen, wobei sie die Arme überkreuzen. Die Gemeindepädagogin wünscht den Kindern eine gesegnete Woche. Danach drehen sich die Kinder nach außen und lösen den Kreis auf. Noch einmal wird ein Gemeinschaftsgefühl innerhalb der Gruppe spürbar.

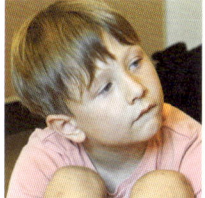

REFLEXION

Die beobachtete Stunde bietet den Kindern eine Fülle von *Beteiligungsmöglichkeiten*, welche von den Kindern auch tatsächlich ergriffen werden. Diese beziehen sich auf

- unterschiedliche *Gegenstände* (Spiele, Thema, Rituale),
- verschiedene *Formen* (verbal wie nonverbal, ruhig vs. bewegungsintensiv, kreativ-schöpferisch vs. gedanklich-rezeptiv) und
- unterschiedliche *Freiheitsgrade* (Beobachtung, Mitwirkung, Mitbestimmung – auch ein zeitweiser Rückzug aus dem Gruppengeschehen ist möglich).

Der häufige Wechsel von Sozialformen und Gestaltungselementen ermöglicht es auch jenen Kindern, die zwischenzeitlich ermüden oder sich aus anderen Gründen aus dem gemeinsamen Prozess zurückziehen, wieder einzusteigen und Anschluss zu finden. Die räumlichen Voraussetzungen werden von der Gemeindepädagogin geschickt zur Unterstützung der kindlichen Aktions- und Beteiligungsbedürfnisse genutzt.

Didaktisches Profil: Die „Sache" der Stunde lässt sich als „erste Sammlung von Merkmalen eines Gebetes und Aneignung des Textes des Vaterunsers" zusammenfassen. Es geht darum, Material für die Begegnung mit dem Thema zu sammeln und für spätere Vertiefungen bereitzulegen. Die gesetzten Impulse zielen nicht darauf, Bewertungen abzugeben oder Bedeutungen feststellen zu lassen. Es geht vielmehr darum, einen Problemhorizont zu öffnen und Erfahrungen und Wissensvorräte der Kinder für das Thema zu aktivieren.

Die Begegnung der Kinder mit dieser Sache ist zweifach „eingebettet": In Phasen frei gewählter, aber gruppenbezogener Spiele am Anfang und am Ende der Stunde sowie in die beiden rituell geformten Stücke der Lieder und der Kerzenrunde sowie des Schlusskreises.

Die Inszenierung des Themas wird nicht wie eine Unterbrechung in eine ansonsten abwechslungsreiche, beteiligungsorientierte und spielgeprägte Gesamtstruktur hineingestellt, sondern nutzt deren jeweilige Möglichkeiten für die thematische Begegnung, sodass der Eindruck eines organischen Ganzen entsteht.

Die *Beziehung* zwischen den Beteiligten ist von engagiertem wechselseitigen Interesse und herzlicher Zuwendung geprägt. Anna Lehmanns Verhalten verrät ein feines pädagogisches Gespür für die individuellen Bedürfnisse und eine Suche nach jeweils geeigneten Herausforderungen. Obwohl sie punktuell die Rolle wechselt und selbst mitspielt, sind keine Anzeichen zu erkennen, dass ihre Autorität als Leiterin der Gruppe von den Kindern insgesamt oder von Einzelnen infrage gestellt würde. Die Kinder wiederum zeigen ein vertrauensvolles und zugleich respektierendes Verhältnis zu ihr. Auch untereinander scheinen die Kinder aufmerksam und respektvoll umzugehen. Sie handeln Regeln aus, helfen dem verletzten Kind aus seinem Kummer, achten auf Balance in den Meinungsführerschaften und tolerieren die Außenseiterrolle von Frido, der sich wenig am Prozess beteiligt.

„Die Geschichten und die Gespräche über die Geschichten, da kann man viel lernen dabei und die machen auch Spaß."

Die Kinder

Feld 1: Fallbeschreibung Kinder

Nach der hospitierten Stunde können wir mit den acht Kindern ins Gespräch kommen. Sie antworten engagiert; es herrscht eine fröhliche, aufgeschlossene Atmosphäre. Frido nimmt, wie schon in der hospitierten Stunde, auch im Interview eine eher beobachtende Rolle ein.

Wir erfahren, dass alle die 3. oder 4. Klasse der Schule am Ort besuchen. Dort nehmen sie am Religionsunterricht teil. Er wird von einer kirchlichen Lehrkraft aus einem Nachbarort erteilt. Später sagt uns die Gemeindepädagogin, dass fünf der acht Kinder aus familiär-christlicher Sozialisation kommen.

Die Kinder wirken vertraut miteinander. Einige haben verwandtschaftliche oder nachbarschaftliche Beziehungen zur Gemeindepädagogin.

„... mit Rahel und Antonia laufen"

Schon der *soziale Kontext der Christenlehre* wird von manchen Kindern mit Freude verknüpft. (Antonia: „der Anna das Geschenk zum Geburtstag zu geben"; Lena: „dass ich mit Rahel und Antonia zu der Christenlehre laufen kann.") Die Beziehungspflege, u. a. auf dem Hin- und Rückweg, ist ein erster Faktor von Attraktivität.

„Weil's mir Spaß macht"

Spielen, Singen, Backen und Essen, Basteln – solche Aktivitäten verheißen eine *Erfüllung im Hier und Jetzt.* „Spaß" erscheint als Voraussetzung für die innere Beteiligung. Zudem erleichtert er die Auseinandersetzung mit *Inhalten.* (Matthias: „Die Geschichten und die Gespräche über die Geschichten, da kann man viel lernen dabei und die machen auch Spaß.") Wenn die Kinder freilich von „Lernen" reden, meinen sie eine freie Begegnung mit Inhalten – kein leistungsabhängiges Qualifikationslernen, wie etwa das Erlernen eines Instrumentes oder den Unterricht in der Schule.

„... da kriegt man mehr die Gefühle los"

Im Interview geben wir den Kindern die Möglichkeit, mithilfe von Stationskarten zur erlebten Christenlehre-Stunde eigene Schwerpunkte zu verdeutlichen. Bezüglich der Erzählrunde in der Anfangsphase der Stunde löst das eine lebhafte Kontroverse aus. Der untenstehende Auszug gibt zugleich einen guten Einblick in die ebenso nachdenkliche wie lebendige Artikulationsweise der Kinder.

Trotz unterschiedlicher Akzente zeigen die Kinder insgesamt eine hohe Wertschätzung. Gefühlsbetont können sie sich gegenseitig von ihren Erlebnissen erzählen. Sie erfahren die Gruppe als vertrauenswürdige, Halt gebende Struktur. Sie üben gleichermaßen Anteilgeben und Anteilnehmen ein. Eine vorgegebene Struktur füllen sie individuell. Einige Kinder wertschätzen die Erzählrunde ausdrücklich als Gelegenheitsmoment zur Verbindung von Alltagserlebnissen und religiöser Kommunikation („... man kann da gleich ...").

Lena: „Das, warte wo ist es, die Erzählrunde gefällt mir eigentlich nicht so krass. Weil dann hätten wir noch viel mehr Zeit zum freien Spielen und zum Backen und zum Essen."
Rahel: „Vor allen Dingen zum Essen."
Jonas: „Ich würde die Erzählrunde noch wieder rein legen, weil so kann man eben was von den anderen so ein bisschen erfahren und so."
Emil: „Ich würde wirklich Erzählrunde da lassen, weil da kriegt man mehr die Gefühle los."

Matthias: „Also Erzählrunde würde ich schon da lassen, man kann von sich berichten, man kann was loswerden, was man unbedingt erzählen will. Und man kann da gleich für das, für das Gott sagen oder danken oder bitten."
Pia: „Wenn was Blödes passiert ist oder oder so, was man halt einfach den anderen auch sagen will. Deshalb würde ich Erzählrunde auch lassen."

„Es ist schon spannend, was Gott so alles erlebt hat."

Im Laufe des Gesprächs kommen die Kinder häufiger auf eine Art „inhaltliches Zentrum" von Christenlehre zu sprechen. Ihr Bezug auf „Geschichten" wirkt wie eine Brücke hin zum Bezug auf „Gott". Zum Beispiel verschieben Rahel, Antonia und Emil zum Schluss des Gesprächs das hochgeschätzte freie Spielen (konkret: die Schneeballschlacht) in eine Art „Vorraum". (Antonia: „Ich würde das freie Spielen weglassen, weil dann könnten wir eher anfangen und schaffen wir vielleicht auch mehr.")

Noch deutlicher wird dies in den „Briefen". Am Schluss des Interviews haben wir die Kinder gebeten, einen Brief an ein fiktives Kind namens Oliver oder Olivia zu verfassen, das Christenlehre nicht kennt und in dem sie beschreiben sollten, worum es bei Christenlehre geht. Fast alle Kinder steigen mit dem religionsdidaktischen Profil ein und listen erst danach all die lustbetonten Aktivitäten auf. (z. B. Brief Rahel: „‚Hallo' Oliva, Cristenlere ist etwas über Gott du lernst sehr viel über gott. Es ist schon spannend, was Gott so alles erlebt hat. Man sinkt manchmal oder es wird gemalt, gebacken, wir hören noch andere spannende geschichten. Es geht UM 4 Los und geht bis UM 5 Uhr. Es gibt sehr coole sachen vor der Cristenlere darf man noch eine firtelstunde spilen (Drausen) Es macht jeden fals sehr viel Spaß. Deine Rahel")

Methodenkritisch kann nicht ganz ausgeschlossen werden, dass diese ‚theologischen Einstiege' durch Vermutungen der Kinder veranlasst wurden, wir würden etwas Bestimmtes hören bzw. lesen wollen (Phänomen der „sozialen Erwünschtheit von Antworten"). Dennoch fällt auf: Die Kinder haben die Aufgabe so bearbeitet, dass sie die inhaltlich-religiöse Thematik als spezifische Kategorie zum Verständnis der ganzen Veranstaltung hervorheben.

FOKUSSIERUNG

Die Kinder nennen keine außenliegenden Gründe, weshalb sie teilnehmen, wie etwa Druck des Elternhauses. Stattdessen zählen sie konkrete Aktivitäten auf, die ihnen Freude bereiten und wichtig sind. Zuverlässig werden diese in der Christenlehre realisiert; durch Wahl-Optionen können die Kinder sogar selbst dafür sorgen. Mitspielen, von sich erzählen, mitreden, mitmachen in jedweder Form, außergewöhnliche Ereignisse wie Brotbacken oder Interview-Gäste – solche Attraktoren bilden den positiven Horizont, den die Kinder unter dem Oberbegriff „Spaß" zusammenfassen. Auch religiöse Rituale und die Beschäftigung mit biblisch-kirchlichen Inhalten sehen die Kinder als integrative und profilbildende Formatmerkmale an.

> Hallo Oliver
> Bei der Cristenlere geht es um Gott.
> Wenn du nicht weist wer Gott ist.
> Gott ist eine Creatur die im Himmel Lebt.
> Und bei der Cristenlere spielen wir oft.
> Und backen viel und Kochen. Wir dürfen auch forher spielen was wir wollen.
> Jedes mal machen wir eine Erzählrunde.
> Danach Beten wir zu Gott. Und machen Andere Sachen.
> Dann machen wir denn abschlusskreis
>
> Von Antonia

→ Vielleicht wollen Sie Antonias Sichtweise ein wenig nach-denken – was fällt Ihnen auf?
→ Vielleicht nützt es Ihnen, darauf zu achten, wie sie „Vorgabe" und „Beteiligung" sowie „Inhalt" und „Tun" anordnet?
→ Würden Sie Antonia gern etwas fragen?

Teil I — Impressionen aus der Praxis

„Dass auch auf das Soziale viel Wert gelegt wird, ja und dann eben die ganzen Bibelsachen."

Eine Mutter

Frau Kaiser (ca. 35 J.) erzählt, dass sie selbst nicht religiös sozialisiert worden sei, aber über die Christenlehre-Teilnahme von Antonia und Lena (9 J.) Anschluss an die Kirchgemeinde gefunden habe. Inzwischen ist Anna Lehmann, die Gemeindepädagogin, Patentante der Zwillinge. Frau Kaiser spricht begeistert über die Christenlehre, mit viel Detailwissen. Fast wirkt es so, als ob sie über ihre Töchter selber an der Christenlehre teilnähme. Ihr Lebenspartner sei zwar selbst ungetauft, hätte aber nichts dagegen einzuwenden, dass die Kinder die Christenlehre besuchen.

Frau Kaiser arbeitet als Erzieherin in einem nahegelegenen Dorf, weshalb sie die Zwillinge an manchen Tagen schon sehr zeitig in den Früh-Hort der Schule bringen muss. Sie ist froh, dass die Christenlehre in ihrem Wohnort stattfindet und die Kinder selbständig hinlaufen können.

„Dieses Gemeinschaftsgefühl"

Frau Kaiser sieht in der Christenlehre ein hohes *gemeinschaftsstiftendes und -vertiefendes Potential*. („Was denen viel bringt, ist dieses Gemeinschaftsgefühl, eine Gruppe zu sein, der Austausch mit den Freunden.") Das ist für sie von zentraler Bedeutung. Die Patenbeziehung zwischen der Gemeindepädagogin und ihren Töchtern ist eine spezifische, familiale Symbolisierung dieses Gemeinschaftsgedankens. Die Christenlehre stellt einen gleichsam institutionellen Rahmen, in dem die Patenbeziehung in wöchentlichem Rhythmus gepflegt werden kann. Frau Kaiser ist auf diese Beziehung stolz und betont deren ausstrahlende Wirkung auf andere Kinder. („Die sind sehr beliebt, die Zwillinge. (…) Also wenn wir wo fehlen, dann fehlen auch meistens zwei, drei andere Kinder.")

„Selber tätig werden"

Beteiligungs- und erlebnisintensive Aktionen bilden für Frau Kaiser ein zweites prägendes Merkmalsbündel von Christenlehre. Miteinander spielen, kochen, backen, draußen etwas unternehmen oder bauen, mit der Gemeinde Kirmes feiern, Reitfreizeiten – immer wieder kommt Frau Kaiser im Laufe des Interviews auf solche Praxisformen zu sprechen, um den spezifischen Wert von Christenlehre zu illustrieren. („Dass sie selber tätig werden können. Manchmal war ich auch schon mit da helfen. Die Anna fragt die auch viel: ‚Was wollt ihr machen?'") Um die Möglichkeit zur *Eigenaktivität* für die Kinder zu betonen, zieht sie „Unterricht" als Gegenhorizont heran. („Dass denen das eben nicht so vorkommt, als wäre das jetzt wie eine Unterrichtsstunde.")

„Und dann eben die ganzen Bibelsachen"

Auch Frau Kaisers Sicht auf die *Inhalte* von Christenlehre sind vom Gemeinschafts- und Beteiligungsgedanken geprägt. Wenn mal ein Arzttermin den Besuch der Christenlehre verhindere, dann löse das ein „Drama" bei den Zwillingen aus – aber nicht, weil sie dann Bibelgeschichten, sondern Back-Aktionen verpassten. Die Begegnung mit gängigen religionsdidaktischen Inhalten erwähnt sie summarisch. („Dass auch auf das Soziale viel Wert gelegt wird, ja und dann eben die ganzen Bibelsachen eben.")

Es ist ihr wichtig, dass die Kinder in der Christenlehre von den sozialen Problemen erfahren, unter denen Kinder in anderen

---

„Also die kennen die [Anna] ja wirklich jetzt nicht bloß hier von der Christenlehre, die kennen die auch von der Singegruppe und dass die auch eine wichtige Bezugsperson ist und dass die eben auch Fragen stellen können. Vielleicht auch mal etwas, das das Herzl drückt. Wo der Opa gerade gestorben ist oder so. Da denke ich nämlich schon, dass sie mich da nicht so fragen wollen oder mit mir darüber reden wollen, weil es mich sehr betroffen hat, dass sie da lieber mal dort nachgefragt haben."

→ In diesen Sätzen skizziert Frau Kaiser einen recht komplexen Zusammenhang von Inhalten und Personen. Wenn Sie einmal versuchen, die einzelnen Elemente zu sortieren – welchen ‚mütterlichen Auftrag' an die Christenlehre würden Sie ableiten?

Teilen der Welt aufwachsen. Sie sollen Gelegenheit zu helfendem Engagement bekommen. Außerdem begrüßt sie, dass die Gemeindepädagogin *eigene Fragen der Kinder* aufnimmt; beispielsweise „Fragen über Gott" oder zum Thema „Tod" verknüpft sie mit einer Kerzenaktion auf dem Friedhof. Die Kinder sollen „das alles besser verstehen", und zwar die Praxis von Gemeinschaft und Beteiligung hindurch. („Ich glaube, die kriegen das gar nicht so richtig mit, dass die etwas lernen.")

„Wissen, wie das ist in der Kirche"

Im Sinne eines Nebeneffektes verspricht sich Frau Kaiser von der Teilnahme ihrer Töchter an der Christenlehre auch eine Immunisierung gegen gesellschaftliche Zerrbilder von Kirche, wie sie sie in ihrem Umfeld erlebe. („Ich sehe das ja bei mir auf Arbeit, wenn ich da manchmal so meine Eltern bezirze, weil in C-Dorf gibt es die Kirchenmäuse und da gehen zwei Kinder aus der Einrichtung hin und die eine Mutti, die war immer so skeptisch ‚Naja in der Kirche, die sind ja alle ein bisschen anders' und so Vorurteile: ‚Die sind alle blöde und öko' und was weiß ich, was die sich da alles denken, wir sind eine Sekte oder irgend so etwas. Da will ich halt eben, dass die wissen, wie das ist in der Kirche und dass sie sich da aufgehoben fühlen können.")

„Beten – das machen die eigentlich hier"

Frau Kaiser hält die Christenlehre auch deshalb für nötig, weil sie selbst von einer *familiären religiösen Erziehung* überfordert sei. Sie begründet das mit dem eigenen früheren Religionsunterricht. („Das war so ein Ausruhfach, wir haben da immer bloß bisschen trallala gemacht und so.") Zwar besäßen ihre Zwillinge Kinderbibeln, aber „wenn sie Fragen haben über Gott" – dann gehörten die in die Christenlehre. Eine Gebetspraxis gebe es derzeit in der Familie nicht; wie es ihre Töchter für sich selbst halten, ist ihr unklar. („Also beten tun wir zuhause überhaupt nicht. Das machen die eigentlich hier [in der Christenlehre] und wenn jetzt zuhause, weiß ich nicht, ob die das abends so für sich in Gedanken machen, das kann schon sein.")

> **FOKUSSIERUNG**
>
> Frau Kaiser entwickelt ihr Verständnis von Christenlehre nicht in Bezug auf formal-institutionelle Kriterien, etwa weil dies zur Kirchgemeinde eben dazugehöre. Ebenso wenig beeinflussen persönlich-traditionsgeleitete Aspekte, wie eigene positive Christenlehreerinnerungen, dieses Verständnis. Ausschlaggebend ist für sie vielmehr die *sozialisatorisch-unterstützende Funktion* von Christenlehre. Insgesamt gesehen, zeichnet sie ein Bild von Christenlehre als einer *Begleitagentur des Aufwachsens unter dörflichen Bedingungen.* Kinder, Kirchgemeinde und Elternhaus erscheinen im Projekt der Sozialisation miteinander vernetzt. Begleitet von einer vertrauenswürdigen Person, sorge die Christenlehre dafür, dass ihre Töchter mit ihren Fragen und Bedürfnissen zum Zug kommen können. So entsteht mit Blick auf die Kirche letztlich ein positiv gefärbter Erfahrungsniederschlag.

Teil I — Impressionen aus der Praxis

„Letztendlich wird ja dort der Grundstein gelegt, glaube ich, für ein späteres Glaubensleben. Also mit natürlich, neben der Familie."

Ein Vater

Feld 1: Fallbeschreibung Vater

Herr Becker (43 J.) arbeitet als Ingenieur. Als Kind, so erzählt er, sei er selbst zur Christenlehre gegangen. An damalige Inhalte, Erlebnisse und Personen könne er sich zwar kaum erinnern, wohl aber an ein ganz selbstverständliches Ein- und Ausgehen im Gemeindehaus und ein Gefühl von Zugehörigkeit. Seit einigen Jahren wohnt er mit seiner Familie in Wiesenbrunn und engagiert sich an verschiedenen Stellen ehrenamtlich in der Kirchgemeinde. Von seinen vier Kindern hatten wir Jonas, den Ältesten, am Vortag in der Christenlehre kennengelernt. Die Familie ist der Gemeindepädagogin nachbarschaftlich und freundschaftlich verbunden; gern gehen deren Tochter Pia und sein Sohn Jonas den Weg zur Christenlehre gemeinsam.

Um seine Sicht auf Christenlehre zu verdeutlichen, verwendet Herr Becker Abgrenzungen – hinüber zum Religionsunterricht, aber auch zur christlichen Erziehung in der Familie. Dabei weist er verschiedenen Lernorten verschiedene Funktionen zu.

„Wo jetzt (...) die Religionen allgemeiner behandelt werden"

Im *Religionsunterricht* ginge es darum, den Kindern einen allgemeinen Überblick über Religionen zu geben. („Wo jetzt, sage ich mal, die Religionen allgemeiner behandelt werden: ‚Das gibt es, daran glauben -.'")

Gleichwohl erzählt er auch zum schulischen Kontext von Erfahrungen, die „in die gleiche Richtung" wie *Christenlehre* wiesen. Die Kinder des RU der 4. Klasse hätten ein Krippenspiel eingeübt und am letzten Schultag vor Weihnachten in der Kirche für die Kinder der ganzen Schule aufgeführt. Da habe Jonas begeistert mitgewirkt.

„Wo einfach das Selbstverständnis des Glaubens wachsen kann"

In der *Familie* gehe es um die alltägliche Praxis des Glaubens. („In der Familie wird, glaube ich, das christliche Leben gelebt.") Die Eltern wollen ihren Kindern „weitervermitteln", was sie für wichtig halten. Doch diese Lebenspraxis bedürfe einer Ergänzung. Deshalb bestimmen Herr Becker und seine Frau die Christenlehre als einen „festen Punkt" in der Konkurrenz möglicher Nachmittagsgestaltungen des Kindes. („Also da wird da eigentlich nicht darüber diskutiert.") Die Eltern hoffen auf innere Zustimmung des Kindes, auch in einer späteren Retrospektive. („Also ich würde mir wünschen, dass er nicht sagt: ‚Ich musste da ja hingehen, ich hatte ja keine Wahl. Ihr habt mich ja da hingeschickt.'")

„Letztendlich wird ja dort der Grundstein gelegt"

Die *Christenlehre* sieht Herr Becker nun als die nötige bezugnehmende Ergänzung zum familiären Erziehungsbemühen. Dieses wird vom Rahmen der Kirchenzugehörigkeit gestützt. („Also in der Christenlehre wird der der evangelische Glaube, so wie wir ihn leben und in der Kirche eben nahegebracht.") Herr Becker spricht hier nicht konkret, sondern verwendet generalisierende Begriffe wie „Bibel", „Glaube", „Gemeinde". Es geht ihm darum, durch die Christenlehre eine Art „prinzipiellen Proviant" anzulegen und so „die christliche Erziehung [der Familie] zu vertiefen". („Letztendlich wird ja dort der Grundstein gelegt, glaube ich, für ein späteres Glaubensleben. Also mit natürlich, neben der Familie.")

> Dass in „einer Familie so das, einfach das Selbstverständnis des Glaubens wachsen kann oder bei den Kindern, wo[hingegen] in der Christenlehre schon nochmal das, sag ich mal, ein Stück sicher auch Fragen, die man sich vielleicht in der Familie gar nicht stellt oder als Kind vielleicht auch nicht zu stellen traut, noch einmal Raum haben."

→ Was für Fragen das sein könnten, und inwiefern sich Kinder in der Familie nicht trauen könnten, sie zu stellen, erklärte uns Herr Becker nicht. Aber vielleicht haben Sie ja Ideen, was er hier meinen könnte und was das für das Verhältnis von Familienerziehung und gemeindlicher Bildungsarbeit bedeuten würde?

„... dort einfach die Brücke zu schlagen"

Für *Jonas,* so sieht es Herr Becker, stehen eher Aspekte der abwechslungsreichen, unterhaltsamen Nachmittagsgestaltung im Vordergrund. („Vorwiegend, dass ihm die Stunde, wie das so gestaltet ist, Freude macht. Es ist, glaube ich, weniger das Inhaltliche, wo er sagt: ‚Da habe ich mich darauf gefreut'.") Dem stimmt Herr Becker auch selbst zu, denn er resümiert: „Na ich glaube, die Christenlehre ist schon dann gelungen, wenn die Kinder oder in dem Fall speziell unser Kind, gerne hingeht."

Andererseits ist ihm wichtig, dass sich sein Sohn „mit dem Thema Bibel und Glauben beschäftigt", und zwar mit „Bezug zum Leben". („Die biblischen Geschichten sind ja unter Umständen weit weg, einfach durch die Zeit, in der sie passiert sind. Und dort einfach die Brücke zu schlagen: Wie kann ich den Gedanken, der dort eigentlich dahintersteckt, heute umsetzen, in der Schule.") Sichtbar wird hier ein klassisch-bibelhermeneutisches Anliegen, konkretisiert durch die ethische „Umsetzung" der alten Texte im Alltag heutiger Kinder. Dazu brauche es absichtsvoll inszenierte, inhaltliche Begegnungen, dafür brauche es eine Gemeindepädagogin.

„Dass es denen nicht langweilig wird"

Die wichtigste Kompetenz der Gemeindepädagogin sieht Herr Becker darin, eine abwechslungsreiche Balance zwischen unterhaltsamer Gestaltung und inhaltlicher Auseinandersetzung zu inszenieren. Wenn er als Ziel von Christenlehre beschreibt, dass den Kindern Inhalte „nahegebracht werden", damit sie sie „verinnerlichen", deutet das auf ein rezeptiv-passives pädagogisches Bild vom Kind hin. Ebenso wird mit diesem Bild eine unaufgeklärte Spannung seiner Wertschätzung für die Christenlehre als Ort für die *eigenen Fragen der Kinder* deutlich. Doch Herr Becker möchte die Sache nicht verkomplizieren. Mehrfach verwendet er das Wort „einfach", wenn er seine Sicht darstellt. Er sieht es auch nicht als seine Zuständigkeit an zu wissen, wie Anna Lehmann dies im Einzelnen realisiert. Ihm genügt die hohe Teilnahme-Motivation seines Sohnes als Qualitätsspiegel. („Ich glaube, dass das die Anna Lehmann gut macht.")

FOKUSSIERUNG

Hinter Herrn Beckers Erzählungen und Überlegungen erkennt man eine Theorie christlicher Sozialisation: In frühen Jahren solle kennengelernt und modellhaft eingeübt werden, was Geltung behalten und in eine christliche Lebensführung übergehen soll, wenn die Kindheit zu Ende und der Einfluss der Familie zurückgegangen sein wird. Das rückt den subjektiven Glauben (von Jonas) insgesamt in eine konstruktivistische Perspektive. Der Glaube erscheint als etwas, das nicht selbstverständlich wachse, sondern als etwas, das Transferleistungen benötige. Dafür müssen lernortspezifisch Grundsteine gelegt werden. Das „Ob" der Notwendigkeit religiöser Bildung und Erziehung steht für Herrn Becker außer Frage. Hinsichtlich des „Wie" weist er der Christenlehre die Aufgabe zu, durch kindgerechte, abwechslungsreiche Gestaltung die lebenspraktische Relevanz des christlichen Glaubens erfahrbar zu machen.

Teil I — Impressionen aus der Praxis

„Also da ist mir hauptsächlich wichtig, dass hier Erfahrungen gemacht werden. Also rein praktisch, dass man sich hier zuhause fühlt."

Eine Kirchvorsteherin (und Mutter)

Feld 1: Fallbeschreibung Kirchv[...]

Frau Naumann (ca. 40 J.) lebt seit 11 Jahren in Wiesenbrunn. Sie arbeitet im Gesundheitswesen. In ihrem Heimatdorf besuchte sie früher selbst die Christenlehre. Ihr Sohn Matthias gehört zur hospitierten Christenlehre-Gruppe und nahm am Interview teil. In seiner Schulklasse, sagt Frau Naumann, seien nur drei oder vier von 28 Kindern getauft.

Im Kirchenvorstand engagiert sich Frau Naumann im Ausschuss für Kinder, Jugend und Familie. Dieser war vor einem Jahr gebildet worden. Er initiiert und unterstützt z. B. Vernetzungsprojekte zwischen den Familien und der Arbeit mit Kindern und Konfirmanden (sog. Familiennachmittage, in mehreren Dörfern). Frau Naumann hilft auch bei der Durchführung von Kinderbibelwochen und Wochenend-Rüstzeiten für Kinder, an denen, wie sie betont, auch viele ungetaufte Kinder teilnehmen.

Im Interview redet Frau Naumann zwar nachdenklich, unterstreicht aber, was ihr wichtig ist, mit lebhafter Mimik und Gestik. Häufig fließen ihre Erfahrung als *Mutter* und ihre Sicht als *KV-Mitglied* ineinander. Wir verstehen das als Ausdruck eines *integrativen Verständnisses von Kirchgemeinde*: Besonders anschaulich wird das an den verschiedenen Richtungen, in denen sie das Wort „zuhause" verwendet.

„Ich sehe dann auch solche Räume eben innerhalb der Woche, also da auch, dass Kinder sich hier zuhause fühlen. Wir haben ja jetzt diese verschiedenen Standorte auch, dass wir in B-Dorf diesen Spielplatz haben bauen lassen, da habe ich mich sehr dafür stark gemacht. Weil das ermöglicht ja auch aus Kindersicht eine Welt, wo sie sich wohlfühlen können oder etwas entdecken können, also das Spielerische."

→ Wenn Sie Frau Naumanns sozialräumliche Sichtweise einmal probehalber auf Ihre Gemeinde übertragen – was für konkrete Maßnahmen würden Sie Ihrem Kirchenvorstand vorschlagen?

„… dass unser Kind sich hier zuhause fühlt"

Zunächst meint „zuhause" eine bestimmte *emotionale* Qualität. Im Mittelpunkt steht das *leistungsfreie Dasein und Sosein*. („Also dass unser Kind sich hier zuhause fühlt, erstens.") Zur Verdeutlichung unterscheidet Frau Naumann Christenlehre scharf von „Wissensvermittlung", „streng", „Stressfaktor" oder „sturer Unterricht". Die emotionale Zustimmung ist für Frau Naumann keine Voraussetzung, um mitzumachen. Im Gegenteil: Das Wohlfühlen ist eine Reaktion darauf, dass wichtige Bedürfnisse gesehen und in Aktionen umgesetzt werden (Singen, Spielen, Backen, Exkursionen).

„Das ist eine Chance, sich hier zu verwurzeln"

Frau Naumann möchte, dass die Kinder mit dem Dorf und speziell mit den kirchlichen Gebäuden im Dorf ein *räumliches Zugehörigkeitsgefühl* verbinden. („Das ist eine Chance, sich hier zu verwurzeln und zuhause zu fühlen. Und das ist gerade total wichtig, finde ich. Auf dem Dorf, da lebt man ja meistens ein bisschen länger, die meisten haben hier ein Haus, nicht so wie in der Stadt. Das ist die äußere Struktur, dass wir das hier auch so leben – dort ist die Kirche, der Friedhof, das Pfarrhaus. Man hört alles voneinander, man packt auch gemeinsam an.") In diese Dimension von „zuhause" investiere die Kirchgemeinde. Von einer *verschriftlichten Konzeption* berichtet Frau Naumann zwar nichts, aber von praktischen sozialräumlichen Maßnahmen. Beispielsweise ließ der KV Sitzgelegenheiten im Pfarrgarten aufstellen, zur Förderung der Geselligkeit bei Nachmittagen für Christenlehre-Kinder und ihre Eltern. Auch brachte der KV die Errichtung eines öffentlichen Spielplatzes auf kirchlichem Gelände im Nachbardorf voran. Dieses gehört zum gleichen Kirchspiel.

„Gemeinde ist ja eine Gemeinschaft"

Frau Naumann sieht, dass die *soziale Dimension* auch für ihren Sohn Matthias ein ausschlaggebendes Motiv zur Teilnahme an der Christenlehre ist. („Er freut sich, dass er also so seine Freunde trifft; er ärgert sich, dass er mit manchen anderen – da hat er keine Lust auf manche andere Kinder.")

Aber darüber hinaus betrachtet Frau Naumann Christenlehre auch im Zusammenhang ihrer *generellen Zielvorstellungen von Gemeindeleben.* („Mir ist das wichtig, dass es da auch so ein Zentrum gibt, dass wir nicht so anonym alle leben. Gemeinde ist ja eine Gemeinschaft, die uns auch stärkt, stärken soll oder ein Zuhause geben soll.") Christenlehre fungiert für Frau Naumann als „Bindeglied" für den Kontakt zu den Eltern und im Kontext des sonstigen Gemeinde-, Familien- und Kinderlebens.

Geradezu begeistert erzählt sie von einem „Backofen", den die Kirchgemeinde im Pfarrgarten errichtete. Gemeinsam Teig rühren, Brot backen, Aufstriche kreieren und miteinander verzehren – das ist nur ein Beispiel unter vielen, die für sie Erlebnisqualität und Gemeinschaftserfahrung miteinander verknüpfen. („Also deshalb bin ich immer froh, wenn die hier auch spielen, Aktionen machen, wenn wir den Backofen nutzen, wenn die Kinder auch singen oder Gottesdienst mitgestalten. Also das ist mir ein Hauptanliegen.") Reflektiert man das Beispiel vom Brotbacken, kommen mehrere Aspekte in den Blick:

- Mahlzeiten tragen dazu bei, dass sich soziale Gruppierungen festigen
- Tischgemeinschaft ist eines der nonverbalen Merkmale von „zuhause" („Küchentisch")
- das Geschilderte lässt sich als Elementarisierung einer Tiefendimension christlicher Sozialpraxis verstehen (Agapemahl, mit der gottesdienstlichen Praxis im Hintergrund).

„... eine Möglichkeit des Austausches"

Inhaltliche Aspekte spielen in Frau Naumanns Überlegungen, was Christenlehre zur

Christenlehre mache, keine *selbstständige Rolle.* („Also da ist mir hauptsächlich wichtig, dass hier Erfahrungen gemacht werden.") Zwar erwähnt sie die „wunderbaren biblischen Geschichten", mit denen man „in die Tiefe gehen kann", betont aber im gleichen Atemzug die *Gestaltungsqualität*, damit eine Begegnung mit Inhalten überhaupt möglich wird. Ihr ist wichtig, „dass die Kinder Fragen stellen können". („Dass eben die Gemeindepädagogen da geschult sind, dass sie nicht fertige Antworten geben, sondern den Raum dafür öffnen."; „Dass er mit anderen Kindern eine Möglichkeit des Austausches hat – also die christlichen Inhalte sind ja immer so weit gefächert. Also mir geht es jetzt hier nicht hauptsächlich um die Vermittlung.")

> **FOKUSSIERUNG**
>
> Christenlehre soll so gestaltet werden, dass insgesamt ein positives Gefühl von Zugehörigkeit entsteht. Dies wird zum einen durch den Verbund mit anderen gemeinschaftsstiftenden Lebensäußerungen der Kirchgemeinde ermöglicht und zum anderen dadurch, dass die Kinder eigene Fragen einbringen können. Sie erleben Wertschätzung im Horizont christlicher Traditionen. Konkret braucht es dazu eine Vielfalt kreativ- und spielbetonter, bedürfnisorientierter Erlebnisse. Für Frau Naumann liegen ihre Rollen als Kirchvorsteherin und als Mutter ganz dicht beieinander. Ihre nahezu durchgängige Rede in der „Wir"-Form zeigt ein *integratives* Verständnis von Kirchgemeinde als *umfassender Kategorie sozialer Praxis.*

Teil I — Impressionen aus der Praxis

„Das ist so das Erfüllende: Die Gemeinschaft."

Die Gemeindepädagogin

Anna Lehmann ist etwa 40 Jahre alt. Seit ca. 15 Jahren arbeitet sie in Wiesenbrunn und dem Nachbardorf, mit mehreren Unterbrechungen durch Elternzeiten und andere Engagements. Als Kind, so erzählt sie, habe sie die Jungschar besucht und als Jugendliche mitgeleitet. Die Christenlehre-Tradition sei ihr erst später im beruflichen Kontext begegnet.

Anna Lehmann wirkt in verschiedenen gemeindepädagogischen Formaten mit. Ein Schwerpunkt liegt auf der Arbeit mit Kindern in den beiden Dörfern, teilweise in Kooperation mit musikalischen, freizeitpädagogischen oder gottesdienstlichen Formaten. Religionsunterricht erteilt sie derzeit nicht.

Im Interview spricht Frau Lehmann engagiert, humorvoll und gestenreich. Erzählende, darstellende und erklärende Passagen wechseln einander ab. Es wird spürbar, wie sie ihre Gedanken im Zuge des Redens entwickelt, in den Horizont ihrer Berufserfahrungen einordnet und dann mit reflexivem Nachdruck verstärkt.

„... und was ihr noch für Ideen habt"

In der Gewinnung von *Themen* steht für Frau Lehmann nicht das institutionelle Interesse mit der Veranstaltung im Vordergrund oder die Vermittlung bestimmter Traditionen. Vielmehr geht es um die Möglichkeit, *situative Faktoren* flexibel aufgreifen zu können. („Ich habe zwar auch so meinen Jahresplan,

> „Und dazu freue ich mich, wenn dann ein gutes Gespräch, also ein Austausch, nicht mit Beantwortungsfragen, sondern wenn das irgendwas mit ihrem Leben zu tun hat und sie das für sich mitnehmen können."; „Wir hatten ein Buch angeschaut über Tod und St- also über eine Geschichte und danach haben die Kinder von sich erzählt und was, was ihnen gut getan hat und wenn man eben dann situativ dann einfach sagt: ‚Das lass ich jetzt. Ich hatte zwar noch dies und das und das im Kopf, das lasse ich jetzt weg, weil wir sind grade so gut dabei und die erzählen von sich und fühlen sich dort, können dort das erzählen, wo in der Schule sonst eben kein Platz ist."

→ Wenn Sie Frau Lehmanns Wertschätzung für situationsbezogene und zugleich intentionale Themenentwicklung einmal auf Ihre eigene Praxis übertragen – wo sehen Sie da Chancen? Wo Schwierigkeiten?

was ich mach, aber da gibt es auch Sachen, da habe ich mein Konzept über den Haufen geworfen und gesagt: ‚So und jetzt gucken wir uns zusammen mit dem Moritz Müller den Spielplatz an und was ihr noch für Ideen habt und was gebaut wird.'") Diese Offenheit für die Situation gebe den Kindern Gelegenheit, eigene wichtige Fragen einzubringen und diese zu erörtern – manchmal durch eine Aktion oder ein angebotenes Medium hindurch. Den Maßstab für „Wichtigkeit" findet Frau Lehmann im Grad der *persönlichen Beteiligung*.

„Als ein Wegbegleiter"

Den tragenden Sinn ihrer Berufsrolle sieht Frau Lehmann in der „Begleitung". („Also ich möchte die gern begleiten, als ein Wegbegleiter, als jemand, der auch jeden Einzelnen sehen kann. Und auch eine Person, die sich hinterfragen lässt, der man auch mal widersprechen kann und ja, verlässlich würde ich auch also so, dass die wissen, ja, zu der kann man kommen und die wird mich nicht abweisen.") Beziehungspflege und religionspädagogische Wirksamkeit von Christenlehre hängen für sie aufs Engste zusammen. („Wenn die sagen: ‚Da konnten wir über alles reden und die hat uns ernst genommen und in manchem konnte ich dann Gott vertrauen.'")

„Au ja, da bin ich mit dabei"

Frau Lehmann denkt verschiedene Formate gemeindlichen Lebens im *Zusammenhang*. Ihre Arbeit mit Kindern und Familien sieht sie nicht isoliert, sondern vernetzt und vernetzend – ob nun mit musikalischen Angeboten oder im Gottesdienst, mit dem Gemeindefest oder beim Elternnachmittag. Ausschlaggebend seien *erlebbare Beteiligungsmöglichkeiten*. Dieses Kriterium bezieht sie nicht auf eine konkrete *Gruppe* von Christenlehre-Kindern, sondern auf die intrinsische Motivation des *einzelnen Kindes*, welches sich an verschiedenen Angeboten der Kirchgemeinde beteiligen möchte.

("Wenn sie so freiwillig und gerne was mitmachen, also wenn sie sagen: ‚Au ja, da bin ich mit dabei.' Aber das kann ich nicht auf Christenlehre reduzieren.")

Immer wieder betont Anna Lehmann das Erleben von Gemeinschaft als einer tiefergehenden, qualifizierenden Erfahrung. Über den Kreis der Kinder in der Christenlehre hinaus meint sie dabei auch die Begegnungen mit den Eltern und ehrenamtlich Engagierten. („Ich denk, dass der persönliche Glaube also eingebettet ist in der Gemeinschaft und dass ich deshalb eine gute Gruppe möchte, in der das auch möglich ist, über Glauben zu reden und dass das was Normales ist"; „Das ist so das Erfüllende: die Gemeinschaft und dann eben immer wieder auch mal diese persönlichen, nahen Gespräche auch mit Ehrenamtlichen.")

„Ich möchte selber da auch was mitbekommen"

Anhand konkreter Beispiele erzählt Frau Lehmann, auf welch verschiedene Motive sie bei Eltern trifft, die Kinder zur Christenlehre zu schicken oder gehen zu lassen. Sie sieht
- *traditionsbestimmte* Motive („Da geht man hin. Da bin schon ich hingegangen und da gehen die anderen auch hin."),
- *ergänzende* Motive (zur vorhandenen innerfamiliären religiösen Praxis),
- *kompensatorische* Motive („Eltern, die mir sagen: ‚Ich kann auf die Fragen von meinem Kind nicht antworten, das möchte in die Christenlehre, ich selber kann dazu nichts sagen.' Das sagen sie mir so auch.").
- Am schwersten greifbar seien die Eltern ungetaufter Kinder. Sie seien vor allem an den *praktischen Aspekten* der Christenlehre-Organisation im dörflichen Rahmen interessiert (Uhrzeit, Abholung, Betreuungssicherheit). Über ihre religiösen Motive sei ihr kaum etwas bekannt. Auch mit solchen Eltern versuche sie in Kontakt zu kommen, z. B. über Hausbesuche.

Anna Lehmann sieht die Eltern nicht als „Zulieferer" der Kinder für die Christenlehre an, sondern als subjekthaft Beteiligte.

Deshalb bietet sie mehrmals im Jahr sog. „Christenlehre-Nachmittage für Eltern und Kinder" an. Dort verbindet sie einen religionsdidaktischen Impuls, z. B. vermittels einer Geschichte, mit gemeinsamen Aktionen, wie etwa backen, Kreativangeboten und einer Mahlzeit. („Also, wo man merkt: Aha, also es ist jetzt nicht nur: ‚Ich schicke meine Kinder in die Christenlehre', sondern: ‚Ich möchte selber da auch was davon mitbekommen.' Also das ist dann auch sowas, wo ich denke: ‚Ach, das ist ja schön.' Also die Gemeinschaft.")

> **FOKUSSIERUNG**
> In Anna Lehmanns Sicht erscheint Christenlehre als ein Ort der „Anteilnahme" an den Fragen, Anliegen und Bedürfnissen der Kinder. Ebenso dient das Format der „Anteilgabe" an Deutungs- und Unterstützungsangeboten aus der christlich-kirchlichen Tradition. Diesen Prozess inszeniert sie nicht isoliert, sondern vernetzt und erweiternd in ganz unterschiedlichen kirchgemeindlichen Praxisformaten. Dabei wird vor allem das Gemeinschaftsleben stark betont.

„Die Möglichkeit, Kinder und Familien zu integrieren."

Zusammenfassende und vergleichende Überlegungen zur Christenlehre in Wiesenbrunn

Feld 1 Komparative Analyse

Zwei Aspekte funktionieren wie „Vorzeichen vor der Klammer" einer Vielzahl einzelner Vergleichspunkte.

■ Die Sichtweisen der Befragten in Wiesenbrunn liegen *nahe beieinander*. Auch dort, wo sie unterschiedliche Akzente setzen, widersprechen sie einander nicht.

■ Die Christenlehre in Wiesenbrunn funktioniert wie eine *Schnittfläche*, wie ein Feld, auf dem sich mehrere Linien kreuzen. Handlungsformen und Generationen, Merkmale und Teilsysteme, die je für sich gesehen unterschiedlichen Eigenlogiken folgen, treten in Beziehung zueinander. Das geschieht nicht zufällig, sondern *intentional*. Mit pädagogisch-professionellen Mitteln werden Kontaktflächen geschaffen, Bedürfnisse und Auffassungen ins Gespräch gebracht, Investitionen gewagt.

Der selbstgebaute „Brotbackofen" im Pfarrgarten scheint wie ein Symbol für die Schnittflächen-Funktion. Auf ihn beziehen sich *alle* Befragten an der einen oder anderen Stelle in den Interviews. Am Brotbackofen kreuzen sich personelle, inhaltliche, didaktische und methodische Linien, die mit Christenlehre zusammenhängen.

Um ihn herum verbindet sich symbolisch und erlebnisstark, was *in* der Christenlehre geschieht, mit dem familiären und kirchgemeindlichen *Netzwerk*, in das Christenlehre verwoben ist. Auch auf die Gefahr hin, die Bedeutung des Brotbackofens symbolisch zu überhöhen, könnte man ihn doch in einem performativen Sinn als *pädagogischen Ort der Gemeinschaft im gemeinsam geteilten Glauben* ansehen.

Die folgenden Abschnitte fassen die Sichtweisen der Befragten bezüglich einiger „Linien" zusammen, die sich in der *Schnittfläche Christenlehre* begegnen.

Sozialräumliche Linien

Die dörfliche Überschaubarkeit gehört für Kinder wie Eltern zu den positiven Voraussetzungen. Der Kirchvorsteherin ist wichtig, dass die Position der kirchlichen Gebäude in der Dorfmitte den Kindern gleichsam zentrierend „Zugehörigkeit" signalisiere. Anna Lehmann fügt eine pädagogische Perspektive hinzu: Sie wünscht sich eine Inbesitznahme der kirchlichen Gebäude durch die Kinder. Dies umfasst eine aktive Erkundung und Aneignung. Diese topologisch-konzeptionelle Linie wird von Frau Naumann mit der häufigen Verwendung des Wortes „zuhause" auf den Punkt gebracht. Frau Lehmann verwendet hierfür den Zielbegriff einer „Beheimatung" der Kinder.

Die gemeindepädagogische Perspektive auf den dörflichen Raum ist nicht auf die Kirchengebäude begrenzt. Der Spielplatzbau im Nachbardorf symbolisiert eine kirchgemeindliche Anwaltschaft für die allgemeinen Bedürfnisse von Kindern und Familien. Diese müssen nicht spezifisch religiös sein, wie sich am Spielplatzprojekt zeigt, das auf kirchlichem Gelände und mit finanzieller Unterstützung durch Kommune und Sponsoren realisiert wurde.

I-1-8 Wiesenbrunn – Zusammenfassende und vergleichende Überlegungen

Struktur-Linien im Leben der Kirchgemeinde

Wer das Format „Christenlehre in Wiesenbrunn" verstehen will, muss seine enge Verknüpfung mit kirchenmusikalischen Angeboten, Gottesdiensten, Rüstzeiten und anderen Elementen beachten.

Die Gemeindepädagogin und die Kirchvorsteherin nutzen verschiedene „Startrampen", um mit den Familien in Kontakt zu kommen, auch bzgl. der Erwartungen an Christenlehre. Die mehrmals pro Jahr angebotenen „Christenlehre-Nachmittage für Eltern und Kinder" sind dafür ein Beispiel. Der Kirchenvorstand bewilligte Mittel für unterstützende Installationen, wie die Sitzgelegenheiten und den Brotbackofen im Pfarrgarten und engagiert sich zum Teil selbst bei der Durchführung. Die Gemeindepädagogin bettet inhaltliche Impulse in gemeinschaftsförderliche Aktionen ein. Sie bekommt dafür ein positives Feedback der Eltern und wertet das als Bestätigung ihrer Intentionen. (Die Kirchvorsteherin: „So eine Gemeindepädagogin schafft die Möglichkeit, Kinder und Familien zu integrieren.")

Beziehungs-Linien

„Wir" und „miteinander" erscheinen als Kennzeichen von *Zusammengehörigkeit* und *Nähe*. Die Kinder schätzen die soziale Interaktion auf verschiedenen Ebenen: *Erlebnisintensiv* bei den Spielen, *persönlich anteilnehmend* in der Erzählrunde, *sachlich* in der Begegnung mit Medien, *rücksichtsvoll* gegenüber dem Außenseiter Frido oder jenem Kind, das sich beim Spielen wehgetan hatte. Das wissen auch die Erwachsenen. Die Sozialform „Gruppe" erscheint in der Christenlehre als ein *Ereignisfeld fundamentaler Beziehungsqualitäten,* wie Respekt und Empathie.

Weitere Linien werden durch die persönlichen Beziehungen einzelner Kinder zur Gemeindepädagogin oder durch die beziehungsorientierte Zusammenarbeit von Anna Lehmann mit ehrenamtlich Mitarbeitenden (sowie zu den Eltern, s. o.) gezogen. In der Summe kreuzen sich alle diese Linien in der Hochschätzung von „Gemeinschaft" als sozialem und inhaltlich entsprechendem Qualitätsmerkmal.

Didaktisch-inhaltliche Linien

Herr Becker als Vater und einige Vertreter des Kirchenvorstandes erwarten von der Christenlehre gehaltvolle und nachhaltig wirksame Beiträge zur *Traditionsvermittlung*. Auch im Jahresplan von Frau Lehmann und in den Einstiegszeilen der Briefe der Kinder spiegelt sich diese Erwartung.

Eine andere Linie zieht die bei allen Befragten sichtbare Auffassung, dass in der Christenlehre *Fragen der Kinder* zum Zuge kommen können und sollen. Das heißt, die Fragen der Kinder sollen nicht nur zugelassen werden. Vielmehr geht es darum, diese gezielt zu ermitteln und sie zum Gegenstand des gemeinsamen Nachdenkens zu machen. Die Christenlehre erhält hier den Auftrag des thematischen Entfaltens subjektiver Horizonte, des gegenseitigen Zuhörens, des Wertschätzens mitgeteilter Erlebnisse und Erfahrungen.

Diese unterschiedlichen Linien werden von Anna Lehmann vierfach verknüpft:
- Sie nimmt die Bedürfnisse der Kinder nach abwechslungsreicher Gestaltung, nach Bewegung, Spiel und Austausch als *freizeitliche Zugänge motivierter Beteiligung* ernst.
- Sie verknüpft aktionsorientierte Gestaltungselemente mit thematischen Aspekten. Dadurch schafft sie die Bedingung dafür, dass „Lernen" „Spaß machen" kann, wobei die Befragten „Spaß" im Sinne *intensiver zustimmender Beteiligung* verwenden.
- Sie lauscht den Kindern Themen ab, spielt ihnen inhaltliche Provokationen zu und ist bereit, eigene Planungen situativ zurückzustellen. Das eröffnet die Möglichkeit, dass die Kinder selber inhaltliche Begegnungen von „Leben" und „Glauben" herstellen. Es entsteht ein *geschützter Raum mit Phasen gegenseitiger* Anteilnahme *zu individuellen Erlebnissen und Anliegen*.
- In der sorgsamen Gestaltung ritueller Elemente (Singen, Erzählrunde, Beten,

---

Gemeinschaft
Spielplatz
Fragen der Kinder
abwechslungsreich
hohes Engagement
Vernetzung
Verknüpfung
unterschiedlicher
Erwartungen
Spaß und Lernen
Gruppe
Familiennachmittage
Brotbackofen
Erzählrunde
Sozialraum
Dorf
RU
dichte Beziehungen
religionskritisches Umfeld

Segen) ermöglicht die Gemeindepädagogin den Kindern eine Verknüpfung emotionaler Erlebnisinhalte mit Formen religiöser Kommunikation.

Abgrenzungs-Linien

Nicht sehr prominent, aber doch deutlich erkennbar sind einige Abgrenzungen.

Den *schulischen Religionsunterricht* ziehen die Befragten meist als eine Art *negativer* Gegenhorizont zur Christenlehre heran: „Sturer Unterricht", lernhinderliche Disziplinprobleme, fehlender Raum für Spiele und persönlichen Austausch, überhaupt andere Aufgabe (allgemeine Wissensvermittlung).

Aus Sicht der Kinder kann zwar auch der RU „Spaß machen". Aber das hängt von klar benennbaren Bedingungen ab.

Eine zweite abgrenzende Linie wird von Frau Kaiser in Bezug auf den kirchenkritisch gesellschaftlichen Kontext gezogen. Sie wünscht sich von der Christenlehre, dass ihre Töchter gegenüber landläufigen Vorurteilen und Zerrbildern sowohl durch Wissensvorräte als auch durch Zugehörigkeitsgefühle gestärkt würden. Diese Linie durchbricht gleichsam eine binnenkirchliche Selbstreferenzialität und weist der Christenlehre eine apologetische Aufgabe im Prozess christlicher Sozialisation zu.

WEITERFÜHRENDE ÜBERLEGUNGEN

Die Christenlehre in Wiesenbrunn erscheint von hohem Engagement getragen, sowohl seitens der Eltern als auch des Kirchenvorstandes sowie durch die Gemeindepädagogin. Das Nachbardorf leuchtet in den Gesprächen gelegentlich als Ort mit anders gelagerten Voraussetzungen und Herausforderungen auf, die andere Handlungsprogramme erfordern. Auch das bindet Kräfte. Es stellt sich die Frage, wie dieses starke Engagement durchgehalten werden kann? Gerade vor dem Hintergrund der absehbaren finanziellen und personellen Verknappung und der daraus folgenden stärkeren Regionalisierung scheint das eine große Herausforderung zu sein. Welche nächsten profilentwickelnden Schritte müssen heute begonnen werden, damit es nicht morgen zu Abbrüchen kommt?

Offenbar gelingt es in Wiesenbrunn gut, individuelle und soziale Konstruktionen von Gemeinde zu balancieren und dadurch ohne Homogenisierungsdruck mit Unterschieden leben zu können. Die überschaubaren Sozialbeziehungen im dörflichen Wiesenbrunn scheinen, im Vergleich zu städtischen Strukturen, diese Balance zu unterstützen. Vielleicht können aus diesen Wahrnehmungen Impulse für Kirchgemeinden in größeren Sozialräumen, in Kleinstädten oder Großstadtteilen ausgehen.

 **PLATZ FÜR NOTIZEN UND FRAGEN**

Profilentwicklung im Experimentierfeld inszenierter Beziehungen

Der Kindertreff in der Kleinstadt Oberstadt*

In Oberstadt leben ca. 25.000 Einwohnende, weniger als 6% von ihnen mit evangelischer Konfession. Zur Kirchgemeinde gehören auch einige Umlanddörfer. Die meisten Gruppenangebote sind im Gemeindehaus von Oberstadt beheimatet, ein gutes Stück von der Stadtkirche entfernt, recht unauffällig in einer Nebenstraße der Altstadt gelegen. Ein Hof ist zweckmäßig aufgeteilt und bietet Platz für diverse Spielflächen und -geräte, wie z. B. einen Kicker. Der Kindertreff findet im Gartengebäude statt. Es ist mit dem Haupthaus architektonisch verbunden und wurde wie dieses vor Kurzem saniert.

Der Kindertreff hat seine Zeit dienstags von 15 bis 17 Uhr. Zwei geschlechtergetrennte Teilgruppen folgen aufeinander. Die meisten Kinder der jeweils anderen Teilgruppe besuchen den Kinderchor, der sich (ebenfalls geschlechtergetrennt) parallel im gleichen Haus trifft. Vor, zwischen und nach den beiden Teilstunden des Kindertreffs

*Alle Namen von Orten, Personen und anderweitigen identifizierbaren Bezügen sind anonymisiert; die Fotos bilden andere Gruppen an anderen Orten ab.

bzw. Kinderchors gibt es *Freispielphasen*. Sie gehören zum Konzept dazu. Sie betten das, was auf den folgenden Seiten beschrieben ist, ein. Alle Beteiligten sehen diesen Rahmen und die Stunden als ein *Gesamtereignis* an.

Reichlich die Hälfte der Kinder wohnt in Oberstadt, die anderen in Dörfern des Umlandes. Die meisten besuchen eine evangelische Schule in einem nahegelegenen Ort und kommen direkt von der Bushaltestelle zum Kindertreff. Als wir eintreffen, spielen bereits einige auf dem Hof oder schwatzen mit der Gemeindepädagogin.

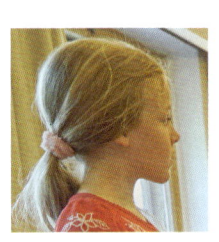

Später erfahren wir, dass die Entstehung des Kindertreffs wichtig für das Verständnis des Profils ist. Bei Dienstantritt vor fünf Jahren fand Nora Boden, die Gemeindepädagogin, ein wenig strukturiertes Betreuungsformat im Umfeld des Kinderchores vor. Seitdem, so erzählt sie, experimentiert sie mit verschiedenen gemeindepädagogischen Elementen. Wir erleben deshalb im Kindertreff in Oberstadt ein relativ ‚junges' Format, das seinen Schwerpunkt nicht in *inhaltlichen Begegnungen mit konkreten Themen und Praxen des christlichen Glaubens* hat, sondern in *freizeitlichen und sozialen Funktionen.* Zugleich wird aber in den Interviews auch deutlich, dass die Sichtweisen der Erwachsenen auf den Kindertreff von der Format-Tradition „Christenlehre" bestimmt wird. Dies wird nicht nur durch ihre Redeweise deutlich, sondern erscheint auch lebensgeschichtlich gedeckt. Für Nora Boden liegt diese Christenlehre-Tradition im Hintergrund als gemeindepädagogischer Zielhorizont bereit.

Die Zahl der teilnehmenden Kinder schwankt. Die Teilnahme ist nicht verbindlich geregelt. Normalerweise, so hören wir, kommen um die 10 Jungs und 15 Mädchen – bis zu 40 Kindern insgesamt. Aus späteren Äußerungen der Mädchen erfahren wir von einer gewissen Zurückhaltung gegenüber dem angekündigten Besuch unseres kleinen Forscherteams. Vielleicht ist das der Grund, dass am Tag der Hospitation nur 10 Kinder auftauchen. Sie sind zwischen 7 und 10

Jahren alt. Innerhalb der Kindergruppen gibt es zwei Geschwisterpaare. Sie teilen sich auf beide Teilgruppen auf: Johanna und Felix sowie Kevin und Svenja.

Der Raum des Kindertreffs ist hell – dafür sorgen eine Fensterwand und ein modernes Beleuchtungssystem. An den Wänden hängen biblische Landkarten und Poster. Eine Schrankwand und Regale bieten Stauraum. In der Mitte stehen einige Tische mit ca. 20 Stühlen ringsum. Für uns als Besucher hat der Raum eine anregende und einladende Anmutung, etwas unaufgeräumt, lebendig – vielleicht mit einer Art „Werkstattausstrahlung" im Sinne von: „Hier liegen viele Dinge bereit, aus denen Vieles entstehen könnte." Nora Boden und Franziska, eine FSJlerin, schieben einige der Tische zur Seite. So entsteht Platz für einen Stuhlkreis. In dessen Mitte stellt Frau Boden einen niedrigen Tisch, mit einem Tuch bedeckt und geschmückt mit einer Kerze, kleinen Gegenständen und Papierstreifen. Franziska bereitet Kekse zum späteren Austeilen vor. Frau Boden ruft die Jungengruppe herein – die erste der beiden Stunden kann beginnen.

Die Stunden

Wie bereits gesagt, sehen die Beteiligten den Kindertreff als Gesamtereignis des Nachmittags an – einschl. Freispielphasen und den geschlechtergetrennten Parallelgruppen im Kinderchor und den beiden Stunden im Kinderraum. Daher ist auch die folgende Beschreibung breiter angelegt als zu Wiesenbrunn, Waldhofen und Meisterfurt.

ca. 15 Uhr
Nach und nach treffen Jungen und Mädchen zwischen 7 und 10 Jahren ein – ungefähr zehn insgesamt. Auf die Kinder wartet etwas zu trinken. Einige Jungs schnappen sich einen Fußball und beginnen, im Hof zu spielen. Ein paar Mädchen fangen an, im Hausflur und den angrenzenden Räumen Verstecken zu spielen. Man merkt ihnen den Bewegungsdrang an. Ein Mädchen kommt gleich in den Kinderraum, setzt sich zur Gemeindepädagogin an den Tisch, beäugt neugierig das Forscherteam und dessen vorbereitetes Aufzeichnungs-Equipment und erzählt von ihrem Tag. Man hat den Eindruck, dass die Kinder mit ihrem „Gewusel" wie selbstverständlich Raum, Zeit und Personen in Anspruch nehmen.

15.15 Uhr | Ankommen im Raum
Die Schar der spielenden Kinder sortiert sich allmählich in zwei Gruppen: Die Mädchen gehen in den benachbarten Gemeindesaal, wo sie vom Kantor zum Kinderchor erwartet werden. Die Jungen hingegen sammeln sich im Raum des Gartengebäudes.

Die Jungengruppe

15.25 Uhr | Eröffnung
Ein Junge zündet die Kerze an. Während er das tut, beginnt die Gemeindepädagogin mit einem Spruch, in den die Jungen gemeinsam einstimmen: „Wir zünden die Kerze an als Zeichen dafür, dass Gott bei uns ist, Jesus an uns denkt und der Heilige Geist uns umgibt. Amen". Diesen Spruch haben die Kinder vor einiger Zeit auf die Papierstreifen geschrieben, die auf dem Tischchen bereitliegen – doch niemand braucht die Schriftstreifen (als Gedächtnisstütze). Danach begrüßt die Gemeindepädagogin die Kinder mit wenigen Worten noch einmal ausdrücklich, bittet sie, sich von der Anwesenheit der Forscher nicht ablenken zu lassen und teilt den Jungen mit, was für heute geplant ist: Fortsetzung der Geschichte und der Arbeit am „Spiel zur Geschichte".

15.27 Uhr | Thematische Anknüpfung
Franziska, die FSJlerin, fragt die Jungen nach einigen Fakten zur Geschichte aus der letzten Stunde. Thema war das Leben des Propheten Daniel: Name des Landes?, des Königs?, des Propheten?, die Schluss-Szene? Die Jungen antworten mäßig engagiert. Sie sitzen ein wenig ermattet auf ihren Stühlen. Josef gibt zu erkennen, dass er auch schon Geschichtenteile kennt (Löwengrube), die erst später kommen werden.

15.28 Uhr | Begegnung mit einer Sache
Danach erzählt Franziska, wie die Geschichte mit Daniel und Nebukadnezars Sohn Belsazar weiterging. Ihre Erzählung beschränkt sich auf die äußerlichen Merkmale des Geschehens. Die Sätze holpern, sprachlich gesehen, und beinhalten Details, von denen nicht erkennbar ist, ob die Jungen sie einordnen können (fremde Personennamen; geraubtes Tempelgerät aus Jerusalem wird beim Mahl mit Anbetung fremder Götter verwendet). Das Erscheinen der Schrift an der Wand illustriert sie mit einem Zeichenstift auf einem großen, mit Hintergrundbuchstaben präparierten Papierblock. Für die Jungen ist dies allerdings nicht gut sichtbar, weil Franziska den Block auf ihren Knien hält. Das dauert ein bisschen und wirkt technisch etwas mühsam. Die Jungen warten. Inzwischen ‚hängen' manche mehr auf ihren Stühlen, als dass sie sitzen. Ein Junge fragt Franziska, warum sie das nicht schon vorher draufgemalt habe. Auch das scheint Ausdruck der beeinträchtigten Sicht auf den Block zu sein. „Damit ihr seht, wie das ..." – Franziska beendet ihre Antwort erst nach

längerer Pause. Sie ergänzt, dass die Bibel von einer Hand erzählt, die an der Wand geschrieben habe und dass der König darüber sehr erschrocken gewesen sei. Die Jungen warten weiter, schauen zu, unterhalten sich. Als die ersten Buchstaben erkennbar sind, fragt Franziska, ob die Jungen schon etwas lesen könnten. Das scheint die Gruppe nun zu interessieren. Sie stehen von ihren Stühlen auf, bilden einen engen Kreis um Franziska und versuchen zu erraten, was auf dem Blatt steht. Einer vermutet: „Jesus vielleicht?" Nach und nach entziffern die Jungen: „uparsin", „mene mene tekel". Bis hierher hat die Schrift-Aktion knapp vier Minuten gedauert. Franziska bittet die Jungen, sich wieder hinzusetzen, zeigt ihnen das fertige Schrift-Blatt und berichtet in groben Zügen über die weiteren Ereignisse (Dan 5). Die Übersetzung der Schrift liest sie vom Zettel ab (in Luther-Übersetzung VV 26–28: „Gott hat dein Königtum gezählt und beendet. Man hat dich auf der Waage gewogen und zu leicht befunden. Dein Reich ist zerteilt und den Medern und Persern gegeben.") Ihre Erzählung hat Züge eines historischen Berichtes. Der Inhalt der Prophezeiung wird von Franziska nicht weiter erläutert. Sie schließt die Erzählung rasch mit der Mitteilung, dass der König noch in derselben Nacht gestorben sei. Dann stellt sie noch die Weitererzählung für nächste Woche in Aussicht. Ein Gespräch zur Komplexität des Dargestellten und zur Deutung des Geschehens bietet sie nicht an. Von außen betrachtet, ist den Jungen ein Interesse an dem spannenden Stoff abzuspüren, zugleich aber auch eine gewisse Ratlosigkeit bzgl. des dargebotenen Inhaltes.

15.35 Uhr | Gebet

Unvermittelt leitet Franziska über: „Wir wollen noch zusammen beten und dann wieder Begriffe aufschreiben für unser Spiel." Manche der Jungen falten die Hände und nehmen eine etwas konzentriertere Körperhaltung ein. Franziska spricht in freien Worten kurze Sätze des Dankes an den „Herrn" für die Begleitung in der letzten Woche, für den gerade gehörten Teil der Geschichte und endet mit der Bitte um Segen für den Nachmittag und Kraft für die kommende Woche. Eine innere Beteiligung der Jungen ist von außen nicht zu erkennen. Rasch ist das Gebet vorbei.

15.36 Uhr | Ergebnissicherung I: Fragen für das Spiel finden

Franziska fragt die Kinder: „Was findet ihr denn diesmal wichtig – oder was für Fragen könnte man stellen?" Gleich melden sich die Jungen mit Vorschlägen. Sie scheinen zu kennen, worum es nun geht: Fragen für ein Quizspiel zu entwickeln, welches nach Abschluss der ganzen Einheit miteinander gespielt werden kann. Manche der Antworten sollen durch Malen herausgefunden werden, manche durch Galgenraten. Franziska notiert die Fragen und Begriffe, die die Jungen nennen, auf ihrem Block. Gelegentlich fragt sie die Kinder nach möglichen Antworten auf die ihnen genannten Fragen. Die Antworten machen deutlich, dass die Erzählung nur teilweise verstanden wurde. Die metaphorischen Elemente der prophetischen Rede wurden höchstens im Ansatz erfasst. (Simon: „Der König hatte nicht geglaubt und deshalb hat man gehört, dass er sozusagen auf einer Waage zu leicht war und dass er deswegen stirbt." Franziska: „Und was wird dann mit seinem Reich?" Simon: „Das wird dann an die armen Leute weitergegeben.") An dieser Stelle mischt sich Nora Boden ein und reicht einige Erläuterungen zu den beiden Völkern der Meder und Perser nach.

Simon stellt eine weiterführende Frage: „Rein theoretisch, was hat denn die Hand in der Hand gehabt, womit sie die Schrift auf die Wand geschrieben hat?" Die Frage deutet eine selbständige Auseinandersetzung mit der Sache an, wird aber von Franziska nicht aufgegriffen. Stattdessen verweist sie darauf, dass in der Bibel dazu nicht mehr stehe als: „wie von Feuer". Durch eine weitere Rückfrage wird plötzlich deutlich, dass Simon das Prinzip des Spiels gar nicht kennt, weil er die letzten Male nicht da gewesen war. Daraufhin erläutert ihm Frau Boden das System kurz. Dann bringt sie selbst auch noch eine Frage ein („Wer hatte sich an Daniel erinnert?"), woraufhin die Kinder diskutierten, ob das nun die Mutter oder die Frau von Nebukadnezar war oder wie der andere König hieß. Nora Boden bemüht sich hier um einige sachliche Klärungen. Dadurch bekommt diese Phase einen wiederholenden Charakter zu einigen Geschichteninhalten.

Die Jungen sind engagiert beteiligt, die Stimmung ist gelöst, gern machen sie sich auch über die fremden Namen lustig, verwechseln dabei Belsazar mit Balthasar und Daniel mit David, was von Nora Boden und Franziska humorvoll korrigiert wird. Eine Verknüpfung mit Alltagserfahrungen der Kinder ist von außen nicht zu erkennen.

15.40 Uhr | Ergebnissicherung II: Fragen aufschreiben

Franziska fragt, ob jemand von den Jungen die Fragen oder Begriffe, die sie auf ihrem Block notiert hatte, auf Kärtchen schreiben möchte (die dann im Spiel verwendet werden können). Niemand meldet sich.

15.42 Uhr | Keksrunde und Auflösung

Daraufhin verkündet Franziska, dass es nun Zeit für die Keksrunde sei. Nora Boden geht und bringt eine Rolle Kekse in die Runde. Das führt zu einer schlagartigen Aufheiterung und mancherlei humorvollen Wortspielen seitens der Jungen (z. B. „Der Keks geht und holt die Noras!" „Cool, Nora am Stiel!"). Die Körpersprache der Jungen wird lebhafter, zwei benachbarte beginnen, sich zu behakeln – der Bewegungsdrang ist spürbar. Nora Boden teilt die Kekse aus, lädt zum Spielen im Hof ein und wiederholt die Regel, dass der Keks wegen Krümelei erst draußen gegessen werden darf. Die Jungen springen auf, manche stürmen sogleich in freudigem Wettstreit und auch manchem derben Wort („Ey, du Wichser!") in den Flur, jeder will schneller als der andere seine Jacke erreicht haben. Andere wedeln noch die Kerze aus und trödeln hinterher – es herrscht eine fröhliche, gelöste Stimmung. Nora Boden ruft die Jungen auf, nicht so viel Krach zu machen.

15.45 Uhr | Kicker im Hof

Im Hof versammeln sich die Jungen um den Kicker. Mit Leidenschaft versuchen sie in Teams zu gewinnen. Sie debattieren über Regeln und haben viel Spaß miteinander. Nebenbei kommt es immer wieder zu kleinen Gesprächen über Erlebnisse des Schulalltags, aus den Familien, über Fußball oder Hobbies. Die Gemeindepädagogin steht dabei, greift gelegentlich regulierend ein oder führt ein Nebengespräch mit einem der Jungen. Insgesamt gesehen, scheint sie eher am Rande zu stehen und zuzuschauen. Von außen gesehen, gewinnt man den Eindruck, dass die Gruppe dort draußen am Kicker dynamischer interagiert als drinnen im Stuhlkreis.

Die Mädchengruppe
16.10 Uhr | Der Übergang

Inzwischen sind die Jungen in die Obhut des Kantors gewechselt und fünf Mädchen von der Kurrende in den Raum des Kindertreffs gekommen. Sie nehmen im Stuhlkreis Platz und unterhalten sich angeregt. Johanna kündigt lachend an, dass *sie* jetzt eine Geschichte erzählen wolle. Franziska, die FSJlerin, reagiert amüsiert und stellt Johanna diese Möglichkeit für nächste Woche in Aussicht. Anders als die Jungengruppe, startet die Mädchengruppe nicht ermattet in die Stunde, sondern mit viel Lachen und Schwatzen, im lebhaften Kontakt sowohl untereinander als auch zu Franziska, ein bisschen zappelig auf ihren Stühlen. Franziska teilt Svenja die Aufgabe zu, die Kerze anzuzünden, was ein Privileg zu sein scheint. Die anderen Kinder begleiten ihre etwas unsichere Handhabung der Streichhölzer mit einem chorischen Countdown von zehn auf null, was jedoch von der inzwischen hinzugekommenen Gemeindepädagogin unterbunden wird. Nora Boden reagiert auf die aufgekratzte Stimmung mit der Frage, ob sie sich zwischen die

Mädchen setzen soll oder ob die Mädchen ihr Schwatzen auch so einstellen könnten – eine disziplinierende Rückfrage, die offenbar ein eingespieltes Ritual bedient, denn die Kinder stimmen ihr lachend zu. Leicht genervt sagt Svenja, mehr zu sich selbst: „Ich hasse Kerzen!" Franziska hilft ihr. Derweil stimmt Boden den üblichen Spruch an (s. o.), der sofort von den Mädchen im Chor aufgegriffen wird.

16.13 Uhr | Thematische Anknüpfung

Mit denselben Fragen wie in der Jungengruppe leitet Franziska die Wiederholung/ Anknüpfung an die Geschichte der Vorwoche ein. Die Mädchen benennen Babylon, Nebukadnezar, sind sich aber bezüglich der Geschichte als solcher unsicher – Johanna mag nicht laut sagen, was sie weiß, sondern flüstert es lieber ihrer Nachbarin ins Ohr. Franziska gibt Hilfestellungen. Die Mädchen sind erkennbar bemüht, „richtige" Antworten zu geben. Sie sitzen gespannt auf ihren Stühlen, melden sich aufgeregt, wenn ihnen etwas einfällt und wollen am liebsten gleich losreden. (Felina: „Da gab es so einen komischen heißen Kessel, und dann haben die, haben die da so reingeguckt irgendwie dort, und dann sind da viele Leute drin rumgelaufen irgendwie, obwohl die nur drei reingeschmissen hatten", ergänzt von Maria mit Variationen, abgeschlossen von Franziska mit: „Genau. Also die wurden aus dem Feuerofen lebendig wieder befreit und waren unversehrt, so wie wir ja gesagt hatten, dass Gott auf sie aufpasst.")

16.14 Uhr | Begegnung mit einer Sache

Dann setzt Franziska die Geschichte, wie zuvor in der Jungen-Gruppe auch, fort. Der fremde Name „Belsazar" fordert die Mädchen sofort zu erstaunten Kommentaren und Wortspielen heraus („Balthasar, Balthasasar"), was allgemeine Heiterkeit auslöst. Nora Boden schlägt amüsiert-theatralisch die Hände vor's Gesicht. Während der weiteren, sehr kurzen, wiederum auf äußerliche Stationen konzentrierten Erzählung lauschen die Kinder still. Ihre Gesichtsausdrücke verraten, dass sie versuchen, der Handlung zu folgen. Diesmal klappt das zeichnerisch-trickhafte Erscheinenlassen der geheimnisvollen Schrift besser. Gleich wollen die Mädchen wissen, was dort stehe und wie das Erscheinen der Buchstaben technisch möglich sei. Johanna sagt wiederum, sie wisse schon, was dort stünde, wolle es aber nicht verraten. Die Kinder stehen auf, stellen sich um Franziska herum. Als das Schriftbild fertig ist, und die Mädchen vorgelesen haben, was dort steht, fragt Franziska, ob die Kinder es übersetzen könnten, was diese halb amüsiert verneinen, es jedoch spaßeshalber versuchen („Mene heißt Mensch", „oder hex hex!"). Auch im weiteren Verlauf der Erzählung nutzen die Mädchen verschiedene Gelegenheiten, um ihr Wissen, ihre Vermutungen oder sich selbst einzubringen (z. B. wirft ein Mädchen, als der König dem Daniel für die Übersetzung der Schrift reiche Belohnung in Aussicht stellt, ein: „Also ich würde ihm irgendwas sagen!"). Franziska geht auf solche Äußerungen nicht weiter ein. Insgesamt wirkt ihre Erzählung freier als in der Jungengruppe, engagierter im Kontakt mit den Mädchen. Vielleicht kann der folgende Szenenausschnitt eine Vorstellung von der Art der Beteiligung und inhaltlichen Entfaltung vermitteln:

Franziska (F.): „Und, an der Wand stand: ‚mene mene tekel uparsin', und das heißt soviel wie dass [ablesend:] ‚Gott hat dein Königtum gezählt und beendet. Man hat dich auf die Waage gestellt und für zu leicht befunden. Und dein Reich ist zerteilt und es wird den Merdern [eigtl. „Medern"] und Persern gegeben.' Ist ein bisschen verständlicher."

Felina: „Hääää?"

F. [schmunzelnd]: „Doch noch nicht so ganz?"

Mehrere Mädchen durcheinander: „Doch, das heißt, es wird einem anderen Land gegeben!"

F.: „Genau. Es meinte damit, dass der König Belsazar nicht wie sein Vater Nebukadnezar, der auf den Gott von Daniel ein Stück weit vertraut hat, an ihn geglaubt hat, sondern dass er, obwohl er wusste, wie viel Macht dieser Gott hat, ihn einfach vergessen hat und sogar die Becher aus dem Tempel entweiht hat und andere Götter während dessen angebetet hat. Felina?"

Felina [*hatte sich schon länger gemeldet*]: „Hier, aber, wer hat das eigentlich da dran geschrieben? Also, hat da jemand [*energische Geste*] durch die Wand durchgefasst?"

Maria: „Das war Gott. Das war Gott. Der [*vermutlich ist gemeint: der König*] ist dann gestorben."

F.: „Genau. Also es steht nur in der Bibel, dass es eine Hand ist, die wie mit Feuer das an die Wand schreibt. Und dass dann dieser Feuerschriftzug"

Felina: „Mit Blut so"

F.: „Nee, kein Blut, sondern Feuer. War dann dort an der Wand."

Felina: „Schade. Ähm, wenn's Blut gewesen wäre, dann würden solche komischen Viecher, die Blut saugen, da sein."

Nora: „Haie?"

Felina: „Nee, ähm, Mücken."

F.: „Ja. Ehm. Und es bedeutet eben weiter, dass der König eben dafür, also dass er dann auch sein Reich verliert, dass das eben dann aufgeteilt wird. [*Maria und Felina flüstern miteinander vergnügt über irgendein Thema*] Ja, und dann steht weiter, dass der König, der König Belsazar, dann noch in derselben Nacht stirbt. [*Svenja schaut erstaunt mit offenem Mund. Felina zeigt eine theatralische Geste des Sterbens*] Ja, und wie es weitergeht mit Daniel …"

Maria: „Der stirbt! [*sie meldet sich energisch*] Der stirbt!"

F.: „… und seinen Freunden …"

Svenja: „Wer stirbt? Wer stirbt?"

F.: „der König"!

Svenja [*etwas erschrocken*]: „Oh! [*kurze Pause*] Wieso?" [*Maria meldet sich energisch*]

F.: „Das weiß niemand so genau."

Felina: „Weil er tot ist!"

F.: „Er stirbt in der Nacht drauf einfach."

Johanna: „An was?"

Maria: „Wurde er ermordet, von Gott?" [*Mehrere Kinder reagieren in ihrer Körpersprache und mit unartikulierten Geräuschen, als ob sie der Gedanke ebenso faszinieren wie befremden würde*]

F.: „Das steht nicht so drin. Es steht einfach drin, dass er in der Nacht darauf stirbt."

Maria: [*nach einer kurzen nachdenklichen Pause*] „Ach so, weil er Unrecht getan hat da."

F.: „Könnte man so sagen, ja."

Johanna: [*klatscht gespannt in die Hände*] „Weiter geht's!"

F.: „Weiter geht's nächste Woche."

Johanna: „Och, das war aber ein kurzes Stück."

F.: „Nächste Woche kommt vielleicht ein längeres Stück."

Maria: „Nächste Woche kommt ein soooo [*zeigt mit den Armen eine weite Spanne*] langes Stück. So lang. Und so breit."

F.: „Na da woll'n wir mal schauen. Wir beten noch."

Johanna: „Nächste Woche erzähle ich ja die Geschichte." [*nickt eifrig und lächelt verschmitzt*]

Felina: [*begeisterte Körpersprache*] „Genau!"

Nora Boden: [*erstaunt*] „Ach so?"

Mädchen durcheinander: „Ja, stimmt, da wird'se länger."

Johanna: „Aber dann erzähl ich die ganze Geschichte. Bei mir geht es deutlich länger." [*amüsierte Blicke in der Runde*]

F.: „Einmal kurz Ruhe bitte? Herr ich danke Dir …" [*Ähnliches Gebet wie in der Jungengruppe*]

16.20 Uhr | Ergebnissicherung I: Fragen finden für das Spiel

Franziska lädt die Mädchen ein, wie in den vergangenen Wochen Fragen und Worte für das Spiel zu sammeln. Das löst ein lebhaftes Zurufen der Mädchen aus, allerdings eher von Spaßbedürfnis denn von den Sachthemen vorangetrieben. „Balthasar!" „Barbie-Land!" – Franziska bemüht sich vergeblich, auf „Belsazar" und „Babylon" zu korrigieren – aber die Kinder freuen sich am Verballhornen der Sache („Wie heißt der dumme König?"). Links entspinnt sich ein Nebengespräch zwischen Felina und Nora Boden, wer Balthasar sei. Franziska insistiert auf der Aufgabe, was dann doch noch zwei Fragen erbringt (Felina: „Warum ist der König ge-

storben?" – Antwort Maria: „Weil er schlimme Sachen gemacht hat, ähm, also zum Beispiel, die Leuchter geklaut hat ..." – woraufhin Nora Boden den Raub der Jerusalemer Tempelgeräte historisch korrigiert.)

16.22 Uhr | Ergebnissicherung II: Fragen aufschreiben

Keins der Mädchen reagiert positiv auf Franziskas Frage, ob jemand Lust hätte, Wörter und Fragen auf Karten für das spätere Spiel zu schreiben. Die Kinder führen lieber vergnügt lebhafte, auch körperlich dynamische Nebengespräche – sie necken sich, ziehen sich an den Armen, lachen und schwatzen durcheinander. Nora Boden teilt Kekse aus und gibt die große Kerze frei zum Auspusten, woraufhin drei Mädchen auf die Kerze zustürzen, um sie zugleich auszupusten (keine ungefährliche Sache, aus unserer Hospitations-Ecke gesehen) und dann nach draußen zum Spielen zu gehen.

Ausklang
16.23 Uhr | Spielen auf dem Hof

Draußen auf dem Hof wiederholt sich, was schon vor Beginn des Kindertreffs und im Übergang von der Jungen- zur Mädchenrunde stattgefunden hatte: Manche Kinder treffen sich am Kicker, andere spielen Fangen oder Ball. Nora Boden und Franziska reden phasenweise mit Einzelnen oder kleinen Grüppchen. Sonst zeigen die beiden eine zurückhaltende Präsenz, beobachten, oder rufen gelegentlich zur Ordnung. Für uns als Beobachter ist es akustisch schwer, Themen zu verstehen. Das lebhafte Treiben wirkt „passend", „integriert", „entspannt".

REFLEXION

Die Beschreibung des Kindertreffs im Rahmen des nachmittäglichen Gesamtereignisses zeigt eindrücklich das integrative Zusammenwirken der einzelnen Bestandteile und damit den gemeindepädagogischen Charakter. Zunächst kommen einige äußere, strukturgebende Merkmale in den Blick:

- Eine anregungsreiche, spielaffine äußere Umgebung wird von den Kindern sehr gern genutzt. Metaphorisch gesprochen, ist das für sie ein soziales und körperbetontes „Heimspiel". Der Raum des Kindertreffs selbst ist demgegenüber deutlich von „Vorgaben einer Veranstaltung" geprägt. Jede dieser Stationen hat ein eigenes Thema, eine eigene Beteiligungsenergie.
- Durch die Profilierung des Kindertreffs ist der Kinderchor aus einer ‚anlassgebenden' Funktion in ein gemeindepädagogisches Zusammenspiel gelangt. Auch er wirkt gemeinschaftsbildend, wenngleich mit anderen Merkmalen (mehr Klarheit von Gegenstand, Aufgabe und Mitteln).
- Die geschlechtergetrennte Organisation des Kindertreffs vor und nach dem Kinderchor reduziert die Fülle möglicher Heterogenitätsmerkmale innerhalb der Gruppe. Die Teilgruppe der Mädchen scheint die Vorzüge der Geschlechtertrennung intensiver für sich nutzen zu können, als die der Jungen.

Die *didaktische Struktur* der eingebetteten thematischen Teile des Kindertreffs lädt die Jungen und Mädchen zum Mitvollzug einer Reihe vorgegebener Stationen ein. Erwachsene zeigen Elemente religiös-ritueller Praxis vor (Kerze mit Spruch, formelhaftes Gebet durch eine Erwachsene). Die Kinder werden dabei nicht selbst spirituell-schöpferisch tätig. Erwachsene teilen ein Stück Bibelgeschichte in historisierendem Stil mit, ein hermeneutischer Diskurs wird jedoch nicht eröffnet. Eine Relevanzprüfung wird nicht angeregt. Was an Lebensalltag der Kinder zur Sprache kommt, bringen diese selbst ungefragt-assoziativ ein (Techniken der Sprache an der Wand; blutsaugende Mücken). Didaktisch gesprochen: Das Wesentliche sind nicht die Inhalte selbst, sondern die *strukturgebenden Zugänge* zu den Inhalten, wie zum Beispiel die Geschlechtertrennung.

Die Qualitätsmerkmale des Kindertreffs liegen in der Entwicklung verbindlicher *Beziehungen* zwischen den Kindern und zu den Erwachsenen. Dies eröffnet eine andere, eine fundamentaldidaktische Ebene. Gemeinsam mit den wiederkehrenden Stationen des Kindertreffs bilden diese sowohl persönlichen als auch anlassbezogenen Beziehungen das tragende Gerüst, in welches Inhalte (später einmal) eingebunden werden können.

Das *Beteiligungsverhalten* der Kinder spiegelt sowohl die Beobachtungen zur didaktischen Struktur als auch zu den Beziehungsqualitäten. Die Kinder beteiligen sich *intensiv* im Freispiel, im Geschichte hören und wenn es um die Kekse geht. Sie sind *mäßig konzentriert*, mit einer Tendenz zur Ermattung oder zur Ironisierung, wenn sie Aspekte der Geschichte erklärt bekommen, Fragen zur Geschichte finden sollen oder in den Elementen religiös-ritueller Praxis.

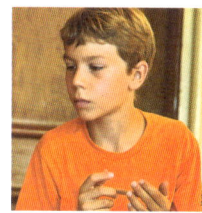

Teil I — Impressionen aus der Praxis

„Weil es mir Spaß macht."

Die Kinder

Feld 2: Fallbeschreibung Kinder

Nach dem hospitierten Kindertreff haben wir Gelegenheit zu einem Interview mit den Kindern. Vier Mädchen und drei Jungen nehmen teil. Von ihnen gehört Simon zur örtlichen Gemeinde einer Freikirche. Im Laufe des Interviews merken wir: Da Simon weder den Religionsunterricht in der Schule noch den Kindergottesdienst in der evangelischen Stadtgemeinde besucht, fehlen ihm manche der Vergleichshorizonte zum Kindertreff, die andere Kinder benutzen.

Nach Angaben der Gemeindepädagogin sind alle Kinder, die zum Interview kommen, getauft. Sie selbst ist im Religionsunterricht an anderen Schulen tätig, die Kinder kennen sie nur aus den gemeindlichen Veranstaltungen. Die Kinder zeigen sich etwas aufgeregt, aber neugierig auf das Interview. Alle bringen sich ein.

„Kekse und Kicker"

Die Kinder bringen zum Ausdruck, wie es ihnen nach einem anstrengenden Schultag geht. (Tom-Hannes: „Also es macht mir auch Spaß, aber manchmal eben würde ich lieber gleich nachhause gehen.") Gerade deshalb schätzen sie am Kindertreff, dass sie dort elementare Bedürfnisse ihres Nachmittags realisieren können. Besonders erwähnen sie das freie und gemeinsame *Spielen*. Ob Fußball, Verstecken oder Kicker – ihnen sind die Chancen wichtig, die ihnen der Hof mit seiner Ausstattung und der ganze Gebäudekomplex gibt, um sich körperlich intensiv und selbstorganisiert zu engagieren. Das freie Spiel gibt dem Ort eine spezifische Qualität von hohem Erlebniswert.

Neben dem Spiel (und weiteren „Beteiligungsmöglichkeiten", s. u.) erwähnen die Kinder häufig auch die *Kekse*. Auf ihre Bereitstellung können sich die Kinder verlassen. Die Kekse symbolisieren ihnen, dass sie von den Erwachsenen in ihren situativen Bedürfnissen verstanden und akzeptiert werden.

„Zusammen"

Das Zusammensein mit anderen Kindern und den Erwachsenen spielt eine zwar prominente, aber auch differenzierte Rolle in der Sicht der Kinder.

Sie wertschätzen die Gemeinschaft, und zwar meist verknüpft mit den Aktionsformen. (Svenja: „Ich [komme] auch aus Neugier, weil es mir Spaß macht, dass alle Kinder zusammen spielen können und zusammen sind und dass wir auch Geschichten erzählen und singen.") Die Mädchen loben die Geschlechtertrennung, um sich ungestört austauschen zu können. Dabei verwenden sie u. a. den Schulunterricht als Gegenhorizont, denn dort „war's immer re-richtig laut weil die Jungs halt immer äh dauernd reingequatscht haben" (Felina).

Als Beobachter gewinnen wir den Eindruck *loser* persönlicher Beziehungen. Die Kinder streiten nicht um einheitliche Meinungen (weder in der Stunde noch im Interview – außer bei den Regeln am Kicker). Anscheinend gibt ihnen die Gruppe ein angenehmes Maß an Freiheit im Verhältnis von Nähe und Distanz. Anders gesagt: Es könnte sein, dass ihnen das *Zusammensein* wichtiger ist als das Erleben von *Homogenität*. Die Beziehungsdichte scheint jedenfalls eine relative Größe zu sein. Es zählt nicht die Gruppe als solche, sondern die durch die Sozialität ermöglichten Betätigungen.

Häufig erwähnen die Kinder das *Singen* als Teilnahmemotivation und Gemeinschaftsfaktor – obwohl innerhalb der beiden hospitierten Stunden des Kindertreffs gar nicht gesungen wurde. (Simon: „Ich freu mich, dass wir hier zusammen sind und dass wir hier singen".) Daran wird zum einen deutlich, dass die Kinder die Veranstaltungsteile des Nachmittags als ein Gesamtereignis ansehen. Zum anderen wird hier anschaulich, wie sehr das gemeinsame Singen die *Selbstwahrnehmung als Gruppe* unterstützt.

Die Erwachsenen kommen bei den Kindern vor allem unter Beziehungsaspekten in den Blick (Maria: „Also dass wir singen können und dass die alle so nett hier sin, na Nora und Franziska"). Den Jungen und Mädchen ist wichtig, dass die Erwachsenen die Bedürfnisse kennen. Dazu gehört es, die Kekse bereitzustellen, Geschichten spannend zu erzählen, Spielräume zu eröffnen und bei Bedarf als Appellationsinstanz bereitzustehen (sofern die Kinder das nicht selbst regeln). Lehrerähnliche Funktionen, wie etwa die Anleitung strukturierter inhaltlicher Vertiefungen, erwähnen die Kinder nicht.

„Kerze anzünden, Geschichten hören und beten"

Religionsdidaktische Inhalte und religiös-rituelle Praxen werden von den Kindern zwar positiv erwähnt (Felina: „Ich freu mich, dass wir halt immer die Kerze anzünden dürfen und dass wir Geschichten hören und beten"), spielen aber insgesamt nur eine randständige Rolle.

Zwar wertschätzen die Kinder *Geschichten als Form*. Sie tragen zum Neuigkeitswert des Kindertreffs bei. (Simon findet „das auch cool, immer aus der Bibel zu hören, weil es ja auch spannende Dinge gibt, zum Beispiel heute mit der Hand, dass jemand an die Wand geschrieben hat. Ganz schön spannend.") Aber ihre eigene Rolle dabei beschreiben die Kinder passiv. (Brief 4: „Dann wird uns eine Geschichte erzählt und erklärt.") Konkrete Inhalte der Tages-Geschichte spielbezogen festzuhalten und weiterzuführen, war schon in der Stundenbeschreibung als mühsamer Versuch der Gemeindepädagogin erwähnt. In der Reflexion der Kinder taucht das ebenfalls nur punktuell auf.

Auch die religiös-rituellen Elemente werden von den Kindern nur beiläufig erwähnt. Felina bezog sie summarisch in ihre Würdigung ein (s. o.), Johanna ergänzt den Aspekt der Handlungsentlastung durch Ritualisierung: „Jeder darf halt mal die Kerze anzünden – und wir sprechen immer das gleiche Ge- also das gleiche Gebet, dass man sich nicht jede Woche ein neues Gebet irgendwie ausdenken muss oder sprechen muss oder so."

FOKUSSIERUNG

Die Sicht der Kinder auf den Kindertreff ist von ihrem Bedürfnis nach einer *abwechslungsreichen Nachmittagsgestaltung* geprägt. Die Teilnahme passt gut zwischen Schulbus und Zuhause. Die Kinder wissen, was sie im Kindertreff erwartet: Eine *freudebereitende Kombination verschiedener körperlich-sinnlicher Elemente. Klare Anreizstrukturen* und ein *gewisser Unterhaltungswert* sind vorhanden. Dies formt sich aus in *Betätigungsmöglichkeiten und Beziehungen*. Zudem erleben die Kinder bestimmte *strukturgebende Zugänge zu Inhalten und Formen religiöser Praxis*. In diesen Aspekten realisiert sich insgesamt der pädagogische Zweck des Ortes auf eine Weise, die die Kinder trotz aller individuellen Unterschiede insgesamt übereinstimmend stark wertschätzend beurteilen. Das ist es, was sie sich dort ‚holen' können – je nach Tagesform und -bedarf. Der Gleichklang mit der Entstehungsgeschichte des Kindertreffs ist auffallend.

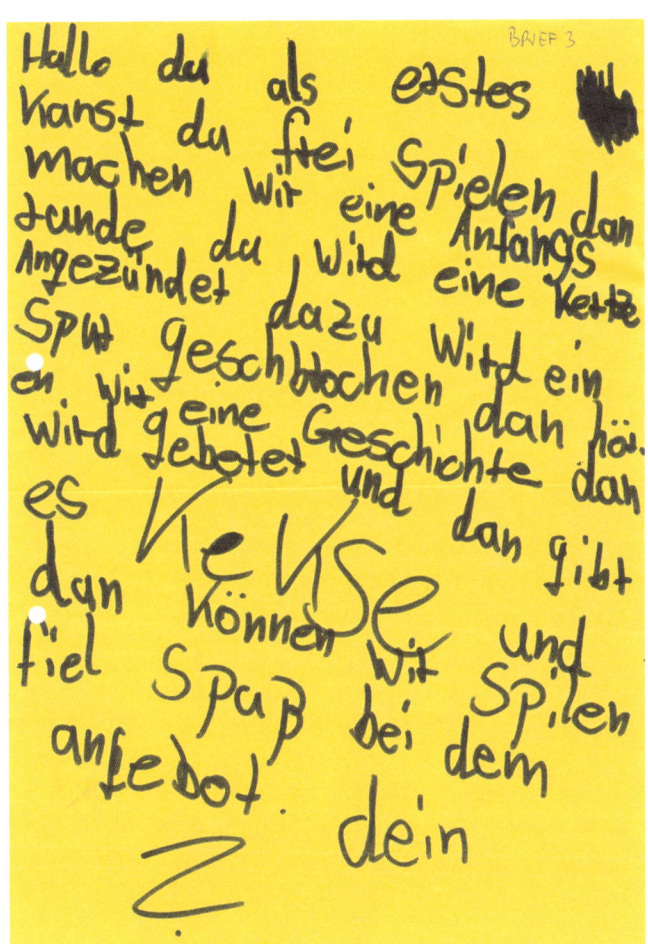

→ Was fällt Ihnen zur Perspektive dieses Kindes auf?
Vielleicht nützt es Ihnen, zwischen Form, Inhalten und Struktur zu unterscheiden.
Viel Spaß beim Entziffern!

Teil I — Impressionen aus der Praxis

*„Also diese persönliche Beziehung, dass die dabei ganz klar mit –
dass es nicht eine Lehre ist."*

Eine Mutter

Feld 2: Fallbeschreibung Mutter

Frau Strumpf ist 49 Jahre alt. Sie arbeitet in der Kirchenbezirks-Sozialarbeit und wohnt mit ihrer Familie im nahegelegenen Mitteldorf. Ihre Tochter Maria (9 J.) hatten wir tags zuvor im Kindertreff kennengelernt.

„Lebendiger Glaube"

Mit der Formulierung *„lebendiger Glaube"* pointiert Frau Strumpf ihre Sicht auf das Zentrum christlichen Lebens und das Ziel christlicher Erziehung. Sie beschreibt damit zum einen eine *subjektive Intensität im Verhältnis zu Jesus und Gott*. Ein solcher Glaube gebe Unterstützung im individuellen Umgang mit den Fragen und Problemen des Lebensalltags. („Also zu wissen, ich bin nicht allein, da ist jemand da, der mir Halt gibt, der mir Kraft gibt …") Zum anderen werde dadurch die soziale Integration gefördert. („Es gibt eine Gemeinschaft, die dazugehört, zu der ich mit dazugehören kann.")

Ein „lebendiger Glaube" führt für Frau Strumpf auch zu gesellschaftlichem Engagement, geprägt von Nächstenliebe und Verantwortung. Am Beispiel des „Stolperstein-Putzens" verdeutlicht sie, dass sie den Kindertreff auch als Teil des politischen Bildungssystems ansieht, in dem Kinder schon von frühem Alter an auf kindgerechte Weise Geschichtsbewusstsein und Demokratieverständnis erwerben.

„Dass das irgendwie so auch in das eigene Leben gepflanzt wird"

Einerseits soll der Kindertreff also dazu beitragen, dass sich Maria so einen „lebendigen Glauben" *aktiv aneignen* kann. Deshalb seien Möglichkeiten zur Beteiligung und Mitbestimmung im Kindertreff wichtig. Frau Strumpf betont Elemente wie „Themen der Kinder", „darüber sprechen", „diskutieren" und „verstanden haben". Sie verdeutlicht die Herausforderung am Beispiel des weltanschaulich pluralen Kontexts der Schule. Dort müsse sich Maria mit Glaubensbestreitungen auseinandersetzen. („Ich merke, da kommen Rückfragen zum Glauben, zu Gott, zu Jesus und wie sie das so lebt oder dass sie auch sagt: ‚In der Schule, du, die glauben nicht an Gott.' Also irgendwann hat sie mal die Erkenntnis gehabt: nicht jeder glaubt an Gott, oder an Jesus und dass sie das auch schade fand, dass auch schon Kinder gesagt haben: ‚Das ist Quatsch'.")

Andererseits beschreibt Frau Strumpf den Prozess des Glaubenlernens auch mit *passiven* Formulierungen. („Dass das irgendwie so auch in das eigene Leben gepflanzt wird, also dass man irgendwie so Werte einfach dadurch lernt und in so einer Regelmäßigkeit von einmal die Woche.") Der „lebendige Glaube" erscheint hier als eine *innere Richtungsgabe*. („Dass das dann einfach so irgendwie eine Art Selbstverständlichkeit ist.") In solchen Passagen des Gesprächs überwiegt die Vorstellung, dass sich der Glaube *implizit* („irgendwie") selbst lehrt. Durch die Beteiligung könne ihre Tochter *wie von selbst* („einfach") hineinwachsen.

Der Religionsunterricht könne solche Ziele bestenfalls ergänzen. („Religionsunterricht

ist ganz gut und schön, aber [Geste mit einer Hand wie eine Klammer] alles was mit Schule zu tun hat, das wissen wir selber, ist auch unter einer bestimmten Glocke.")

„Die erzählt das nicht nur, die glaubt da auch dran"

Person und Arbeitsweise der gemeindepädagogischen Mitarbeitenden spielen in Frau Strumpfs Augen eine ausschlaggebende Rolle. („Ich würde mir auch als Eltern die Gemeindepädagogin sicherlich vorher angucken, ne, also wenn ich jetzt umziehen würde.") Es sei wichtig, dass Nora Boden *offen* auf die Kinder zugehe. Die Mitarbeitenden sollen *ihren eigenen Glauben vorzeigen*, im Gespräch, in religiösen Ritualen wie auch in der generellen Lebenshaltung. („Wenn also das jemand macht, der da auch so eine persönliche Beziehung hat, das ist ja dann auch mit Zeugnis für die Kinder, dass die sagen: ‚Also die die erzählt das nicht nur, die glaubt da auch dran' und so wie sie lebt, dass man das sozusagen sieht.")

Gerade weil Frau Strumpf zuhause nicht viele Ressourcen für eine vertiefende Begegnung mit Themen des Glaubens habe, sei die ‚Passung' zum gemeindepädagogischen Personal wichtig. („Das, was ich vermittele, weiß ich, kann ich in gute andere Hände auch mit geben, weil die ein ähnliches Wertesystem haben oder das gleiche, und ich kann das im Prinzip nicht leisten, sondern dass ich sage: ‚Im Kindertreff würde es schon noch mal zusammenfassender mit behandelt.'")

„Wo man sagt: ‚Das entspricht mir am meisten.'"

Auch im Verhältnis zur Kirchgemeinde als Strukturvorgabe sehen wir eine interessante Spannung in Frau Strumpfs Erzählungen. Einerseits soll ihre Tochter durch aktive Beteiligung Kirchgemeinde als eine *biografiebegleitende, sichernde Strukturvorgabe des Glaubens* kennenlernen. („Also mir ist es grundsätzlich ein Anliegen, dass mein Kind halt vom Glauben hört und deshalb ist es mir wichtig, dass sie auch zu gemeindlichen Veranstaltungen geht."; „Wenn die mal in eine andre Stadt geht, Studium, dass man dann sagt: ‚Ich such mir wieder eine Kirchgemeinde'"; anstatt „in die falschen Kreise zu geraten.")

Andererseits ordnet Frau Strumpf diese Wertschätzung ihrer *individuellen Wahlentscheidung* unter. Dabei sind ihr das *Frömmigkeitsprofil* der Kirchgemeinde sowie *Sympathiebeziehungen* zu den Menschen dort wichtig. („Da war für mich sozusagen der Punkt auch, dass ich sage, da wird auch lebendiger Glaube vermittelt. Gibt ja auch viele Kirchgemeinden, wo man das eben das Gefühl hat, das ist nicht so. (…) Mir war es wichtiger, nach Oberstadt zu gehen, weil ich die Familien kenne.") Der Wohnort zieht für Frau Strumpf also nicht zwangsläufig die Bindung an die Parochie nach sich.

Dennoch wertschätzt Frau Strumpf die gewohnheitliche Bindung an die Wohnortgemeinde. Diese verringert die Hürde der kontinuierlichen Teilnahme. Die Eltern müssen nicht pendeln. Diese parochiale Bindung im Dorf wird auch bei Maria deutlich. Denn ihre Tochter besucht seit der 3. Klasse zusätzlich zum Kindertreff in Oberstadt auch das 14-tägige Angebot einer Christenlehre in Mitteldorf.

FOKUSSIERUNG

Mit der Formulierung „lebendiger Glaube" drückt Frau Strumpf eine Ablösung aus: *Gewohnheitschristliche Traditionen im überschaubaren Sozialraum können und sollen reflektierten Entscheidungen für eine christliche Lebensführung weichen*. Das habe dann auch eine gesellschaftliche Relevanz. Außerdem fasst das ihr Verständnis von Sinn und Zweck von religiöser Praxis und christlicher Erziehung zusammen – bis hin zur Hoffnung auf die Tradierung in die übernächste Generation durch ihre Tochter. („Dass sie sagt, wenn sie selber Kinder hat, dass sie das weitergeben kann.") Für Frau Strumpf dient der „Kindertreff" der Aneignung christlicher Glaubenspraxis. Zudem stiftet er soziale Zugehörigkeit und bietet Unterstützung sowie Orientierung für die persönliche Lebensgeschichte.

→ Wie denken Sie zu den verschiedenen Weisen, in denen Frau Strumpf über das Entstehen eines „lebendigen Glaubens" nachdenkt?
→ Vielleicht spiegelt sich das in Elementen Ihrer eigenen gemeindepädagogischen Praxis?

„Damit eben auch Kirche in Zukunft Gemeinde hat."

Ein Kirchvorsteher (und Vater)

Feld 2: Fallbeschreibung Vater & Kind

Herr Schmidt ist 36 Jahre alt und lebt seit ca. 11 Jahren mit seiner Familie in Oberstadt. Seit etlichen Jahren leitet er das städtische Jugendamt. Seine Kinder Felix (7 J.) und Johanna (9 J.) besuchen den Kindertreff und nahmen auch am Interview teil. Bereits in der zweiten Wahlperiode gehört Herr Schmidt dem Kirchenvorstand an. Dort engagiert er sich im Ausschuss für Kinder- und Jugendarbeit. Im Interview wechselt er zwischen beiden Rollen. Redet er als Familienvater, wirkt er emotional stärker beteiligt – er unterstreicht seine Worte mit lebhaften Gesten und redet schneller. Als Kirchvorsteher spricht Herr Schmidt mit höherem Abstraktionsniveau, mit strategischem Überblick und Strukturkenntnissen. Insgesamt wird deutlich, dass diese zweite Rolle in der ersten gleichsam eingebettet ist und von dorther lebensalltägliche Energie und Erfahrung bezieht.

„Wäh? Wo kommt'n das jetzt her?"

Herr Schmidt sieht den Kindertreff in einem wechselseitigen Ergänzungsverhältnis zur familiären religiösen Erziehung: In der Familie werde derselbe Glaube *gelebt*, der im Kindertreff hinsichtlich seiner Inhalte und Praxen *thematisch* gemacht werde. Als Beispiel nennt er eine bewusst gestaltete familiäre Gebetspraxis, die von den Kindern gelegentlich zum Gespräch mit den Eltern genutzt wird. („Grade mein Felix, der ja eigentlich nicht so über seine Gefühle redet, aber manchmal, also wenn er so Fragen stellt: ‚Weißt du wie es mal im Himmel sein wird?', Ja dann fra-[ge ich mich]: ‚Wäh? [*lebhafte Geste*] Wo kommt'n das jetzt her?' [*lacht*] Also da ging's wahrscheinlich [im Kindertreff] mal um irgendwelche Themen.")

Auch andere Formen des Gemeindelebens, wie etwa das „Familienfrühstück" oder „Adventsaktionen bei Familien" dienten diesem wechselseitigen Ergänzungsverhältnis. Seine Einstellungen sind in hohem Maß von *Selbstverständlichkeiten* geprägt. Es stand für ihn z. B. völlig außer Frage, seine Kinder mit Schuleintritt zum Kindertreff anzumelden.

„Freiraum für sich selbst zu haben"

Insgesamt gesehen sind Herrn Schmidt im Blick auf christliche Erziehung zwei Ziele wichtig: Dass die Kinder *einen eigenen Glauben finden* und *sich der Kirche zugehörig wissen*. Das bedürfe informierter Entscheidungen. Hier traut Herr Schmidt der Kirchgemeinde und ihren Einrichtungen – also auch dem Kindertreff – eine Schlüsselrolle zu. Eine Option, sich im Zuge dieser Entwicklung *gegen* den Glauben auszusprechen, formuliert Herr Schmidt nicht. Wichtiger ist ihm die Frage, *wie* zum Glauben gefunden wird. Er kann nicht sagen, wie dies im Einzelnen im Kindertreff geschieht. Aber grundsätzlich hält er folgende Ebenen für nötig und formativ:

- Gemeinschaftsbildung (als Kindergruppe),
- Praxis (als Tun des Glaubens),
- sinnlich-ästhetische Elemente (Symbole, Auseinandersetzung mit Eindrücken aus Gebäuden etc.),
- Reflexion (aktive Aneignung von Inhalten).

Kognitive Elemente hätten dabei keinen Vorrang, im Gegenteil: Die Kinder sollten Möglichkeiten bekommen, „geborgen und aufgehoben zu sein, miteinander zu agieren und jetzt nicht jede Minute über den Glauben zu sprechen"; „und hier so ja Freiraum für sich selbst zu haben". Die nichtdirektive, beziehungspflegende Arbeitsweise der Gemein-

> „Was auch Gemeindepädagogik für eine Bedeutung an sich hat und ich denke, die liegt halt in der inhaltlichen, methodischen Arbeit, aber auch in der Beziehungsarbeit halt einfach, nicht wahr? Die finde ich ja immer wieder, also, so ein Kerngedanke ist auch, wenn wir von Gemeindeleben, Glauben sprechen und auch von missionarischen Angeboten, dass genau das eigentlich der Kern ist, die Beziehung aufzubauen, zu pflegen, zu halten, zu gestalten und wenn niemand da ist, kann so was eben nicht erfolgen und davon lebt ja letzten Endes Gemeinde auch, ja?"

→ Würden Sie Herrn Schmidts Hochschätzung von „Beziehungsarbeit" zustimmen?
→ Wenn dies auch die Perspektive Ihres Kirchenvorstandes wäre – würde sich in Ihrer Praxis etwas ändern?

depädagogin spiele dabei eine wichtige Rolle. („Nora, also die kommt halt ja jetzt nicht mit der Keule oder autoritär, sondern herzlich und genau und dadurch denk ich ist es jetzt auch ein Angebot, was die Kinder gern annehmen.")

„Damit eben auch Kirche in Zukunft Gemeinde hat"
Als Kirchvorsteher ordnet Herr Schmidt den Kindertreff in die Perspektive der gesamten Gemeindeentwicklung ein, welche ihrerseits das Gesamtziel der Tradierung des Glaubens verfolge. („Das Thema ist ja immer häufig, jetzt auch aufgrund der sinkenden Gemeindegliederzahlen und der Strukturreform, wie können wir Dinge organisieren zusammenfassen auf der anderen Seite aber auch wie können wir Glauben leben und weitergeben.") Bezüglich der gemeindepädagogischen Handlungsfelder sieht Herr Schmidt seine Aufgabe im Kirchenvorstand darin, im Rahmen der jährlichen Berichterstattung durch die Gemeindepädagogin so etwas wie eine allgemeine Richtlinienkompetenz wahrzunehmen. Er hält es für vollkommen logisch, dass die Gemeinde auch zukünftig eine hauptamtliche Gemeindepädagogin beschäftigt. Für Details sieht er sich nur bei vorliegenden Beschwerden (was derzeit nicht der Fall ist) zuständig oder bei konzeptionellen Umstellungen. Eine schriftliche Ausarbeitung brauche es dazu nicht. („Das Konzept ist sicherlich da – das wird gelebt, aber es ist jetzt nicht irgendwie verschriftlicht.")

Beispielsweise sah es Herr Schmidt in der Vergangenheit als Aufgabe des Ausschusses für Kinder- und Jugendarbeit an, die zeitliche Verschränkung von Kinderchor und Kindertreff auf den Weg zu bringen. Aktuell begleite er die Gemeindepädagogin bei der Balancierung von zentralisierten, regelmäßigen Angeboten in Oberstadt und punktuellen Angeboten in den Umlanddörfern. Ansonsten legt Herr Schmidt Wert darauf, dass der Kirchenvorstand den Mitarbeitenden *Freiheit gibt, Beiträge zur Zukunft der Kirche im Rahmen ihrer jeweiligen Professionalität zu leisten*. (Im Blick auf den Kindertreff gesagt: „Das wäre so ein Hauptaspekt, zu sagen: ‚Ok, grade das ist ein wichtiges Angebot, dieses zu erhalten und zu fördern, damit eben auch Kirche in Zukunft Gemeinde hat.'")

> **FOKUSSIERUNG**
> Insgesamt dominiert bei Herrn Schmidt eine Perspektive „gelebten Glaubens". Er bewegt sich in einem Raum bewährter Überzeugungen dazu, wie die Tradierung christlichen Glaubens funktioniert im Zusammenspiel von Gemeinde und Familie, von Institution und Subjekt, von Organisation und freiheitlicher Gestaltung. Die Gemeinde (und in ihr der Kindertreff) wie auch die Familie tragen dazu bei, die Kinder auf spätere Herausforderungen („das Leben") vorzubereiten und ihnen den Glauben als eine Grunddimension zur engagierten Gestaltung und Bewältigung dieser Herausforderungen zu vermitteln. Christlicher Glaube erscheint so als eine *Lesart des Lebens*, wie etwa ein Grundrhythmus des Miteinanders, mit der *Beziehung* als einem zentralen Qualitätsmerkmal.

„Es ist, ja, eine ‚offene Christenlehre', würde ich sagen."

Die Gemeindepädagogin

Nora Boden (29 J.) arbeitet seit fünf Jahren in Oberstadt und umgebenden Dörfern. Es ist ihre erste Anstellung. Im Interview gewinnen wir den Eindruck, dass sie über das, was sie erzählt oder erläutert, häufig nachdenkt. In ihrer lebendigen, gesten- und wortreichen Redeweise wird eine enge Verbindung zwischen Person und Berufsrolle spürbar. Sie stützt ihre Reflexionen auf intensive Erinnerungen an ihre Kindheit und Jugend. („Das war eine große Familie, in der ich viel Spaß hatte, wo ich mittendrin war.")

„Was brauchen die"

Frau Boden erzählt, dass sie bei Dienstantritt erstmal *wiederkehrende gemeinschaftsfördernde Elemente* eingeführt habe. An- und Abmelderegeln, Stuhlkreis, Austauschrunde am Anfang, symbolische Fokussierung durch das Anzünden einer Kerze, chorisches Sprechen eines wiederkehrenden Gebetes. *Inhalte* kamen dazu – zuerst Erzählungen zum Kirchenjahr, dann aus der Kinderbibel, dann methodisch ausgeweitete Formen wie theaterpädagogische Erschließungen, spielbetonte Vertiefungen oder Bastelangebote. Mit diesen Elementen experimentiert sie bis heute. Die traditionelle Verteilung von Keksen behielt sie bei. („So gucken wir immer ein bisschen: Was haben wir für Kinder, was wollen die, was brauchen die, was können die und die da auch mal herauszufordern, macht mir großen Spaß.")

„Das haben nicht mehr alle zuhause"

Ihre gemeinschaftsbildenden Ziele mit dem Kindertreff leitet Nora Boden zunächst aus Defiziten ab, die sie im Alltag vieler Kinder wahrnimmt – in den Familien wie auch in den Schulen. („Also soziale Kompetenzen auch irgendwo erstmal erlernen, weil selbst das haben nicht mehr alle zu Hause, (...) familiäres Leben findet wenig statt.") Dem möchte Nora Boden eine Art „kompensatorische Welt" entgegenstellen. Dabei verwendet sie Wörter wie „zuhause" und meint damit *individuelles Wahrnehmen, Zuhören, Gemeinschaftserleben* und *Erfahrungen emotionaler Zugehörigkeit*. („So gibt es ja auch ganz viel, was sie auch dringend mal erzählen müssen, wo die manchmal auch überkochen schon, die kommen hier rein und erstmal heißt es: ‚Wir haben heute dieses und jenes gemacht' und überhaupt.")

„Dass Gemeinde Familie sein kann"

Diese Idee von „zuhause" leitet auch Nora Bodens generellen gemeindepädagogischen Ansatz. („Wenn die sagen: ‚Ich geh gerne in die Kirche, weil hier ist mein Zuhause irgendwo, mein geistliches Zuhause oder wie auch immer, emotional kann ich mich hier fallenlassen, ich darf hier sein wie ich bin.'") Ihr Leitbild ist eine *Kirchgemeinde als Gemeinschaft mit den Qualitäten einer Familie*. („Es ist mir ein Anliegen, dass Gemeinde Familie sein kann."; „Ich glaube, dass wir als Gemeinde da ein gutes Feld sind, um da andocken zu können, Gemeinschaft zu haben und ich merk auch, wie Menschen darin aufblühen.")

Die Beziehungsorientierung prägt auch ihre Arbeit mit den *Eltern* und *Ehrenamtlichen*. Zum Beispiel bemüht sie sich, in den Umlanddörfern gezielt Angebote zu etablieren. Dazu gehören beispielsweise monatliche „Kindervormittage". Weil sie als Gemeindepädagogin aber nicht vor Ort wohne, müsse sie Brückenpersonen gewinnen. In der durch Enttraditionalisierung entstehenden Kirchenentfremdung seien mitwirkende vertrauenswürdige Nachbarn wichtig, damit die Menschen ihre Kinder an solch einem Angebot teilnehmen lassen.

„Vielleicht merken sie es dann irgendwann"

In religionsdidaktischer Hinsicht sind Frau Boden mehrere Ebenen wichtig. Ihre *persönliche Motivation* ist von einem *verkündigenden* Anliegen geprägt. („Und dann möchte ich denen schon gerne Jesus auch nahebringen und sagen: ‚Und jetzt möcht ich dir sagen, dass Gott dich lieb hat.'"; „Mission zu betreiben ist mir tatsächlich ein Anliegen.") Aber in der Praxis des Kindertreffs möchte Frau Boden nicht „mit der Tür ins Haus fallen." Sie verfolgt nicht „den Anspruch zu sagen, das ist jetzt hier katechetisch ganz schwerwiegend und wir müssen tief mit den Kindern an der Geschichte auch arbeiten."

In der konkreten Situation hält sie es für passender, ihr Anliegen *implizit* zur Geltung zu bringen. Dies will sie durch ihre persönliche Glaubensmotivation als Vorbild und durch konkrete ethische Erfahrungen in der Gruppe erreichen. („Mir ist schon wichtig, dass wir das auch verknüpfen, also wo Jesus eben erzählt, vom barmherzigen Samariter zum Beispiel, ne, und hinterher haben die sich draußen geprügelt wo ich dann gesagt hab: ‚Leute, jetzt also, ne, wir haben grade über die Geschichte gesprochen.'"; „Vielleicht merken sie es dann irgendwann, wenn wir eine gute Arbeit machen ne, und das auch deutlich machen.") Sie formuliert also durchaus den Anspruch einer Lebensführung, die durch Glauben und darin angelegte Weisung fundiert ist. Sie möchte, dass die Kinder einen ‚Zugang zum Glauben' bekommen, indem sie die *‚praktische Relevanz des Glaubens'* erleben. Dieser gründet sich auf dem Fundament von Beziehungsqualität, gewissermaßen „über Eck".

Eine zukünftige religionsdidaktische Profilschärfung des Kindertreffs hält Nora Boden nicht für ausgeschlossen. („Der Kindertreff ist, entwickelt sich aber immer weiter auch in die Richtung und ich denk, kann mir vorstellen, dass wir hier auch irgendwann wieder – vielleicht keine klassische Christenlehre machen, aber dass wir vielleicht das auch noch mal mehr in den Fokus nehmen mit den Geschichten.")

> **FOKUSSIERUNG**
>
> Bei Nora Boden begegnen wir einer biografisch fundierten Vorstellung, wie Gemeinde „als Familie" funktionieren kann: Menschen entwickeln Beziehungen auf der Basis von Werten, welche prinzipiell auch in einer Familie gelten. Dazu gehören:
> - individuelle wechselseitige Wahrnehmung
> - affektiv fundierte Bindung im Generationenzusammenhang
> - leistungsunabhängige Zugehörigkeit trotz Mitwirkens am gemeinsamen Projekt
>
> Ihr religionspädagogisches Auftragsverständnis als „Mission" fügt sich dem ein: Mithilfe konsequenter Beziehungsarbeit sollen Kinder und Familien die Wirksamkeit des Glaubens für ihr Leben erfahren können. Dies ist Nora Bodens persönliche Expertise, dies nimmt sie mit in ihre erste Anstellung. Auch ihre Perspektive auf den Kindertreff ist von diesem Bild geleitet.
>
> In diesem Konzept wird eine *Verschiebung von der Institution zur Person* sichtbar. In gemeindepädagogischer und berufstheoretischer Hinsicht erscheint diese Idee freilich nicht ohne Risiko: Eine *professionelle begrenzte* Rolle wird in Kategorien einer *familiären* prinzipiell *unbegrenzten* Struktur formuliert. Um hier nicht an selbstgesetzten Ansprüchen zu scheitern, braucht es eine reflektierte *Balance* zwischen *Personal* (Nora Boden), *Klientel* (Kinder, Eltern) und *Organisation* (Kirchgemeinde Oberstadt).

Teil I — Impressionen aus der Praxis

„Der Kern ist, die Beziehung aufzubauen, zu pflegen, zu halten, zu gestalten."

Zusammenfassende und vergleichende Überlegungen zum Kindertreff in Oberstadt

Feld 2 Komparative Analyse

Rückblickend auf unseren Besuch in Oberstadt, scheint der Kindertreff für ein kirchlich-institutionelles Interesse an den Kindern zu stehen, welches sich in der *Person* der Gemeindepädagogin und im *Rahmen* der Veranstaltung zeigt. Dieses Interesse wird in situationsspezifischem, entwicklungsorientiertem Handeln umgesetzt. Um nur einige, konzeptionell besonders wirksame Beobachtungen zu nennen:

- die Wertschätzung für die körperlichen, erlebnisbetonten und mitteilsamen Bedürfnisse der Kinder am Nachmittag, mit hohen Freiheitsgraden bezüglich unterschiedlicher Arten von Beteiligung (der Aspekt der situativen Subjektorientierung)
- die Experimentierfreude in der Ausgestaltung der Formatvorgaben (der Entwicklungsaspekt)
- die Einflechtung des Kindertreffs in eine variable Angebotsbreite – z. B. mit dem Kinderchor als Startpunkt, oder den Samstagsangeboten in Umlanddörfern, oder mit kirchenjahresbezogenen Familienaktionen der Gemeinde (der Vernetzungsaspekt)
- die übereinstimmende Sicht der befragten Erwachsenen auf ein komplementäres Ergänzungsverhältnis familiärer und institutioneller Praxen christlicher Erziehung (der Sozialisationsaspekt)

Beziehung als verbindendes Kriterium

Mir scheint, dass diese verschiedenen Aspekte in Oberstadt vom Kriterium der *Beziehung* verbunden werden. Dieses Kriterium ist fachlich aufschließend und zugleich weit genug, um die Sichtweisen der Kinder, der Eltern, des Kirchvorstehers und der Gemeindepädagogin auf den Kindertreff ins Gespräch miteinander zu bringen.

- Die Teilnahmemotivation der Kinder gründet sich auf das konkrete Erleben zwischenmenschlicher Achtsamkeit seitens der Erwachsenen und ihr Miteinander in der Gruppe, teilweise als Freundinnen.
- In der stärker reflexiv geprägten Sicht der Erwachsenen ist die Beziehung, genauer gesagt: die *zwischenmenschliche Beziehungsförderung* der entscheidende Schlüssel, um die Tür für weiterführende Ziele, z. B. Zugehörigkeitsentwicklung, zu öffnen.
- Außerdem betrachten die Erwachsenen Beziehung als ein zentrales *theologisch-pädagogisches* Kriterium, nämlich als eine *Repräsentation der Sache*, um die es geht: Beziehung als missionarische Begegnungsform von Gott und Welt, Glaube als Vertrauensbeziehung, Beziehung des Einzelnen zu Gemeinde und Kirche. Um diese Kriterien anzubahnen und zu unterstützen, gibt es den Kindertreff und Gemeindearbeit überhaupt – so die gemeinsamen Auffassungen unserer Gesprächspartner in Oberstadt.

Differenzierungen

Die Kinder nehmen *die Zusammensetzung der Gruppe* differenziert wahr. Neben der hohen Bedeutung *individueller* Freund-

schaften ist hier auch die Trennung nach *Geschlechtern* zu erwähnen, die besonders von der Mädchen-Teilgruppe geschätzt wird. Es scheint, als ob sich *die Gruppe aus Anlass konkreter Aktionsformen bildet*, innerhalb eines Rahmens, der von außen gesetzt wird – darauf weist auch Simons Verknüpfung mit dem Kinderchor hin. Sie erscheint als nützlicher Rahmen, innerhalb dessen die Kinder ihre eingangs genannten Bedürfnisse stillen können – v. a. durch die Freispielphasen in Haus und Hof, in einer angenehmen Mischung aus Distanz und Nähe.

Rituelle Elemente spielen im Kindertreff, auch in den Interviews, nur eine randständige Rolle. Es fällt auf, dass bei dem, was da geschieht und benannt wird, die Art der Beteiligung *vorgegeben* und die Rolle der Kinder eher *passiv* ist. Das rituelle Element erscheint eher als Teil von Regulierung sozialer Praxis. Die religiös-liminoide Funktion des Rituals, d. h. das freiwillige Überschreiten sozialer Begrenzungen durch Verbalisieren und Gestaltung in Bezug auf ein Transzendenzangebot, wird kaum in Anspruch genommen (jedenfalls soweit sich das uns als außenstehenden Beobachtenden mitteilt).

Der „Kontext Gemeinde" wird von den Erwachsenen nicht lokal und temporal begrenzt. Sie dehnen ihn vielmehr über Oberstadt hinaus auf die Entwicklung einer biografischen positiven Beziehung ihrer Kinder zum *System Kirchgemeinde generell*. Es geht um die *Anbahnung einer zukünftigen, selbständig-kritischen Teilhabe*. Speziell Frau Strumpf zeigt ihrer Tochter eine Form von Gemeindebeziehung vor, die durch eine *Freiheit zur Wahl* geprägt ist. Sie orientiert sich mit ihrer Familie kirchgemeindlich nach Oberstadt, obwohl sie von ihrem Wohnort Mitteldorf her zu einer anderen Parochie gehört. Der Aspekt der Wahlfreiheit wird zusätzlich unterstrichen, indem Frau Strumpf den Wunsch ihrer Tochter Maria akzeptiert, zusätzlich zum Kindertreff in Oberstadt auch die 14-tägig stattfindende Christenlehre in Mitteldorf besuchen zu dürfen – auch hier ausdrücklich nach elterlicher Prüfung, ob das Profil passt. Kriterien dabei sind sowohl existierende persönliche Bekanntschaften als auch das Frömmigkeitsprofil der Gemeinde sowie die Eignung der Gemeindepädagogin.

Unterscheidendes

Am stärksten unterscheiden sich die Sichtweisen unserer Gesprächspartnerinnen in ihren *religionsdidaktischen* Perspektiven auf den Kindertreff. In den Äußerungen der *Kinder* spiegeln sich zunächst freizeitliche, spaßbetonte Motive („Kekse und Kicker"). Für *Frau Strumpf* ist alles wichtig, was der Entwicklung eines persönlich verbindlichen, „lebendigen Glaubens" ihrer Tochter dient. Interessant ist nun, wie *Herr Schmidt* und *Frau Boden* beide Aspekte in einem ‚impliziten Verhältnis' zueinander ordnen. Zwar verfolgen sie mit dem Kindertreff weitreichende gemeindepädagogische Zielstellungen (missionarischer Art bzw. thematische Unterstützung familiärer Praxis). Doch sie zeigen eine Idee religiöser Sozialisation, die auf einem sozialen Fundament gleichsam „aufruht": Zuerst die Etablierung und Regelung zwischenmenschlicher Beziehungen, danach die inhaltliche Erweiterung. Die rituelle und ethische Praxis nimmt dabei eine verbindende Funktion ein: Die Lerninhalte sollen erlebbar sein.

Interessanterweise treffen sich die Perspektiven der Erwachsenen mit denen der Kinder in Bezug auf „Geschichten". Das Erzählen von Geschichten aus der Bibel oder zu anderen Themen erweist sich inhaltlich und methodisch als religionsdidaktischer Schlüssel. Der Gemeindepädagogin ist zwar klar, dass das Erzählen von Inhalten nicht unmittelbar zu einer bestimmten Alltagspraxis führt. Aber genau daran wird ja die religionsdidaktische Aufgabe sichtbar. Denn für die alltagspraktische ethische Relevanz sind letztlich nicht Kenntnisse von Geschichten, wie der vom barmherzigen Samariter, als solche ausschlaggebend. Vielmehr dienen sie als Verarbeitungsgrundlage hin zu umfassenden Wertvorstellungen einer christlichen Lebensführung.

Experimentelle Formatentwicklung
Beziehung als Repräsentant der Sache
Balance Person-Rolle
Bedürfnisorientierung
Geschichten als Zugang zur Sache
Gendersensibilität
Wahlfreiheit
Vorbild
Freispiel
Gemeinde als Familie
apologetische Zurüstung
Stolpersteine putzen
Passung

Ein weiterer Unterschied taucht im Gespräch mit Frau Strumpf auf. Sie misst der Teilnahme ihrer Tochter Maria eine *demokratiepädagogische* und eine *den Glauben rechtfertigende bildsame* Funktion bei – zwei Aspekte, die die anderen Befragten nicht erwähnen. Beide scheinen für die grundsätzliche Reflexion der gemeindlichen Arbeit mit Kindern beachtenswert. Zum einen, weil damit einer binnenkirchlichen Selbstbegrenzung entgegengewirkt und der gesellschaftliche Beitrag solcher Formate verdeutlicht werden kann. Zum anderen, weil dadurch auf einen konkreten Bildungsbedarf hingewiesen wird: Kinder brauchen einen geschützten und qualifizierten Raum, um sowohl persönlich-emotional als auch argumentativ mit den religions- und kirchenkritischen Äußerungen umgehen zu lernen, die ihnen auf Schulhöfen, in Medien oder anderweitig begegnen.

WEITERFÜHRENDE ÜBERLEGUNGEN

In den Gesprächen in Oberstadt wurde deutlich, welch hohe Wertschätzung die Gemeindepädagogin in ihrer Arbeit genießt, bei Kindern wie Erwachsenen. Durch sie hindurch soll vorbildhaft glaub-würdig werden, worum es insgesamt geht. Die Begegnung mit der Person trägt die Begegnung mit der Sache. Nora Bodens Leitbild „Gemeinde als Familie" schiebt die Beziehungsqualität zusätzlich in den Vordergrund. Das scheint nicht ohne Risiko für das professionelle Verhältnis von Rolle und Person. Denn eine professionelle Rolle ist prinzipiell begrenzt und aufkündbar. Die eigene Identität und die Zugehörigkeit zu einer Familie sind prinzipiell unbegrenzt. Was hilft Nora Boden, diesen selbstgestellten Ansprüchen standzuhalten? Was wären Merkmale einer guten Balance?

Eine zweite Frage stellte sich mir zur Mitwirkung nicht-beruflicher bzw. wenig spezifisch qualifizierter Mitarbeitender. Erstens scheinen die ehrenamtlichen Nachbarn in den Umlanddörfern kaum leisten zu können, was Nora Boden ihnen zutraut – zutrauen muss, insofern sie nicht omnipräsent sein kann, nämlich als ‚Brückenbauer vertrauenswürdiger Beziehungen' zwischen Familien und neu entwickelten Angeboten zu wirken. Zweitens geben die inhaltlichen Beiträge der FSJlerin in der Ausgestaltung der hospitierten Stunden Anlass zu kritischen Rückfragen in didaktisch-methodischer Hinsicht. Klar: Beides sind im Rahmen unserer Hospitation nur „Momentaufnahmen". Doch sie lenken die Aufmerksamkeit auf die komplexe Aufgabe, nicht-berufliche Mitwirkende im Rahmen der lokalen und regionalen Möglichkeiten zu qualifizieren.

 **PLATZ FÜR NOTIZEN UND FRAGEN**

Stabilisierung nach außen und Identität nach innen

Christenlehre im Dorf Waldhofen*

Waldhofen mit seinen knapp 350 Einwohnenden liegt in einer hügeligen, dörflich geprägten Gegend im Süden Sachsens. Hier gehören mehr Menschen zur evangelischen Kirche als in den nördlicheren und städtischen Landesteilen – in Waldhofen ca. 45%. Nur wenige sind katholisch. Die Leute in dieser Gegend gelten als „besonders fromm" – jedenfalls wenn man der landläufig-innerkirchlichen Meinung folgt.

Bei unserem Aufenthalt treffen wir auf viele Signale eines ausgeprägten Traditionsbewusstseins. („Wenn das hier einmal so läuft, dann ist das schon ein gefestigtes System.") Kirche und dörfliche Gemeinschaft sind den Menschen, mit denen wir sprechen, wichtig. Das wöchentliche Angebot der Kirchgemeinde für Kinder im Grundschulalter heißt hier, ganz selbstverständlich, wie früher „Christenlehre". Ohne dass wir danach gefragt hätten, nutzen die

*Alle Namen von Orten, Personen und anderweitigen identifizierbaren Bezügen sind anonymisiert; die Fotos bilden andere Gruppen an anderen Orten ab.

Teil I — Impressionen aus der Praxis

Erwachsenen hin und wieder Unterscheidungen, ja Abgrenzungen, wenn sie von sich erzählen. Sie betonen den Unterschied zum Stadtleben („Das ist einfach ein anderes gesellschaftliches Gefüge."), üben Kritik am Staat, zeigen Distanz zur Landeskirche sowie Skepsis gegenüber Kommerzialisierung und Pluralisierung von Weltanschauungen. („Wir wissen als Kirchgemeinde, wo wir stehen.

Auch glaubensmäßig stehen und, im Bezug auf CL gab es das Gespräch jetzt noch nicht, aber im Bezug auf andere Dinge, die vielleicht jetzt von, von ich sag mal von der Landeskirche entschieden wurden, das diskutieren wir dann schon im KV, ob wir das so umsetzen wöllten oder nicht.") Demgegenüber betonen sie ihre Wertschätzung für „das Wort der Bibel", für ihre regionalen „Prägungen" und ihre Skepsis gegenüber dem, „was da so aus Dresden kommt". Rasch spüren wir im Forscherteam: Hier ist manches anders, und das soll auch gesehen und verstanden werden. Video-Aufnahmen der hospitierten Stunde und in den Interviews werden von den Eltern, anders als in Wiesenbrunn, Oberstadt und Meisterfurt, abgelehnt.

Wir begleiten Frau Schmidt, die Gemeindepädagogin, bei zwei aufeinander folgenden Christenlehre-Stunden. Mit dem PKW ist sie von Dorf zu Dorf unterwegs. Zeit für die Übergänge gibt es kaum. Dies geschieht aus Rücksicht auf langjährige dörfliche Gepflogenheiten und wegen der engen Nachmittagszeitfenster der Kinder. So sind die Angebote manchmal eng getaktet. Als wir in Waldhofen, dem zweiten Ort eintreffen, warten die Kinder schon vor der Tür des dörflichen Vereinshauses. Acht Mädchen und ein Junge sind gekommen, die meisten 11 oder 12 Jahre alt. Gut gelaunt vertreiben sie sich die Zeit mit Spielen. Sie wissen, dass Frau Schmidt zeitlich immer recht knapp mit ihrem Auto herbeigesaust kommt.

Es ist Mitte November, ein Dienstagnachmittag gegen 16 Uhr, es dämmert schon. Wir erfahren, dass einige der Kinder zu diesem Zeitpunkt 60 Minuten Busfahrt über die Dörfer vom regionalen Schulstandort bis nach Waldhofen hinter sich haben. Umso mehr staunen wir über ihre Beteiligungsenergie an diesem Nachmittag.

Ein für die Christenlehre geeignetes Gebäude der Kirche gibt es in Waldhofen nicht. Frau Schmidt verfügt aber über einen Schlüssel für das Vereinshaus des Dorfes. Gemeinsam steigen wir alle in einen Versammlungsraum in den ersten Stock.

Eine Stunde

15.58 Uhr | Ankommen im Raum

Der Raum im Vereinshaus wirkt auf uns funktional – hell und freundlich, nahezu schmucklos, mit großer Tischgruppe und Stühlen. Um diese Jahreszeit ist es bereits empfindlich kühl. Weil der Raum nicht geheizt ist, behalten die Kinder die Jacken an. Mit wenigen Handgriffen rückt Frau Schmidt an einem Ende der Tischgruppe zehn Stühle in einen Kreis. Aus ihrem Beutel holt sie die Utensilien der Stunde. Sie stellt ein Holzkreuz in die Mitte auf den Boden, daneben eine LED-Kerze. Um beides drapiert sie ein grünes Tuch. Auf einem Tisch legt sie Zettel und Stifte bereit. Die Kinder nehmen Platz, die Stunde kann beginnen.

16.00 Uhr | Das Anfangsritual

Frau Schmidt schlägt das Lied „Einfach spitze, dass du da bist" vor. Die Kinder singen kräftig mit. Danach lädt sie die Kinder ein, reihum im Gebet zu sagen, wofür sie Gott heute danken oder worum sie bitten möchten. Einleitend sagt Frau Schmidt auch, dass es jedem Kind freistehe, nichts zu sagen. Den Kindern scheint die Praxis selbstverständlich. Sie machen von der Möglichkeit, laut zu beten, lebhaften Gebrauch. Sie danken z. B. für die Sonne, die scheint und bitten darum, dass es bald und viel schneien möge. Sie formulieren die Inhalte ihrer Gebetsanliegen selbständig und sprachlich differenziert. Im Anschluss leitet Frau Schmidt zum gemeinsamen Vaterunser über, begleitet von Gesten, die die Kinder mitvollziehen.

16.05 Uhr | Ein Spiel mit Auswertung

Nun kündigt die Gemeindepädagogin ein kleines Spiel an. Die Kinder reagieren begeistert. Beim „Atomspiel" geht es darum, dass die Kinder zuerst frei im Raum umherlaufen („Atome") und sich dann auf Zuruf einer Zahl durch die Leiterin zu kleinen Grüppchen („Moleküle") mit eben dieser Anzahl von Kindern zusammenfinden. Wer keinen Anschluss an ein Molekül findet, weil dessen Höchstzahl bereits erreicht ist, muss ausscheiden. Das Spiel geht so lange, bis fast alle Kinder ausgeschieden sind. Es folgt eine zweite Runde desselben Spiels. Trotz allen Wettbewerbs gehen die Kinder achtsam miteinander um – das fällt besonders bezüglich eines Jungen mit deutlich sichtbaren körperlichen Einschränkungen auf. Wieder im Stuhlkreis, lädt Frau Schmidt zu einer Reflexion ein. Die Kinder antworten engagiert. Mehrere betonen, was sie an diesem Spiel gefreut habe: „… dass ich in der zweiten Runde wieder mitmachen durfte". Auch bei der Frage, was sie an diesem Spiel geärgert habe, fokussieren sie auf das Thema „Zugehörigkeit". Ein Mädchen erinnert den Moment, als sie rausgeflogen sei. Ein anderes Mädchen ergänzt: „… als meine Freundin rausflog".

16.09 Uhr | Überleitung zum Thema

Nun legt Frau Schmidt Karten mit den Worten der „Goldenen Regel" (Mt 7,12) in die Mitte des Kreises, um die LED-Kerze herum, und bittet ein Kind, laut vorzulesen. Anschließend fragt sie, was diese Worte mit dem Spiel zu tun haben könnten. Diesmal

kommen die Antworten nur zögerlich, im Tonfall einer Vermutung, dass es „vielleicht etwas mit der Gegenseitigkeit zu tun" haben könnte.

Ohne weitere inhaltliche Verknüpfung beginnt die Gemeindepädagogin dann, eine Geschichte vorzulesen (Jesus heilt einen Gelähmten, Mk 2,1-12), unterbricht jedoch nach wenigen einleitenden Sätzen mit der Frage: „Was wisst ihr *noch* [betont i. S. v. ‚außerdem'] von Jesus?" Eifrig tragen die Kinder ihr Wissen zusammen (z. B. dass Jesus an andere Menschen gedacht habe, dass er Menschen geheilt habe, dass er für sie gestorben sei, dass er auferstanden sei). Dann liest Frau Schmidt die Geschichte weiter vor – lebhaft, teilweise auch humorvoll, im Stil einer historischen Ereignisschilderung. Gelegentlich streut sie aktualisierende Sätze ein („... also wenn es uns so dreckig gehen würde ..."). Die Darbietung konzentriert den biblischen Stoff auf die Solidarität der Freunde und das Heilungsgeschehen, lässt also das Motiv der Sündenvergebung und des diesbezüglichen Streites Jesu mit den Schriftgelehrten aus. Die Kinder lauschen interessiert. Als die Freunde das Dach des Hauses öffnen, schaut ein Mädchen fragend zur Decke. Ein Junge runzelt zweifelnd die Stirn. Die Gemeindepädagogin bemerkt das vielleicht nicht – jedenfalls geht sie nicht darauf ein.

16.15 Uhr | Thematisches Gespräch

Nun zeigt die Gemeindepädagogin den Kindern ausgeschnittene Papierfiguren in zwei verschiedenen Farben und fragt: „Wofür könnten denn hell und dunkel in der Geschichte stehen?" Wieder tragen die Kinder engagiert Assoziationen zu negativen und positiven Aspekten zusammen (Beschimpfungen, Ausgrenzungen, Lähmung vs. Freunde haben, laufen können). Zu einem vertiefenden Gespräch kommt es nicht. Im nächsten Schritt teilt Frau Schmidt die Papierfiguren aus und lädt die Kinder ein, darauf zu malen oder zu schreiben, welche Sachen in der Geschichte dem Micha (so hatte sie den Gelähmten genannt) gut- und welche Sachen ihm wehgetan hätten. Die Kinder sollen auch aufschreiben, was ihnen selbst manchmal nicht guttue. Nach einigen Minuten Einzelbeschäftigung fragt Frau Schmidt die Ergebnisse ab. Die Kinder lesen vor und sollen zunächst die dunklen Papierfiguren in die Mitte legen, rings um die Kerze. Auf den dunklen Figuren stehen Wörter wie „gelähmt", „ausgegrenzt", „wenn jemand nervt", „wenn mich jemand etwas zu Schweres bittet"; „immer glaubt Papa meinem großen Bruder!". Auf den hellen Figuren stehen Wörter wie „Freunde", „Heilung", „Jesus hilft".

16.25 Uhr | Thematische Erweiterung

Ein nächster Impuls weitet die Aufmerksamkeit der Kinder: „Wenn ihr euch so erinnert, an Leute, die so leben wollten wie Jesus – wer fällt euch da ein?", woraufhin ein Kinder „Mutter Teresa" nennt, ein anderes „Martin Luther King". Dann ruft Frau Schmidt den Kindern das Bibelwort Mt 25,40 ins Gedächtnis: „Was ihr einem dieser Geringsten getan habt, das habt ihr mir getan" und fordert sie auf, die Figuren mit der hellen Papierfarbe rings um die Karten mit der Goldenen Regel zu legen.

Nun nimmt die Gemeindepädagogin die dunklen Figuren und ordnet sie mit den Worten „was wehtut, legen wir hier hin, denn das können wir zu Jesus bringen" rings um das Kreuz an. Sie deutet auf das entstandene Bild: „Wie ist das gemeint?" Ein Mädchen antwortet: „Helfen ist was Gegenseitiges". Jetzt fordert Frau Schmidt die Kinder auf, die Goldene Regel gemeinsam zu lesen. Danach sagt sie: „Ich denke, das ist ein guter Satz."

16.30 Uhr | Thematische Anwendung

Nun legt Frau Schmidt ein weißes Blatt in die Mitte und fragt: „Was tut uns gut, als Christenlehre, in der Gruppe? Was wollen wir uns Gutes tun?" Die Kinder schreiben Antworten auf den Zettel (z. B. „miteinander teilen, z. B. Gummibärchen"; „füreinander dasein"; „vernünftig miteinander reden, nicht anschreien"; „niemanden mit Worten verletzen"; „gemeinsam über Gott reden"; „einander zuhören, wenn wir was auf dem Herzen haben"; „miteinander sein"; „Spaß haben"; „spielen, beten").

Plötzlich fällt in der Gruppe, wie aus heiterem Himmel, das Wort „Kühe" und die Kinder tauschen sich zu der Frage aus, welche ihrer Familien Kühe hätten. Nach kurzer Zeit mischt sich Frau Schmidt ein, indem sie ein Mädchen etwas über deren Kühe fragt und lenkt dann die Aufmerksamkeit zurück auf das Thema, indem sie das Mädchen bittet, die Goldene Regel erneut vorzulesen. Abschließend fasst Frau Schmidt zusammen: „Ich denke, wenn wir uns darum bemühen, wenn wir uns Jesus als Vorbild nehmen, dann geht das. Deswegen haben wir auch das Kreuz hier und die Kerze. Wenn ihr gut zu anderen seid, sind sie auch gut zu euch."

Die Gemeindepädagogin weist die Kinder darauf hin, dass sich die Gruppe in der kommenden Woche zur selben Zeit treffen wird. Dann lädt sie die Kinder ein, „Gordischer Knoten" zu spielen. Schließlich sprechen alle gemeinsam im Kreis: „Es segne und behüte uns Gott. Auf Wiedersehen."

16.35 Uhr | Spiel im Freien

Die Kinder scheinen zu wissen, was jetzt folgt, denn rasch verlassen sie den Raum, um Frau Schmidt draußen zu bestürmen: „Schmidti, Schmidti, noch ein Spiel, noch ein Spiel!" Frau Schmidt bestimmt ein Mädchen, das das Spiel aussuchen darf, und dann spielt die ganze Gruppe „Wenn der Kaiser durchs Land geht" und „Fischer, Fischer wie tief ist das Wasser", bis die Kinder 16.45 Uhr für das Interview in den Raum zurückkehren.

> **REFLEXION**
>
> Die beobachtete Stunde zeigt interessante Spannungen:
>
> Die *äußeren Voraussetzungen* scheinen ungünstig – die zweckneutrale Raumeinrichtung, die kühle Temperatur, der improvisierte Stuhlkreis mit seiner rasch gestalteten Mitte, die Hektik für die Gemeindepädagogin im Übergang zur vorhergehenden Stunde. All dies gibt der Veranstaltung eine etwas unbehauste, flüchtige Atmosphäre.
>
> Die *didaktische Struktur* wirkt bzgl. der inhaltlichen Linie unklar und eröffnet den Kindern kaum Möglichkeiten für persönlich-differenzierende, kritisch-vertiefende Auseinandersetzungen mit den eingebrachten Sachen. Es überwiegt ein katechetisches Modell: Die Gemeindepädagogin will Glaubensaussagen vermitteln, die sie als gültig, wichtig und bewahrenswert ansieht. Das eröffnet den Kindern nur begrenzte Möglichkeiten persönlicher Aneignung, die von diesen dann mit ethisch-moralisch akzentuiertem Akzent genutzt werden. Indizien einer kritischen Auseinandersetzung mit der „Sache" sind kaum zu erkennen.
>
> Beides hält die Kinder aber nicht davon ab, sich fröhlich und engagiert zu beteiligen. Es hat den Anschein, als ob ihre Präsenz und Mitwirkung in hohem Maß von Zustimmung und Selbstverständlichkeit getragen ist: So wie es ist, ist es gut. Es gibt eine Konzentration auf die (gestaltete) Mitte und auf die Impulse der Leiterin.
>
> Obwohl eine einmalige Beobachtung nur begrenzte Rückschlüsse erlaubt, fallen ein starkes Zusammengehörigkeitsgefühl und gegenseitige Rücksichtnahme auf. Es entfaltet sich sowohl innerhalb der Gruppe als auch in der Beziehung zur Gemeindepädagogin. Die respektvolle Anerkenntnis ihrer Leiterin-Rolle wird ergänzt durch Signale freundschaftlicher und vertrauensvoller Nähe, wie nicht zuletzt die Anrede „Schmidti" in der Schlussspielphase zeigt.

Teil I — Impressionen aus der Praxis

„Dass es sich auf jeden Fall lohnt, dort hinzugehen, weil wir reden über Gott und wenn du geknickt von der Schule kommst, dann baut dich eigentlich Christenlehre auch oft wieder auf."

Die Kinder

Feld 3: Fallbeschreibung Kinder

Nach der hospitierten Stunde können wir mit den Kindern ins Gespräch kommen. Sie sind gespannt und beteiligen sich engagiert. Es entsteht eine fröhliche, aufgeschlossene Atmosphäre. Gern sprechen sie über ihre Perspektiven auf die Christenlehre. Mit Wörtern wie „immer", „die ganze Zeit", „auf jeden Fall", „jedes Mal" verleihen sie ihren Sichtweisen Nachdruck. (Susanne: „Also auch, dass es immer spannend ist und wir halt wussten ja, dass heute jemand kommt und da wollten wir auf jeden Fall gucken, was ist.")

„Zusammen!"

Die häufige und betonte Verwendung von „wir", „zusammen" oder „miteinander" weist auf eine hohe soziale Bedeutung der Christenlehre und eine starke Gruppenidentität hin. Kein Kind grenzte sich an irgendeinem Punkt von einem anderen Kind ab. (Katharina: „Weil wir zusammen sind und drüber reden können, über Gott und so.") „Gemeinschaft" erscheint als ein Wert, den die Kinder anerkennen und selbst befördern. Auffällig ist, dass die Kirchgemeinde (als einbettende Struktur) von den Kindern nicht thematisiert wird.

„Unser Glaube"

Ohne zu zögern verwenden die Kinder Begriffe wie „Gott", „Glaube" oder „Bibel", um zu erklären, worum es in ihrer Christenlehre geht. Diese Themen halten sie sowohl für zentral wichtig als auch für erläuterungsbedürftig. Religionsdidaktisch reflektiert: *Die Kinder konstruieren den inhaltlichen Nutzen der Christenlehre im Zusammenhang von Glauben und Lernen.*

Auch die *rituelle* Praxis des Glaubens und die *seelsorgerliche* Wirksamkeit der Christenlehre gehören für die Kinder zu den positiv bewerteten Inhalten – sie benennen dies explizit als Gründe ihrer Vorfreude. (Rebekka: „Dass wir beten, und dass wir auch miteinander da sein können"; Deborah: „Dass es sich auf jeden Fall lohnt, dort hinzugehen, weil wir reden über Gott und wenn du jetzt nicht so, also geknickt von der Schule kommst, dann baut dich eigentlich Christenlehre auch oft wieder auf.")

„Spannend"

Die Kinder bevorzugen Wörter wie „spannend" oder „tolle Sachen", um das Geschehen in der Christenlehre zu beschreiben. (Johanna: „Weil Christenlehre immer spannend ist und weil wir auch immer zusammen viel Spaß haben."; Peter: „Weil Frau Schmidt mit uns immer so tolle Sachen macht.") Diese Wörter funktionieren wie Sammelbegriffe – sowohl für die *Formen* der Inszenierung (z. B. Erzählungen, Gespräche, Spiele) als auch die verhandelten *Themen*. Die Leistungsorientierung im schulischen RU hingegen dient ihnen als negativer Vergleichshorizont zugunsten der Christenlehre. (Rebekka: „Weil wir [hier] auch entspannter sein können und nicht die ganze Zeit nur durch Druck zuhören müssen.")

Auffällig ist, dass die Kinder nicht erwähnen, ob und inwiefern sie auch eigene, z. B. lebensweltlich auftauchende Themen oder Fragen zum Gegenstand machen (können). Die Inhalte der Christenlehre werden weniger für eine Konstruktion ihrer eigenen Religion verwendet. Vielmehr dienen sie dem verstehenden Aneignen vorgegebener Inhalte in Bezug auf einen persönlich-

Katharina: „Dass wir gemeinsam über unseren Glauben reden können"
Deborah: „Das gibt halt, weil sonst kriegt man das vielleicht immer nur halt – in der Bibel steht's jetzt auch nicht ganz so kindergerecht und hier kriegt man das dann noch mehr erklärt und da versteht man das dann auch noch mehr, und also, man glaubt dann auch mehr dran."
Rebekka: „Also, das gleiche wie die Deborah, und dass wir nicht bloß denken: ‚Ach, Gott ist für uns da und der muss ja sowieso auf uns aufpassen', sondern dass wir auch an ihn glauben und auch ihm Glauben schenken."

→ Welche Akzente sprechen Sie aus den Worten der Kinder an?
→ Welche Zusammenhänge würden die Kinder *Ihrer* Gruppen zwischen „wir", „Bibel", „Verstehen" und „Glauben" vielleicht herstellen?

verbindlichen Glauben. Die Gültigkeit der Tradition problematisieren sie nicht.

„Schmidti"

In der Wahrnehmung der Kinder spielt Frau Schmidt eine zentrale Rolle. Zuverlässig präsentiert sie die Tradition und macht diese verständlich. (Johanna: „Weil uns Frau Schmidt immer uns was aus der Bibel einen kleinen Text lernen oder so, vorliest oder so, oder auch aus einem anderen Buch Geschichten vorliest, aber was auch mit Gott zu tun hat.") Sie sorgt für abwechslungsreiche, kindgerechte Methoden. Diese Wahrnehmung wird vielleicht dadurch zusätzlich unterstützt, dass die Kinder wissen: Schon ihre Eltern sind zu Frau Schmidt in die Christenlehre gegangen. Von außen betrachtet könnte man sagen, dass Frau Schmidt in Waldhofen mit ihrer Christenlehre selbst schon zur Institution geworden ist. Dies wird dadurch verstärkt, da es keine kirchlichen Gebäude vor Ort gibt.

„Es ist unseren Eltern wichtig"

Alle Kinder sagen, sie hätten Geschwister, die ebenfalls zur Christenlehre gehen, gehen werden oder gegangen sind. Auch hier lässt sich die prägende Wirksamkeit der Tradition beobachten – Existenz und Sinnhaftigkeit der Kinderkirche erscheinen selbstverständlich. (Johanna: „Also ich denk auch, dass es halt unseren Eltern auch einerseits wichtig ist, dass wir auch was von Gott lernen und auf der anderen Seite, also, es ist schon wichtig, dass sie hingehen, – aber auch nicht so wichtig, weil es ist ja unsere Freizeit.")

Auch bei gemischter oder fehlender konfessioneller Bindung von Elternteilen zeigt sich eine Akzeptanz von Christenlehre. (Peter: „Also meine Mama: Ja, weil sie ja auch an Gott glaubt, und mein Papa, der glaubt nicht daran, und deswegen gehe ich hier zur Christenlehre und in der Schule zu Ethik.") Und Deborah, deren Mutter kein Gemeindeglied ist, meint: „Also bei uns ist es ja sowieso, dass bis jetzt fast schon jeder auch zur Christenlehre gegangen ist und da es mir ja auch sehr viel Spaß macht und das wissen ja meine Eltern auch und deswegen glaube ich, dass die jetzt dann auch nichts dagegen einzuwenden hätten."

> **FOKUSSIERUNG**
>
> Die Kinder der interviewten Gruppe in Waldhofen sehen in der Christenlehre ein zuverlässiges, emotional positiv gestimmtes, passgenau vorbereitetes Gesamtereignis. Ihre Teilnahme wird im Rahmen des dörflichen Nahraums und milieuspezifisch vielfältig unterstützt. Sie kommen, weil sie in altersgerechter Sozialform erleben und entwickeln können, was ihnen wichtig ist: Zugehörigkeit zur Glaubensgemeinschaft. Dazu gehören intensive Gruppenerfahrungen, religiöse Praxis, thematischer Gewinn (Verstehen, Lernen) und handlungsorientierte Beteiligung.

Teil I — Impressionen aus der Praxis

„Die Kinder gehen gerne hin und eben dafür kriegen sie halt über Gott und die Kirche was zu erfahren."

Ein Vater

Herr Mettmann, ca. Ende 30, betreibt eine Firma im Baugewerbe. Der ältere Sohn besucht den Konfirmandenunterricht, die Tochter (9 J.) lernen wir in der Christenlehre kennen. Im Interview wirkt Herr Mettmann lebhaft, aber auch etwas termingestresst. Er spricht in unvollständigen Sätzen und mit vielen umgangssprachlichen Floskeln.

„Nicht mehr wie früher"

In Herr Mettmanns Sicht auf die Christenlehre klingt eine allgemeine Modernitätskritik durch – politisch, gesellschaftlich und kirchlich. („Miteinander reden ordentlich, wie es in einer Demokratie sein sollte, wo ist denn das noch?") Früher hätten sich mehr Menschen ehrenamtlich engagiert. Die Menschen hätten früher mehr zusammenhalten müssen, weil „es halt nichts gab", und dieser Zusammenhalt habe auch dazu beigetragen, dass die Leute in die Kirche gegangen seien. Heute hingegen würden die Kirchen leerer und Konfirmationen und Trauungen häufig nur noch „aus Mode" in Anspruch genommen.

„Zum Glauben bringen"

Demgegenüber sei es heute wichtig, „wirklich die Leute wieder in die Kirche [zu bewegen] – ich meine, die Bibel zu lesen". Dazu trage auch die Christenlehre bei. Dort sollen die Kinder „auf ihrer Basis jetzt erklärt kriegen, was Christentum ist, oder evangelische Kirche. [Wichtig ist] eigentlich bloß, dass sie an Gott glauben, weil ich denke, dass das schön wäre. Und dass sie eben so ein paar Rituale, wie zum Beispiel beten, oder beibehalten, sage ich mal." Zwar ist ihm deutlich, dass die Kinder dies letztlich selbst entscheiden. („Ob sie später dabei bleiben, ob sie glauben wollen.") Aber er formuliert das im Modus eines *Zugeständnisses* an die heutige Zeit. („Also ich mein, ich kann da jetzt nicht, ich würde da jetzt keinen zwingen wollen dazu. Also ich würde das heutzutage etwas, lieber offener sehen, weil sonst bringe ich niemanden mehr in die Kirche, oder zum Glauben. Sagen wir es mal so.") Deshalb ist ihm wichtig, dass die Kinder „gern hingehen". Er findet es gut, dass die Christenlehre von Frau Schmidt „etwas lockerer" gestaltet wird, „mit Spielen und allem Drum und Dran".

„Noch nicht begreifen"

Herr Mettmann sieht, dass für die Teilnahmemotivation der Kinder Spiel und Spaß wichtig sind. Aber solche Elemente müssten lediglich dem Gesamtziel dienen. („Ich mein, es ist im Fußball nicht alles schön und beim Reiten auch nicht, das ist nun mal so. Und so ist es in der Christenlehre auch, es nützt nun mal nichts.") Religionsdidaktisch gesehen, ist seine Sicht auf Kinder durch Rezeption und Bevorratung bestimmt. („Klar können die das ja noch nicht begreifen, jedenfalls nicht jeder, was das bedeutet, das werden sie in ihrem späteren Leben. Man kann das nur so sagen: Entweder man glaubt, oder man glaubt nicht.")

„Wir als Kirche"

Herr Mettmann redet häufig in der „Wir-Form": „unser Glaube", „wir als Kirche". Er kritisiert, dass der Alltag der Kinder zu stark von PC-Spielen und Handy-Nutzung bestimmt sei und stellt dem die gemeinschaftsbildenden Funktionen der Christenlehre und

„Wichtig ist, dass die wirklich rübergebracht kriegen, eben an was wir glauben, sage ich mal als Eltern. Wir setzen uns nicht jeden Tag hin, klar gehen wir mal sonntags in die Kirche und mit Kindergottesdienst und wenn für die Kinder was gemacht wird sicherlich auch. Nicht jeder Gottesdienst ist herrlich und macht Spaß, auch klar, nicht mal den Erwachsenen. Entscheiden müssen sie, wenn sie erwachsen sind, 18, 19, 20, doch selber, wollen sie da dran glauben oder nicht. Und das ist genauso wie es eine Gewohnheit ist – also es ist keine Gewohnheit, wir machen es halt aus Überzeugung – mal ein Tischgebet machen, dann macht man es halt. Ne? (...) Meine Auffassung."

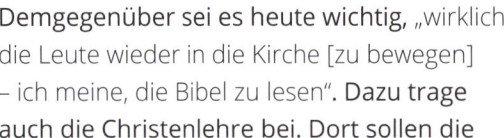

→ Welche Idee christlicher Erziehung kommt Ihnen aus diesem Zitat entgegen? Vielleicht wollen Sie sich einzelne Begriffe oder Teile markieren.
→ Kennen Sie die Sichtweisen der Eltern, deren Kinder zu Ihren Angeboten kommen? Finden Sie Ziele und Begründungen, die denen von Herrn Mettmann ähneln? Was würden Sie sie gern fragen?

die Zugehörigkeit zur Gemeinde gegenüber. („Weil da werden sie ja wirklich, durch dieses – wie jetzt zur Weihnachtszeit ist Krippenspiel spielen, oder die Ausfahrten, Rüste oder was weiß ich was, dann denk ich mal, schweißt das schon zusammen. Um sich darüber zu unterhalten. Die müssen sich austauschen, alles kann man denen nicht sagen.") An diesem Zitat ist u. a. interessant, wie Herr Mettmann dem *Gemeinschaftsaspekt* der Kindergruppe wesentliche Leistungen bezüglich bestimmter *Inhalte* zutraut.

„Wir setzen uns nicht jeden Tag hin"

Im Verhältnis zur innerfamiliären religiösen Sozialisation sieht Herr Mettmann die Christenlehre in einer *kompensatorischen* Pflicht. („Ich kann denen nicht erzählen, jeden Tag, wofür der Gott zuständig ist und wofür nicht, das müssen sie selber herausfinden.") Die Eltern unterstützten die Arbeit der Gemeindepädagogin, indem sie die Teilnahme der Kinder an der Christenlehre mit Nachdruck im Wochenplan der Freizeit verankern. („Das ist ja genauso in Anführungsstrichen ein Trainingstag wie alles andere.") Auf dem Dorf seien die Eltern außerdem in Fahrdiensten engagiert, damit die Kinder an regionalen kirchlichen Veranstaltungen teilnehmen könnten.

Besonders im Blick auf jene Eltern, die selber nicht in die Kirche gingen, aber ihre Kinder zur Christenlehre schicken, verspricht sich Herr Mettmann rückwirkende familienreligiöse Effekte. So meint er etwa zur Gebetspraxis: „Wenn die das mal mit nach Hause bringt von der Christenlehre und die Eltern machen das auch, dann gucken sie sich vielleicht die Kirche mal an und hören mal zu und es kann sich jeder so rausnehmen, was er selber denkt. Ne? Meine Auffassung."

„Etwas lockerer, aber trotzdem gut"

Die Gemeindepädagogin erscheint bei Herrn Mettmann als Auftragnehmerin des elterlichen Erziehungswillens. Es brauche eine kontinuierliche, strukturierte christliche Unterweisung, weil sich die Tradition weniger denn je von selbst vermittele. Frau Schmidt soll Glaubensinhalte und -praxen der Elterngeneration vorzeigen, durch auflockernde Elemente eine Aufnahmebereitschaft für diese Traditionen erzeugen und somit insgesamt den Boden für eine nötige spätere individuelle Entscheidung für den Glauben bereiten.

FOKUSSIERUNG

Insgesamt gesehen, trägt die Christenlehre für Herrn Mettmann zu einer Stabilisierung der Wertegemeinschaft durch Traditionsvermittlung bei. Er sieht die Spannung zwischen traditionsorientierter Verbindlichkeit einerseits und aktueller Lebenswirklichkeit der Kinder andererseits. Eine zeitige und regelmäßige Prägung hilft, diese Spannung zu balancieren. Deshalb schicken die Eltern ihre Kinder zur Christenlehre. Denn dort werden sie – unterhaltsam verpackt – zur regelmäßigen, katechetischen Beschäftigung mit den christlichen Inhalten angehalten. So soll eine spätere individuelle Entscheidung für den Glauben vorbereitet werden. „Glaube" erscheint bei Herrn Mettmann als Teil dieser Bejahung von Sicherheit und Tradition.

Teil I — Impressionen aus der Praxis

"Aber wie gesagt: Ein guter Selbstläufer"

Eine Kirchvorsteherin (und Mutter)

Feld 3: Fallbeschreibung Kirchvo

Frau Brandt (ca. 50 J.) arbeitet in der Verwaltung einer Baufirma. Seit vier Jahren engagiert sie sich, wie vorher schon ihr Vater, ehrenamtlich im Kirchenvorstand (KV). Sie kennt Frau Schmidt seit über 30 Jahren. Ihre drei Kinder besuchten bei ihr die Christenlehre. Im Interview wirkt sie ruhig, aufgeschlossen und konzentriert. Vielfach greift sie auf konkrete Erfahrungen zurück – das gibt ihren Erzählungen und Überlegungen insgesamt einen „bodenständigen" Charakter. Frau Brandt spricht in zwei Rollen – sowohl als Mutter als auch als Kirchvorsteherin.

„Ein anderes gesellschaftliches Gefüge"

Die dörfliche Lebenswelt spielt für Frau Brandts Sicht auf die Christenlehre eine wichtige, einbettende Rolle. Lebhaft erzählt sie von vielfältigen, beziehungsorientierten, informellen Kommunikationsgelegenheiten. („Man kennt sich untereinander, man spricht miteinander.") Häufig bezieht sie sich auf regionale Traditionen und auf volkskirchliche Gepflogenheiten. („Wenn das hier einmal so läuft, dann ist das schon ein gefestigtes System.") Ihr ist wichtig, dass die Christenlehre zu den Kindern *hinkommt*, in ihr Dorf, gerade wenn es dort kein kirchliches Gebäude gibt. Denn die Elterngeneration wolle ja den Kindern den Glauben „nahe bringen". Das reduziere auch die Fahrtbelastung der Eltern für die Freizeitaktivitäten der Kinder. Zwar betont Frau Brandt auch, dass regionalisierte Angebote zur Vernetzung zwischen den Dorfgemeinschaften beitragen könnten.

„Also der Schwerpunkt für mich wäre, dass, ich sag mal die, wie soll ich denn sagen, dass den Kindern wirklich eine – die Glaubensgrundlage auf Grundlage der Bibel vermittelt wird. Wichtig ist wirklich, den Kindern die Bedeutung der Bibel als Wort Gottes, als Grundlage des Glaubens klar zu machen."

→ Impuls zur Reflexion: Wie entsteht in der Sicht von Frau Brandt „Bedeutung"? Was meinen Sie selbst zu dieser Frage?

Doch im Blick auf die Kinder habe eine „Kirche der kurzen Wege" vielerlei Vorteile.

„Dann machen die ja mit"

Die Kinder kommen bei Frau Brandt zunächst und grundsätzlich als Empfänger der Tradition in den Blick. Zwar gesteht sie zu, dass die Kinder vorrangig an der *Erlebnisqualität* der Christenlehre interessiert seien (wohlfühlen in der Gemeinschaft, Bewegungsspiele, Teetrinken). Aber diese Gestaltungselemente ebneten den Weg für eine engagierte Auseinandersetzung mit den *vorgegebenen Inhalten*. („Genau dann denken die ja mit und dann machen die ja mit.") Auf diese Weise helfe die Christenlehre, sachgerechte Wege der christlichen Sozialisation zu bahnen. Denn der *Glaube* werde über verlässliche *Sympathiebeziehungen* und über *Zusammenhalt* im Sozialsystem tradiert. So habe sie es selbst als Kind erlebt und später an ihren eigenen Kindern beobachtet; „genauso" solle es auch weiterhin möglich sein. („Um einfach in Gemeinschaft auch, sag ich jetzt mal, Glauben zu lernen. Oder überhaupt über Glauben was zu erfahren.")

Systemisch gesehen, bilde die Christenlehre einen verlässlichen und kontinuierlichen Kern der lokalen Begegnung von Kirche und Kind. Das strahle auf das gesamte Leben der Kirchgemeinde aus und habe einladende Wirkungen. Auch Kinder aus konfessionell ungebundenen Familien könnten durch die Christenlehre in Kontakt mit dem christlichen Glauben kommen.

(„Viele Kinder sagen, darf ich mal meine Freunde mitbringen? Oder so. Und dann geht das auch. Zum Beispiel die Julia, die ist ganz eng befreundet mit der Tochter von meinem Cousin, die haben aber mit Kirche nix am Hut."; „Teilweise ist es ja so, dass die Kinder durch die CL sagen: ‚Ach Mama geh doch mal mit, da ist jetzt Familiengottesdienst. Da sagen wir was auf. Geht ihr mal mit?' Und dadurch kommen dann auch Eltern, wo man das sonst nie erwartet hätte. Die praktisch über ihre Kinder zum Gottesdienst kommen.")

„Dann sind die Kinder viel gefestigter"
Besonders gegenüber den Einflüssen durch Medien, Kommerzialisierung oder andere Religionen sei es wichtig, dass Kinder und Jugendliche kontinuierlich an den Glauben „herangeführt" würden. („Bei dem allen, was heute in der Gesellschaft auf uns einwirkt. Das ist ja nicht mehr so wie früher, dass man irgendwo so in einer behüteten Welt ist. Es gibt ja nun x Einflüsse. Seien es Medien oder andere Religionen. Es wird ja heutzutage alles so verkauft: Alles ist toll, was dir gut tut. Ist ja so.") Gegenüber solchen Einflüssen traut Frau Brandt einer prägenden kirchlichen Sozialisation eine stärkende Wirkung zu.

Dem schulischen Religionsunterricht hingegen weist Frau Brandt eine *religionskundliche* Aufgabe zu. („Religionsunterricht heißt ja meines Erachtens deshalb Religionsunterricht, weil er informiert allgemein über alle Religionen, über alle Weltreligionen. Und Christenlehre ist Christenlehre, weil ich Christ bin und an Jesus Christus glaube. So. Und das ist für mich der große Unterschied.")

„Die traut den Kindern auch mal was zu"
Frau Brandt schätzt die Tätigkeit von Frau Schmidt sehr. Sie tue das Bestmögliche zum Erreichen der o. g. Ziele. („[Sie] stellt dann ja auch Fragen dazu, dass die Kinder sich Gedanken machen müssen, entweder zu so einer biblischen Geschichte oder wo sie selber vielleicht dann Erlebnisse erzählen sollen, was vielleicht einen Bezug dazu hat oder so. Das nehmen die schon sehr ernst, die Kinder.")

Frau Brandt beruft sich nicht auf detaillierte Kenntnisse über die Inhalte der Christenlehre. Nur summarisch erwähnt sie „biblische Geschichten", „das Rituelle" und biografische Glaubensvorbilder. Sie führt auch keine speziell berufstheoretischen Gründe für ihre Wertschätzung an. Stattdessen erzählt sie mit emotionalen von Nähe und Beziehungsqualität geprägten Worten von Frau Schmidts „Händchen für Kinder", ihrem guten „Feeling" und ihrer Bezeichnung mit dem Spitznamen „Schmidti" durch die Eltern.

„Aber wie gesagt: Ein guter Selbstläufer"
Den Kirchenvorstand sieht Frau Brandt nur in einem allgemeinen Sinn als richtungsweisend für die Christenlehre an. Wenn es zu Beschwerden käme, etwa über eine zu kleine Zahl teilnehmender Kinder oder bzgl. bestimmter Inhalte, dann würde er sich schon kümmern. („Was weiß ich, wenn zum Beispiel die Frau Schmidt jetzt anfangen würde da, als Entspannungstechniken Yoga einzubringen, dann würde ich schon sagen: ‚Mensch Frau Schmidt, wir müssen mal reden.'") Aber solche Beschwerden träten nicht auf. Jahrzehntelange gute Erfahrung rechtfertigt großes Vertrauen. („Es wird jetzt nicht explizit darüber gesprochen: ‚Was macht denn jetzt die Frau Schmidt? Wie geht denn die da vor?' Sondern das weiß man irgendwie …"; „Deswegen denke ich, läuft das hier auch einfach. Und ist auch so selbstverständlich geworden, für alle. Auch für den KV zum Beispiel.") Eine schriftliche Konzeption der Kinder- und Jugendarbeit erscheint unnötig.

> **FOKUSSIERUNG**
> Für Frau Brandt leistet die Christenlehre einen unersetzlichen Beitrag zur Stabilisierung eines christlichen Lebens, welches selbstbewusst und traditionsreich geführt werden kann. Gerade das überschaubare dörflich-nachbarschaftliche Verhältnis ist dafür förderlich. Ihre häufige Verwendung des Wortes „einfach" signalisiert ihr Bemühen, komplexere Zusammenhänge durch klare Positionen zu vereinfachen. Frau Brandt ist an Geradlinigkeit interessiert, an lebensgeschichtlichen Kontinuitäten (Generationenfolge; altersgerechte Stationen des Aufwachsens in der Gemeinde). In diesem Rahmen soll die Christenlehre den Kindern Glauben als einen selbstverständlichen Bestandteil ihres Lebens nahebringen.

Teil I — Impressionen aus der Praxis

„Das Weitergeben von der Guten Nachricht, das liegt mir eigentlich am Herzen."

Die Gemeindepädagogin

Feld 3: Fallbeschreibung Gemeinde

Frau Schmidt (Ende 50) arbeitet seit 34 Jahren in Waldhofen. Sie ist in verschiedenen gemeindepädagogischen Formaten und Altersgruppen tätig. Die Arbeit mit Kindern im Christenlehre-Format in fünf Dörfern bildet den Schwerpunkt. Schon die Eltern vieler Kinder, mit denen sie heute arbeitet, gingen bei ihr einst in die Christenlehre. Frau Schmidt erteilt auch RU an mehreren Schulen; knapp die Hälfte ihrer Schülerinnen und Schüler kennt sie aus der Christenlehre.

Im Interview geht eine anfängliche Unsicherheit rasch in positionelle Rede über, unterstrichen durch energische Handbewegungen. Was sie sagt, wirkt fundiert in starken Überzeugungen und langjähriger Berufserfahrung. Zusätzlich bezieht sie sich von Zeit zu Zeit auf ihren Ehemann, der im Kirchenvorstand in einer der Dorfgemeinden engagiert ist.

„Im Glauben einen Halt finden"

Der Begriff des *Glaubens* spielt für Frau Schmidt eine zentrale Rolle. („In der Christenlehre da reden wir über unseren Glauben, oder wir reden über die Gottesfrage, also was Gott uns bedeutet, wie er uns im Leben vielleicht eine Hilfe sein kann, und – ja – wir reden – beten – reden mit Gott.")

Zum einen bezieht sie „Glauben" auf bestimmte *Inhalte* („der" Glaube). Die *Gültigkeit* dieser Inhalte für die Kinder sieht Frau Schmidt durch Bibel und kirchliche Tradition vorgegeben und gewährleistet.

Zum anderen betrachtet sie die gemeinschaftliche *Praxis* des Glaubens als wesentlichen *Zugang* zu diesen Inhalten („das" Glauben). Der Glaube tradiere sich nicht von alleine – dazu brauche es eine Praxis. Deshalb erzählt sie Geschichten und regt die Kinder zu Übertragungen an. Das freie Gebet in der Gruppe gehört ebenso zu dieser Praxis wie das von Gesten begleitete Vaterunser, das Singen und die rasch gestaltete Mitte mit Kerze, Tuch und Kreuz.

Dennoch fragt sich Frau Schmidt manchmal, ob ihr eigener Fokus auf den Glauben auch so von den Kindern geteilt wird. („Weil sie halt alles sagen können, sie können offen sein, denke ich, und es ist halt, ja, auch eine Gruppe, die sich versteht, die untereinander – ja – ob nun durch den Glauben verbunden – naja – ist für mich fraglich – weiß ich nicht genau, kann ich nicht beantworten aber doch, sie haben einen Mittelpunkt, und da gehören sie dazu.")

„Wir sind als Gemeinschaft dort zusammen"

Frau Schmidts Blick auf die Kinder ist geprägt vom „wir", von der Selbstverständlichkeit „unseres Glaubens", von ihrem Gespür für die spielerischen und gemeinschaftsbezogenen Bedürfnisse der Kinder. In den Gruppen kann sie mit ihrer Person den Glauben bezeugen. Ganz selbstverständlich zitiert sie die informelle Anrede durch die Kinder („Schmidti"). Die Anrede symbolisiert gleichsam die Beziehungsdichte zwischen ihr und den Kindern, sie wirkt wie ein ‚Beleg' für den Erfolg ihrer Arbeit in den Gruppen.

„Weil sonst Kirche nicht mehr sichtbar wird"

Frau Schmidt ist sich sicher: Die Entwicklung einer Beziehung zur Kirchgemeinde und eines gefestigten Glaubens der Kinder kann am besten in deren Nahraum, d. h. *vom eigenen Dorf her* gefördert werden. Unter dörflich-heimischen Bedingungen lernten jüngere und ältere Kinder, als Gruppe zusammenzuhalten. Deshalb steht sie

> „Das Weitergeben von der Guten Nachricht, das liegt mir eigentlich am Herzen. Kinder sind offen und, ja, ich möchte ihnen einfach das Gefühl geben, sie sind können hier zuhause sein, geborgen sein, und das ist etwas, was sie in ihrem Leben weitergeben können. Und auch für sich selber einen Halt finden können. So."

→ Könnten das Ihre Worte sein? Vielleicht nehmen Sie sich einen Moment Zeit, um die verschiedenen Elemente dieser Motivation zu erkunden und auf die feinen Nuancen der Wortwahl zu achten.

Regionalisierungsideen sehr kritisch gegenüber. Lieber fährt sie von Dorf zu Dorf und nimmt die etwas unwirtlichen Bedingungen im Vereinshaus in Kauf. Sie trifft und kennt viele Leute auf der Straße. Auch kirchenfremde Eltern sucht sie zuhause auf, um deren Zustimmung zur Teilnahme ihrer Kinder an der Christenlehre zu erwirken.

Gern erzählt sie auch von den Beiträgen ihrer Gruppen zum kommunalen Dorffest oder zur Rentnerweihnachtsfeier. Gerade weil es in Waldhofen keine kirchlichen Gebäude gibt, trage ihre Christenlehre dazu bei, die *Präsenz von Kirche im Dorf zu sichern*. Die kleine Institution Christenlehre repräsentiere die große Institution Kirche – seit Jahrzehnten unverändert zur gleichen Zeit am gleichen Ort, geleitet durch die gleiche Person.

„Rum und num"

Frau Schmidt findet es wichtig, dass das Elternhaus den Kindern ebenfalls weitergibt, dass Gebete und der praktizierte Glaube allgemein wichtig sind. Sie fordert mit Nachdruck, dass sich institutionelle und familiäre religiöse Erziehung wechselseitig unterstützen. („Wo man denkt, es müsste ‚rum und num' gehen, dann wär's gut.") Allerdings erlebe sie immer wieder Eltern, die ihren eigenen Beitrag abgeben. („Ich hab so schon so manchmal den Eindruck, dass die Eltern sagen: ‚Machen Sie nur, Sie sind der Experte dafür.' Fertig.") Frau Schmidt findet das frustrierend, gerade weil sie sich sicher ist, dass es anders besser ginge.

„Solange nichts kommt"

Nur „alle fünf Jahre oder so" wird Frau Schmidt vom Kirchenvorstand eingeladen, von ihrer Arbeit zu berichten. Ihre Erzählweise fällt hier ins Ironische. („Solange das läuft, läuft das. Also [der KV] guckt auch ... der Pfarrer guckt eigentlich auch ... pfff – eigentlich nicht, solange es keine Beschwerden gibt. Also vor der Christenlehre treffen wir uns ja immer mal kurz und ‚gibt's irgendwas?' und ‚ja, nichts!' und gut. ‚Tschüss.' ‚Mach dein Zeug.' Solange nichts kommt.") Möglicherweise deutet die Ironie auf eine Ambivalenz hin: Einerseits weiß sie ihre Handlungsfreiheit als Vertrauensbeweis zu schätzen. Sie äußert auch lebhaft ihr Verständnis für die Überlastung der Kirchenvorsteherinnen durch vielerlei andere Aufgaben, wie sie es an ihrem Mann erlebt. Andererseits wünscht sie sich mehr Aufmerksamkeit für ihre Arbeit – eine Art „Beschwerdefreiheit" ist ja keine wirkliche Anerkennung.

FOKUSSIERUNG

Frau Schmidt sieht die ‚Weitergabe des Evangeliums in der Generationenfolge' als den tragenden Grund des Zusammenseins in der Christenlehre. Ihr berufliches Selbstverständnis erscheint doppelt verankert: Zum einen *kirchlich* („wir als Kirche"), zum anderen *persönlich-emotional*. Sie sieht sich selbst als kompetente und verantwortungsbewusste Vertreterin der Kirche, des Glaubens, der Tradition. Die Mitwirkung an dieser Aufgabe (*Weitergeberin*) hat den Charakter einer Berufung. Dafür tut sie, was auch immer sie kann, mit enormer Leistungsbereitschaft und einem hohen Anspruch an sich selbst. Sie steht persönlich ein für Kontinuität. Sie weiß, wie wichtig ihre Aufgabe ist. Obschon sie um die Begrenztheit ihrer pädagogischen Möglichkeiten weiß, sieht sie ihre Arbeit wie eine Art „Bollwerk" gegen gefährdende Umstände – wie etwa mangelnde Mitwirkung der Eltern.

Teil I — Impressionen aus der Praxis

„Wenn das hier einmal so läuft, dann ist das schon ein gefestigtes System, das Ganze."

Zusammenfassende und vergleichende Überlegungen zur Christenlehre in Waldhofen

Feld 3 Komparative Analyse

An der Christenlehre in Waldhofen beeindruckt vor allem die *starke Orientierung an der Tradition*. Zusammengehörigkeit, Bibel, Bekenntnis und Glaubenspraxis spielen eine große Rolle. Das verbindet die Sichtweisen der Kinder und Erwachsenen miteinander. Anstoß gibt die elterliche Weltanschauung. Ihre festen Wertmaßstäbe sollen an die nächste Generation weitergegeben werden. Dies ist den Menschen in Waldhofen wichtig. Deshalb braucht es Christenlehre, und zwar professionell geleitet.

Eine verschriftlichte Konzeption für die Christenlehre braucht es nicht, denn sie ist für alle „selbstverständlich" in dem Sinn, dass es sich „von selbst versteht", wozu sie da ist. Ihre langjährige Praxis ist ihr tragender Grund. Ein Veränderungs- oder Entwicklungsbedarf wird nur punktuell sichtbar.

Das katechetische Grundverständnis

Diese Ziele von Christenlehre werden in einer katechetischen Grundstruktur umgesetzt. Inhalte und Praxen des Glaubens werden in nachahmenden und einübenden Lernformen vorgezeigt mit dem Ziel, die Glaubenspraxis später selbständig weiterführen zu können. Die Deutungshoheit liegt bei den Erwachsenen. Die Kinder beteiligen sich stark zustimmend an diesem Unternehmen.

Der dörfliche Handlungsrahmen

Der dörfliche Handlungsrahmen in Waldhofen wird von allen Beteiligten wertgeschätzt. Er bietet günstige Strukturbedingungen für die Ziele der Christenlehre. Frau Schmidt ist aufgrund ihrer langjährigen Tätigkeit im Dorf persönlich bekannt. Sie unterstützt das dorftypische Geflecht nachbarschaftlicher Beziehungen gezielt durch gruppendynamische, spielerische Aktionsformen nach innen und Präsentationen nach außen. Unser Eindruck ungünstiger äußerer Umstände (z. B. bzgl. des ungeheizten, neutralen Raumes) spiegelt sich nicht in den Erzählungen der Beteiligten. Die begrenzten Eindrücke, die wir gewinnen konnten, zeigen uns ein recht homogenes Zusammenspiel der Beteiligten mit Interesse an Traditionsbewahrung und starkem Zusammenhalt im dörflich-kirchlichen Kontext.

Dimensionen des „Wir"

Kinder wie Erwachsene betonen den Gemeinschaftsaspekt der Christenlehre mit häufigen Wendungen von „wir", „miteinander", „gemeinsam", „zusammen" usw. Gemeinschaft erscheint sowohl als *Voraussetzung* als auch als *Folge* der Praxis. Das „Wir" kann sich auf die Übereinstimmung unter allen Beteiligten in Ziel und Sache von Christenlehre beziehen, aber auch auf die konkrete Interaktion in der Gruppe. Es verweist auf eine emotional erfahrbare Beziehungsqualität *unter den Kindern*, indem sie persönlich Anteil aneinander geben und nehmen. Aber auch die Bindung zur Gemeindepädagogin

> **Ein anschauliches Beispiel** finde ich in folgender Schilderung. Wie eingangs erwähnt, erteilt Frau Schmidt in mehreren Schulen der Umgebung Religionsunterricht. Sie erzählt: „Den Kindern ist zum Beispiel das Beten auch sehr wichtig. Das kommt manchmal im Religionsunterricht dann: ‚Schmidti, können wir heute mal beten? Das und das ist passiert.' Oder. Sag ich: ‚Okay', weil sie's ja von der CL gewöhnt sind, und in den Schulgruppen sind viele von meinen Kindern, die Hälfte ungefähr, und die andere Hälfte sind halt Kinder [aus anderen Dörfern], und, ja, wie gesagt, das klappt auch, also, dann, dann wollen die anderen dann natürlich auch beten, wenn einer anfängt, also dann klappt das, ja." An dieser Schilderung gibt es viele interessante Aspekte – für den Moment halte ich fest: Das regionale christentumskulturelle und lebensweltliche Geflecht ermöglicht es den Kindern, selbstbewusst eine religiös-rituelle Praxis, die sie aus der Christenlehre kennen, in einen anderen Handlungskontext mitzunehmen.

ist von hoher Qualität. Auch die Eltern gehören zum „Wir" der Christenlehre, insofern sie sich im zeitlichen und räumlichen Umfeld der Christenlehre treffen und austauschen.

Abgrenzungen

Jedes „Wir" schärft sich selbst durch Unterscheidungen und *Abgrenzungen*. In Waldhofen äußert sich dies vor allem durch Modernitätskritik. Die Erwachsenen halten die Umstände in Familien, Kirche und Welt für *traditionsgefährdend*. Sie sehen die Christenlehre als eine Sicherungsmaßnahme an der Abbruchkante von Tradition – Stabilisierung nach außen und Identitätsstärkung nach innen. Dies zu betonen, scheint allen erwachsenen Befragten wichtig – den Kindern hingegen nicht.

Effekte in Gegenwart und Zukunft

Ein zweiter Unterschied in den Sichtweisen unserer Gesprächspartnerinnen betrifft den *Zusammenhang von Zeit und Effekt*. Die Erwachsenen neigen dazu, den Ertrag der Christenlehre in der *Zukunft* zu sehen. Es zählt vor allem, welche Inhalte sich „später" als relevant erweisen. Die Perspektive der Kinder hingegen ist stärker vom „Hier und Jetzt" ihres Erlebens geprägt. Sie sind sich der elterlichen Absichten zwar bewusst, halten aber ihre eigene Perspektive selbstbewusst daneben. (Johanna: „Weil es ist ja unsere Freizeit.")

Kinder und „die Sache"

Ein dritter Unterschied wird durch die Frage nach der „Sache" der Christenlehre aufgerufen. Diese wird in der Sicht der Erwachsenen durch Glauben und Tradition ‚gesetzt'. Weil sie meinen, die Kinder kämen vor allem wegen ihrer Bedürfnisse nach Spiel, Spaß und Gemeinschaft, müssten die Inhalte der Tradition unter dieser methodischen „Benutzeroberfläche" allerdings gut verpackt werden. Fragen, Zweifel, eigene Themen der Kinder scheinen da kaum Platz zu haben.

Die Kinder hingegen bekunden sehr deutlich ihr Interesse an Themen des Glaubens, bei Rebecca mit einer expliziten Frage der Gottesvorstellung verknüpft. Nur dass sie eben nicht trennen zwischen den verschiedenen Bestandteilen der Christenlehre. Sie benutzen Begriffe wie „Spaß" und „spannend" als *summarische* Qualitätsbeschreibung.

Familienreligion und Christenlehre

Einen letzten Unterschied in den Sichtweisen unserer Gesprächspartner finden wir im Verhältnis zwischen familiärer und professionalisierter christlicher Erziehung. Alle Kinder der Christenlehre-Gruppe in Waldhofen berichten davon, dass ihre Geschwister auch zur Christenlehre gehen, gegangen sind oder gehen werden. Die Eltern sehen es als Aufgabe ihrer Generation an, für eine christliche Erziehung der nächsten Generation zu sorgen, denn die damit verbundenen Werte reproduzierten sich nicht von alleine. Die Christenlehre erscheint als ein effektives Hilfsmittel. Dort leistet eine Fachkraft die benötigte Unterstützung und organisiert prägende Gemeinschafts-Aktionen, wie z. B. Rüstzeiten. Deshalb schicken Eltern ihre Kinder pflichtförmig zur Christenlehre. Vordergründig gesehen, lässt sich dies als Indiz für eine enge Verbindung von Christenlehre und Familien in Waldhofen interpretieren.

Doch während manche der Eltern eine Art „Delegationsverhältnis" beschreiben, befürwortet Frau Schmidt ein Modell wechselseitiger Ergänzung: Was in der Christenlehre gelernt und geübt werde, z. B. das Gebet, sollten die Kinder zuhause als alltägliche Glaubenspraxis erleben. Diesen Anspruch sieht sie nicht erfüllt. Ihre Bemühungen um Unterstützung dieser innerfamiliären religiösen Praxis würden häufig scheitern. Stattdessen träfe sie auf ein elterliches Selbstverständnis als „Auftraggeber". Frau Schmidts Erfahrung nach untergräbt das elterliche Delegationsverständnis die *Nachhaltigkeit* ihres gemeindepädagogischen Bemühens.

Die Rolle der Gemeindepädagogin

Frau Schmidt sieht sich selbst als „Vorbild" und „Zeugin". Ihr Beruf erscheint als Berufung. In hohem Maß verbindet sie ihre

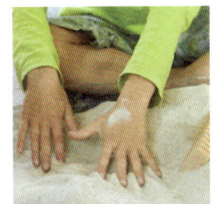

Zeugin
Vereinfachung
Zusammenhalt im Nahraum
Glaube im Zentrum
unterschätzte theologische Kompetenz der Kinder
frustrierende Delegation
Modernitätskritik
gefährdete Weitergabe
der Tradition
frömmigkeitsspezifische Passung

persönlichen Glaubensvorstellungen mit ihrem Arbeitsauftrag, die Kinder in die christlich-kirchliche Glaubenspraxis einzuführen. In diesem Selbstverständnis wird sie auch von Kindern und Eltern wahrgenommen. Im Interview wird ein gewisser Stolz auf die hohe Wertschätzung, die sie bei Eltern, Kindern und Gemeindeleitung genießt, spürbar.

Die Mitwirkung *Ehrenamtlicher* spielt keine wichtige Rolle bei unseren Gesprächspartnern. Herr Mettmann erwähnt, in seiner kulturpessimistischen, „verfallsorientierten" Sicht, dass heutzutage kaum noch jemand etwas ehrenamtlich mitmache. Frau Schmidt erwähnt Ehrenamtliche nur im Blick auf Kindergottesdienste, oder als Helfende im Vorschulkreis. Die Christenlehre scheint demgegenüber ihrer professionellen Domäne vorbehalten zu sein.

WEITERFÜHRENDE ÜBERLEGUNGEN

Die unterschiedlichen Erwartungen können zu Frustrationen führen. Während die Eltern eine „delegierende" Sichtweise vertreten, erhofft sich Frau Schmidt eine fachlich begründete Wechselseitigkeit. Diese Unterschiede bergen das Risiko wiederkehrenden, vielleicht auch wechselseitigen Unmuts. Ich frage mich, ob das gemeindepädagogische Rollen-Selbstverständnis der Gemeindepädagogin nicht dazu beiträgt, diese Dynamik in Gang zu halten. Je stärker sie jedenfalls das Bild einer „Weitergeberin" der Glaubenstradition vermittelt, umso leichter dürfte es den Eltern fallen, sich selbst in der Mitwirkung zurückzuhalten.

Eine zweite Frage bezieht sich auf die Kinder. Waldhofen als System scheint ihnen eine starke, stabile Identität in Zugehörigkeit und Glaube anzubieten, die sie auch gern – jedenfalls mehr oder weniger fraglos – übernehmen. Ich frage mich, wie sie später zurechtkommen werden, wenn sie dieses System aufgrund der Berufsausbildung oder zum Studium verlassen. Was brauchen sie, um in anderen Kontexten von Frömmigkeit und Kirchlichkeit Anschluss zu finden?

PLATZ FÜR NOTIZEN UND FRAGEN

Gewährleistung von Glauben und Zugehörigkeit

Kinderkirche in der Großstadt Meisterfurt*

Meisterfurt, eine Großstadt in Sachsen. Wir erfahren, dass zwischen 10% und 15% der Einwohnenden des Stadtgebiets zur evangelischen Kirche gehören. Neben den sehr viel kleineren katholischen Gemeinden gibt es eine Reihe von Freikirchen und freien evangelischen Gemeinden, einige sog. Sondergemeinschaften, Synagoge und Moschee. Es ist eine bunte Mischung an religiösen Interessensvertretungen gegeben, aber nur wenige sind im Stadtbild und -leben weithin bekannt.

Die Kinderkirche trifft sich im Gemeindehaus. Es steht mitten in einer Straßenzeile mit mehrstöckigen Häusern – in typisch großstädtischer, bürgerlicher, dicht bebauter Umgebung, etwas abseits der Kirche. Ohne den Schaukasten an der Straßenseite käme man nicht auf die Idee, dass sich in diesem Gebäude Saal, Gruppenräume und Mitarbeiter-Wohnungen der Kirchgemeinde befinden. Der Innenhof ist gepflastert für Parkplätze und Fahrradständer. Auch ein

*Alle Namen von Orten, Personen und anderweitigen identifizierbaren Bezügen sind anonymisiert; die Fotos bilden andere Gruppen an anderen Orten ab.

Teil I — Impressionen aus der Praxis

kleines Rasenstück ist zu finden. Ganz in der Nähe pulsiert der Großstadtverkehr.

Der Raum für die Arbeit mit Kindern und Jugendlichen ist hell, mit großen Fenstern und Holzfußboden. Bunt gemischte Dekorationen an den weißen Wänden wirken freundlich und anregend. Der Grundriss gliedert den Raum in drei Bereiche. In der Mitte stehen einige Tische mit Stühlen, mit Schränken und Regalen an den Wänden. Im rechten Raumteil befindet sich ein Kicker und eine Sofaecke mit niedrigem Tisch. Plakate und anderer Wandschmuck deuten darauf hin: Hier treffen sich die Jugendlichen der Kirchgemeinde. Im linken Raumteil öffnet sich eine große Nische, durch einige Stufen auch optisch klar getrennt, 15 Stühle an den Wänden. In der Mitte steht ein niedriger Tisch, darunter liegen kleine Schachteln, Körbchen mit Steinen und gefalteten Blüten aus Papier; auf dem Tisch steht eine verzierte Kerze. An der Stirnseite hängt eine große Pinnwand mit Zetteln, Kinderbildern und Fotos, in einer Ecke steht eine Gitarre im Ständer.

Die nachmittäglichen Regelangebote für Kinder wurden vor einigen Jahren umbenannt: Nicht mehr Christenlehre, sondern „Kinderkirche" heißen sie jetzt. Die Gruppe, die wir besuchen, ist ausgeschrieben für Kinder der 3. bis 5. Klasse. Jedoch erzählt die Gemeindepädagogin, Frau Nuschke, dass die Alterseinteilung nach beiden Seiten „ausfranst", ebenso wie in ihren anderen Gruppen. So ist die Gruppe auch heute gemischt von der 2. bis zur 6. Schulklasse – die meisten der zehn Kinder sind 9 Jahre alt, es gibt aber auch 8-Jährige sowie zwei 12-Jährige. Heute sind zehn Kinder gekommen: zwei Jungen und acht Mädchen. Insgesamt besteht die Gruppe aus 15 Teilnehmenden. Alle Kinder besuchen unterschiedliche Schulen. Im großstädtischen Gemeindebezirk befinden sich 10 bis 15 Grund- und weiterführende Schulen.

Der Besuch unseres kleinen Forscherteams, bestehend aus zwei Dozenten, findet an einem warmen Dienstagnachmittag im Frühsommer statt. Als wir kurz vor 16.30 Uhr eintreffen, verlassen gerade die Kinder der vorhergehenden Gruppe den Raum. Die nächste Gruppe trudelt ein. Manche haben noch ihre Schulranzen dabei, manche werden von ihren Eltern gebracht oder abgeholt. Frau Nuschke wechselt mit diesen und jenen ein paar Sätze, gibt Kindern und Eltern Anmeldezettel für die Kinder-Rüstzeit in den Sommerferien mit, räumt Sachen hin und her. Manche Kinder und Eltern lachen und schwatzen miteinander, die Atmosphäre wirkt aufgelockert und gut gelaunt.

Die Kinder sammeln sich um den Kicker – manche spielen, manche schauen zu. Die Stimmung ist eher von Spaß als von Wettkampf geprägt. Wir bringen unsere Aufzeichnungsgeräte in Position. Die Gemeindepädagogin heißt die Kinder willkommen und trifft letzte Vorbereitungen. Die Stunde kann beginnen.

Eine Stunde

16.35 Uhr | Der Beginn

Während Kinder langsam den Stuhlkreis füllen, erzählen sie der Gemeindepädagogin von ihren Kicker-Erfolgen, von Alltagserlebnissen u. v. m. In dieser Woche ist Emilia „Helfer" – sie zündet die Kerze an. Die Gemeindepädagogin teilt Liedzettel aus. Die Strophen zählen unterschiedliche Eigenschaften und Vorlieben auf. Jeweils die Kinder, die sich davon angesprochen fühlen, dürfen kurz aufstehen. Die Kinder singen kräftig mit und haben offenkundig Spaß dabei, bei der für sie zutreffenden Zeile kurz aufzuspringen. Im Refrain geht es um das „Begeistertsein von Gott". Später erfahren wir, dass Frau Nuschke den Text selbst geschrieben hat. So konnte sie die Kinder genau dieser Gruppe in den Mittelpunkt des Liedes bringen.

16.43 Uhr | Spielerischer Einstieg ins Thema

Die Gemeindepädagogin stellt eine Aufgabe: Immer zwei Kinder sollen den anderen einen Begriff, der auf einer Karte steht, erläutern, ohne diesen Begriff selbst zu verwenden. Als das erste Pärchen den ersten Begriff bekommt, reagiert es zunächst bestürzt („oh nein!"). Doch dann kann es den Begriff („Mut") so umschreiben, dass ihn die anderen Kinder schon nach wenigen Sekunden herausgefunden haben. Ähnlich geht es auch mit den anderen Begriffen wie Kraft, Liebe, Hoffnung, Begeisterung, Frieden. Das Spiel beginnt den Kindern so viel Spaß zu machen, dass manche gern noch einmal an die Reihe kommen wollen. Ein Mädchen, das keinen Begriff umschreiben möchte, braucht dies nicht zu tun. Die Karten, die die Kinder herausgefunden haben, legen sie um die Kerze herum auf den kleinen Tisch.

16.50 Uhr | Verknüpfung zur Vorwoche, Teil I

Nun fragt die Gemeindepädagogin, welche Verbindungen die Kinder zwischen den Begriffen und der erzählten Geschichte aus der Vorwoche sehen. Dies löst erstmal Ratlosigkeit aus. Bernhard (9 J.) fragt: „Und wo ist hier die ‚Liebe' zu Pfingsten?" Daraufhin fragt Frau Nuschke, wer die Geschichte noch einmal zusammenfassen könnte, was eine Zwölfjährige rasch tut. Christina (8 J.) sagt: „Die Jünger haben ja Kraft bekommen, und waren dann mutiger." Bernhard kommt auf seine Frage nach der Liebe zurück: „Hat denn zu Pfingsten jemand geheiratet?", was von der Gruppe erst mit allgemeinem Gekicher, dann aber mit einer gemeinsamen, zunehmend engagierten Differenzierung des Liebesbegriffs („Liebe zu Gott?", „Liebe in der Gemeinschaft?") aufgenommen wird.

16.53 Uhr | Verknüpfung zur Vorwoche, Teil II

Die Gemeindepädagogin erinnert daran, dass es in der letzten Stunde auch darum ging, wie die Jünger nach Pfingsten von Jesus weitererzählten. Sie legt das Bild einer Erdkugel in die Mitte des Kreises, entzündet ein Teelicht an der Kerze auf dem kleinen Tisch und stellt dieses in das Bild. Dann verknüpft sie in wenigen Sätzen das Pfingstereignis mit den damals neu entstandenen Gemeinschaften im Glauben: Dadurch könne das, was Jesus zum Reich Gottes gesagt habe, in der ganzen Welt losgehen. Sie liest Zettel vor, die die Kinder in der vergangenen Woche beschrifteten. Die Frage war, wie es auf der Welt zuginge, wenn die Hoffnung, die Liebe und die Begeisterung sich wirklich ausbreiten würden. Unter anderem waren folgende Antworten zu hören: „Die Menschen würden dann keinen Krieg mehr machen und sich gut vertragen", „den Flüchtlingen helfen", „die Umwelt schonen".

16.56 Uhr | Weiterführung des Themas

Die Gemeindepädagogin erinnert die Kinder daran, dass sie dabei auch gesagt hatten: „Aber so ist es ja noch nicht; so wünschen wir es uns bloß." Sie lädt die Kinder ein, darüber nachzudenken, „wie das nun einen Sinn ergibt, diese ganzen guten Gedanken, und dass es manchmal

Teil I — Impressionen aus der Praxis

so aussieht, dass es eigentlich gar nicht so ist auf der Welt." Sie regt zwei Mädchen an, einen fiktiven Dialog vorzulesen, was diese gern und ausdrucksstark tun: Zwei Jugendliche aus der Zeit der ersten Christengemeinden überlegen, ob das Reich Gottes etwas sei, das langsam wachse, wie das Senfkorn, von dem Jesus geredet habe. Die anderen Kinder hören engagiert zu. Der Dialog endet mit der Frage, ob man also dem Reich Gottes beim Wachsen zuschauen, aber selber nichts dazu tun könne. Nun fragt die Gemeindepädagogin, was das Reich Gottes mit dem Senfkorn zu tun haben könnte. Eines der älteren Mädchen sieht die Verbindung im Aspekt des Wachsens. Eines der jüngeren Mädchen verweist sogleich auf das Lied „Alles muss klein beginnen". Die Gemeindepädagogin fragt ergänzend nach der Mitwirkung der Menschen. Die Kinder überlegen. Gedanken dabei sind u. a. „ein bisschen mitzuhelfen, zum Beispiel, dass man Streite nicht gleich so eskalieren und zu Kriegen kommen lässt und so", sowie „Streite friedlich klären". Die Gemeindepädagogin bestätigt und ergänzt einen kurzen Bericht von einem internationalen Streitschlichter. Danach lädt sie die Kinder aber ausdrücklich dazu ein, Ideen zu sammeln, was sie selber machen könnten.

17.00 Uhr | Vertiefung

Aaron (12 J.) schlägt vor, „DaZ-Kindern" (Deutsch als Zweitsprache) in der Schulklasse zu helfen. Daraufhin sagt Doreen (9 J.), dass sie auch DaZ-Kind sei, weil ihr Papa aus einem anderen Land komme. Die Gemeindepädagogin holt ein kleines Samenkorn aus einer Schachtel und fragt die Kinder, was in ihren Gedanken dieses Samenkorn aus der Geschichte sei und wo die Kraft zum Wachsen herkomme. Eines der jüngeren Mädchen überlegt laut: „Von Gott? Vom Wasser. Von der Erde". Eines der älteren Mädchen meint, dass es hier „im übertragenen Sinne um den Frieden geht, der auch langsam wächst zwischen den Menschen." Die Gemeindepädagogin bestätigt auch dies, bezeichnet die Rede vom Reich Gottes als einen Vergleich und legt einen großen Zettel in Form eines Baumes auf die Weltkarte. Sie legt das Samenkorn und stellt das Teelicht auf den Stamm des Baumes. Sie sagt, sie glaube, dass viel von der Kraft zum Wachsen von Gott herkomme. Sie erläutert dies mit einem erneuten Bezug auf den internationalen Streitschlichter, insofern dieser täglich morgens bete und sich so die Kraft für seine schwere Arbeit hole. Die Kinder hören zu. Manche möchten ihre Ideen zu dem Gehörten gleich einbringen. Andere Kinder wirken gelangweilt. Die Gemeindepädagogin nimmt das auf und schafft eine aktive Beteiligung: Sie fragt, wer Blätter an den Baum legen möchte. Dazu werden die grünen Zettel ge-

nutzt, welche in der letzten Woche beschriftet wurden. Fast alle Kinder melden sich.

Dann dürfen die Kinder zwischen einem Liedvorschlag der Gemeindepädagogin und dem vorhin genannten Lied des Mädchens „Alles muss klein beginnen" wählen. Der Vorschlag des Mädchens gewinnt. Ein Mädchen darf die Bewegungen zum Lied zeigen.

Die Gemeindepädagogin stellt den Kindern zur Wahl, ob sie jetzt etwas basteln oder wegen des schönen Wetters draußen spielen wollen. Nach kurzer Diskussion ruft Bernhard eine Abstimmung auf, die 8:2 für Spielen endet.

17.13 Uhr | Vaterunser und Segen

Vor Spielbeginn folgt noch der Abschluss-Segen. Die Gemeindepädagogin verknüpft ihn heute mit dem Vaterunser, weil darin auch vom Reich Gottes die Rede sei. Allerdings löst ihre geäußerte Vermutung, dass die Kinder dieses Gebet alle aus dem Gottesdienst kennen würden, eine kurze Diskussion aus. Einige Kinder argumentieren energisch, dass sie ja kaum einmal am Gottesdienst teilnehmen. Frau Nuschke bittet die Kinder, sich im Kreis aufzustellen und spricht ihnen das Gebet vor, unterstützt durch Gesten, die die Kinder gern nachahmen.

Nun ist es wieder Zeit für Emilia, als „Helfer" zu agieren und aus der Schachtel unter dem Tisch einen Schluss-Segen herauszusuchen. Nachdem alle Kinder im Kreis ihre rechte Hand auf die Schulter des rechten Nachbarn gelegt haben, liest Emilia den Segen vor, den alle mit Amen abschließen.

17.18 Uhr | Spiel im Freien

Die Kinder gehen auf den Rasen im Hof. Die Gemeindepädagogin hat ein großes Schwungtuch mitgebracht. Begeistert machen die Kinder mit. 17.30 Uhr endet die Stunde; auf manche Kinder warten bereits Eltern.

> **REFLEXION**
>
> Die Stunde zeigt eine interessante Spannung:
>
> Die intrinsisch motivierte Beteiligung der Kinder ist dann am stärksten, wenn sie sich individuell gesehen fühlen (Aufsteh-Lied), mitmachen dürfen (Helfer), mitbestimmen (Wahlentscheid) und körperbetont spielen (Kicker, Schwungtuch). Wie sich später in den Interviews zeigt, erzielen gerade diese Elemente nachhaltig positive Eindrücke bei Kindern und Eltern.
>
> Im *thematischen Teil* hingegen sollen die Kinder eine vorgegebene Sache mithilfe stark lenkender Gesprächsimpulse erschließen, sich erinnern, Verknüpfungen herstellen und eigene Positionierungen entwickeln. Den Kindern ist dieses Schema bekannt. Sie wollen die Aufgaben gern erfüllen. Aber die Beteiligungsenergie geht nicht *von den Kindern aus*, sondern kommt *auf sie zu*. Was sie bzgl. ihres Alltags einbringen, bleibt eigentümlich formelhaft und verdichtet sich nur punktuell ins Persönliche. Wir fragen uns, ob die Kinder mithilfe dieser Inszenierung tatsächlich für sie relevante Inhalte aufbauen können.
>
> Wir haben uns gefragt, was die beiden Ebenen – die spielerisch-selbstverwirklichende und die thematisch-intentionale – zusammenhält. Wir vermuten, es sind die *Beziehungen*. Innerhalb der Kindergruppe scheinen eher zweckbestimmte Beziehungen zu bestehen (Spielgefährten, Diskussionspartner etc). Doch zwischen der Gemeindepädagogin und den einzelnen Kindern wird ein höheres persönliches Interesse aneinander spürbar. Dieses ist gefühlsbetont und über Zeiten hinweg aufgebaut. Wir haben gegenseitigen Respekt wahrgenommen, vertrauensvolle persönliche Mitteilungen, feine verbale und körpersprachliche Signale. Diese Beziehungsqualität scheint eine tragende Funktion für das Gelingen der Gesamtidee „Kinderkirche" zu haben.

Teil I – Impressionen aus der Praxis

*„… wir machen Gebete, Spiele, essen und trinken. Das große Thema ist Gott!
Wenn du Lust hast, kannst du kommen."*

Die Kinder

Feld 4: Fallbeschreibung Kinder

Im Anschluss an die hospitierte Stunde sind wir mit den Kindern zum Interview verabredet. Sechs der zehn, die zur Stunde da waren, nehmen teil. Aaron (12 J.) und Emilia (9 J.) sind Geschwister; später erfahren wir, dass sie vor zwei Jahren aus den alten Bundesländern zugezogen sind – stellenweise erkennbar in ihrer Wortwahl. Insgesamt fällt auf, dass die Kinder in Meisterfurt das, was sie an der Kinderkirche schätzen, häufig und mit drastischen Worten gegen negative Erfahrungen mit schulischem Religionsunterricht konturieren.

„Also ich will hier selbst hingehen"

Alle Kinder berichten von Geschwistern, die auch an der Kinderkirche teilnehmen und dass sie selbst anfänglich von ihren Eltern geschickt worden seien. Im gleichen Atemzug benennen sie aber auch *eigene lustbetonte* Gründe der Teilnahme.

Mit lebhaften Worten erzählen sie davon, wie ihre Teilnahmemotivation angesichts sonstiger *tagesstruktureller Herausforderungen* steigt oder sinkt. (Emilia: „Also heute hatte ich halt nicht so viel Lust, weil ich eben auch noch ganz viele Berichtigungen noch zu Hause machen musste und ich hatte dann eher mal so Lust, mich einfach mal auf die Couch zu legen und fernzusehen.") Die Kinder wissen viele Faktoren zu benennen, die insgesamt für ambivalente Gefühle sorgen, wodurch die Teilnahme im tagesaktuellen Geschehen eingebettet ist.

„… dass wir was zusammen machen"

Ein ganz starkes Teilnahmemotiv liegt in der sozialen Dimension: das „Wir", das „Zusammensein" und die Gemeinsamkeit des Tuns. (Aaron: „… ich freue mich, dass wir was zusammen machen, also dass wir zusammen lernen. Ich freu mich auch auf die Spiele, die wir immer draußen spielen, und dass wir was basteln, das macht einfach großen Spaß.") Auch den ritualisierten, offenen Austausch zu Stundenbeginn zählen sie dazu (in der Hospitationsstunde musste dieser dem „Aufsteh-Lied" weichen). Weiterhin erwähnen die Kinder das Verhältnis zur Gemeindepädagogin als Qualitätsmerkmal. (Emilia: „… also ich find hier auch, die Erzieher halt eben viel viel netter als in unserem richtigen Religionsunterricht.")

„… hier macht es richtig dolle Spaß"

Mit viel Nachdruck loben die Kinder alle Möglichkeiten zum „Mitmachen" und „Selbermachen". Besonders die „Helfer"-Rolle ist für die Kinder von großer Bedeutung. Sie verwenden den Begriff „Spaß" wie ein Summarium, um all das zusammenzufassen, weshalb sie teilnehmen. Es sprudelt nur so aus ihnen heraus: Miteinander spielen, singen, basteln, Kekse essen, Geschichten hören, diskutieren und rausgehen. Auffällig sind starke, positiv steigernde Formulierungen wie „viel viel", „richtig dolle".

„… also ich würde es nicht raus tun"

Die *rituellen* und *thematischen* Teile der Kinderkirche werden von den Kindern erst im Verlauf des Interviews, dann aber zunehmend engagiert thematisiert. Sie beziehen das religiöse Profil weniger auf „Spaß", als vielmehr auf „Wichtigkeit". Als wir die Kinder fragen, welche Stationen im Verlauf einer Kinderkirche wegfallen könnten, kommt es zu folgender Kontroverse:

> Hallo Oliva Kinderkirche macht rissen spaß es ist wie eine Religons Stunde bloss viel besser. Wir machen in einer Gruppe tiele tolle sachen am meisten zu Gott.

I-4-3 Meisterfurt – Die Kinder

 Friederike: „Na, beten – es passt eigentlich, aber irgendwie ist es manchmal ganz schön langweilig."
Christina: „Also das muss bleiben, weil, das machen wir so oft."
Friederike: „Ja, es gehört dazu, aber es ist manchmal ganz schön langweilig."
Christina: „Ja aber – also ich würde es nicht raus tun."

„Langeweile" wirkt wie ein Gegenbegriff zum Summarium „Spaß". „Es passt" und „es gehört dazu" deuten auf eine Art Konsens hin. Vielleicht spiegelt sich hier der kirchlich-institutionelle Rahmen von Kinderkirche? Jedenfalls hält Friederike dies dem ‚Häufigkeitsargument' von Christina entgegen. Es scheint, als ob die Kinder dem Gebet zwar einen Sinn beimessen, der aber diffus bleibt.

Beim „Geschichten hören" kommt es zu einem nächsten Bezug auf *institutionelle Grundbestimmung*, diesmal durch Bernd. („Also es muss ja auch, also das, einmal Helfer-Sein, und die Geschichte hören, wir müssen ja auch noch das, was zu Christenlehre dazugehört, nicht nur irgendwelche Extrasachen machen.") Bernd misst hier der Helfer-Rolle und der „Geschichte" eine symbolisierende Funktion für den inhaltlichen Anspruch der Kinderkirche zu. Die Helfer-Rolle umfasst die Aufgaben „Kerze anzünden", „Lied auswählen" und „Gebet". Dadurch ist sie an das religiöse Profil angebunden.

„… und müssen ja auch diskutieren, was jetzt genau da …"

Inhaltliche Ansprüche kommen auch nochmal separat in den Blick. Folgender Wortwechsel gibt ein anschauliches Beispiel:

 Emilia: „Kinderkirche ist ja nicht nur, hier, so, hier so Entspannung so, man muss auch was tun."
Doreen: „Ich hab noch was! Reden und diskutieren, weil wir reden ja auch und sitzen nicht die ganze Zeit nur da, und müssen ja auch diskutieren, was jetzt genau da …"
Kinder [durcheinander]: „Ja."
Interviewer: „Worüber redet man am wichtigsten in der Christenlehre?"
Bernd: „Na, über die Sachen, die wir erlebt haben, einmal, und über die –"
[unklare Zuordnung]: „über Gott, über Gott, über Gott".
Bernd: „– Geschichten, die wir erzählt haben".
[unklare Zuordnung]: „Ja über Gott, über Gott. Wir reden über Gott."
Interviewer: „Ja. Und du sagst?"
Kind [unklare Zuordnung]: „Naja, über Jesus, das was unser Thema ist, und wir haben ja jetzt auch diskutiert: ‚Ist das Gottesreich schon da, oder ist es nicht da?', und wir beide haben ja jetzt auch wegen Beten diskutiert: ‚Gehört beten dazu oder gehört es nicht dazu.'"

→ Wenn Sie sich etwas Zeit nehmen für diese Passage – was beeindruckt Sie?
→ Wenn Sie den Wortwechsel durchdenken – was meinen Sie: Wie kommen die inhaltlichen Ansprüche an die Kinderkirche in den Sichtweisen der Kinder zustande? Was könnte sich in dem „muss" spiegeln?

FOKUSSIERUNG

Zwei Akzente prägen die Gedanken und Gefühle der Kinder: Das *Potential, subjektive Bedürfnisse zu verwirklichen* sowie das *religiöse Profil in Ritual und Lernen*. Vielleicht könnte man das Verhältnis beider so formulieren: Was den Kindern an der Kinderkirche wichtig ist, bearbeiten sie zunächst von ihren Alltagsrhythmen und freizeitlichen Bedürfnissen her. Später jedoch fokussieren sie diese Bedürfnisse im Zusammenspiel mit Inhalten und Ausleben christlichen Glaubens.

Teil I — Impressionen aus der Praxis

„Sie lernt etwas dabei und erfährt aber auch Herzensbildung und Gemeinschaftsgefühl."

Eine Mutter

Frau Sägebrecht, Anfang 40, arbeitet als Lehrerin für Deutsch und Spanisch. Von ihren Kindern Jonas (6 J.) und Doreen (9 J.) hatte Letztere an der hospitierten Stunde und am Interview teilgenommen. Frau Sägebrecht erzählt lebhaft und gestenreich. Die Begriffe „Kinderkirche" und „Christenlehre" verwendet sie synonym.

„Wenn ihr erwachsen seid, dann könnt ihr selber entscheiden"

Bei Frau Sägebrecht wird ein mehrstufiges Modell christlicher Sozialisation in der Generationenfolge sichtbar. Die DDR-Vergangenheit hallt darin gleichsam nach:

- Ihr Vater habe zwar starke Gemeinschaftserfahrungen in der Jungen Gemeinde gemacht, musste deshalb aber auch Bildungsnachteile in der DDR in Kauf nehmen.
- Deshalb habe er sie nicht taufen lassen. Sie habe daher nur punktuelle Erfahrungen mit Christenlehre gemacht. Aber später wurde sie in der Studentengemeinde aktiv und ließ sich mit Ende 20 taufen.
- Die Teilnahme von Doreen an der Kinderkirche stand und steht für Frau Sägebrecht völlig außer Frage. („Mit dem Zusammenhalt, dem Gemeinschaftsgefühl, diesem besonderen Geist. Und ich möchte gern, dass mein Kind das erlebt.")

Bemerkenswert ist, wie äußere Gegebenheiten über drei Generationen die Weitergabe christlicher Traditionen innerhalb der Familie verändert haben. Die Verantwortung christlicher Erziehung wurde und wird zum Teil an kirchliche Bildungsangebote weitergegeben. Christenlehre und Kinderkirche werden damit zum Verwirklichungsort christlicher Sozialisation.

„... ich möchte, dass mein Kind frei ist im Glauben"

Die selbst erlebte Freiheit zur eigenen Entscheidung soll auch ihrer Tochter offenstehen. („Also ich möchte, dass mein Kind frei ist im Glauben und wenn sie dann mit zu Konfirmation sagt: ‚Alles Mist, mach ich nicht', dann soll sie das machen, dann ist das ihre Entscheidung.") Genau diese Offenheit sieht Frau Sägebrecht in der pädagogischen Praxis von Frau Nuschke gewährleistet und in Doreens starker Teilnahmemotivation gespiegelt. („Ich kuck mir mein Kind an. Solange sie gerne hingeht, ist alles gut.") Neben den praktischen Gestaltungselementen der Kinderkirche (z. B. Singen, Mitmachen, Rollenspiele) entzünde sich Doreens Freude an dem Gefühl von Gemeinschaft und Zugehörigkeit. Ebenso entwickle sie eine Neugier auf religiöse Themen, ein Interesse an biblischen Geschichten und findet Gefallen bei der Erörterung persönlicher Glaubensfragen. („Weil ihr schon das Thema am Herzen liegt. Dass sie da Interesse hat, weil sie das fasziniert.")

„Herzensbildung"

Mit „Glauben" meint Frau Sägebrecht sowohl Wissensbestände als auch das persönliche Gefühl vertrauensvoller Zugehörigkeit. Beide Ziele fasst sie in dem Begriff „Herzensbildung" zusammen. („Kinderkirche klingt für mich irgendwie so, wie es ist: Es macht Spaß, sie lernt etwas dabei und erfährt aber auch Herzensbildung und Gemeinschaftsgefühl. So ist das.") In der Kinderkirche könne Doreen „erfahren, wie das Christentum gelebt wird". Hier kann sie den Glauben als selbstverständlichen Teil des Lebens erfahren. Die fundamentale Interpretations- und Gestaltungskraft der umgebenden (Christentums-) Kultur bleibt dabei oft unbewusst. Die Kinderkirche sei ein „kleiner Mikrokosmos",

> „Also sie muss sich da auch manchmal ganz schön verteidigen in der Schule. Hat sie mir jetzt auch noch mal von Kämpfen erzählt, verbalen Kämpfen, wenn dann irgendwelche Jungs sagen: ‚Eh, Gott gibt's gar nicht', und ‚Ach, der hat'n weißen Bart', oder sowas, dann kontert sie halt und jetzt hat sie auch mehr Wissen angeeignet."

→ Wenn Sie Ihre Gespräche mit Eltern und Kindern reflektieren – inwiefern tauchen da solche weltanschaulichen Konfliktsituationen für die Kinder auf? Wie spiegelt sich das im Konzept Ihrer Praxis mit Kindern?

ein lebenskundlicher und persönlichkeitsstabilisierender Übungsraum. Hier können Kompetenzen erworben werden, die der „Lebensfähigkeit in der Gesellschaft", der „Toleranz" und dem Selbstvertrauen im Allgemeinen dienen.

„… sie muss sich da auch manchmal ganz schön verteidigen in der Schule"

Frau Sägebrecht lobt an der Kinderkirche die *apologetisch unterstützende* Wirkung in der Minderheitssituation der Schule (nur zwei christliche Kinder in Doreens Klasse). Das mache sich besonders in weltanschaulichen Konflikten bemerkbar.

„… was ich nicht vermitteln kann, oder keine Zeit habe"

Frau Sägebrecht erzählt, dass sie nur dann mit ihren Kindern zum Gottesdienst geht, wenn ein Taufgedächtnis stattfinde oder Doreen einen Auftritt mit der Kurrende oder der Kinderkirche habe. („Das passt halt Sonntag früh nicht in unseren Lebensplan.") Ein „Gemeindegefühl" stelle sich für sie eher bei Gemeindefesten, Kinderrüstzeiten oder Kontakten zu anderen Eltern am Rande weiterer Angebote her.

Sie sieht an Doreens Besuch der Kinderkirche auch einen Nutzen für sich selbst im Sinne einer rückwirkenden religiösen Sozialisation. („Sie soll Wissen erwerben, einfach jetzt Faktenwissen, was ich nicht vermitteln kann, oder keine Zeit habe oder mehr als über ‚es begab sich zu einer Zeit' hinaus, da habe ich auch schon einiges von ihr gelernt.") Ansonsten habe Doreen religiöse Medien zuhause verfügbar und nutze diese individuell – je nach Situation. („Wir beten nicht zu Hause vor dem Essen oder Schlafengehen, aber sie hat die Bücher dazu und also ich merke zum Beispiel, wenn sie total sauer ist auf mich, dann nimmt sie ihr Kindergebetebuch und liest da und findet Trost.")

„Sie ist immer so ‚gechillt', würden meine Kinder sagen"

Frau Nuschke spielt in Frau Sägebrechts Augen eine maßgebliche Rolle, um die Ziele der Kinderkirche zu erreichen. Frau Nuschke präsentiert nicht nur fundiertes biblisch-theologisches Wissen. Ihr pädagogisches Handeln zeichnet sich vor allem durch Entschleunigung und persönliche Zuwendung aus. („Sie ist immer so ‚gechillt', würden meine Kinder sagen, so ein Ruhepol und sie ist so lieb. [*Doreen*] muss keine Leistung bringen.") Durch ihre emotional bestimmte, beziehungsorientierte Grundhaltung trage Frau Nuschke dazu bei, Kinderkirche nahbar zu gestalten. Das Format fühlt sich nicht katechismusähnlich „indoktriniert" an. Im Gegenteil, es ist Frau Sägebrecht wichtig, dass Frau Nuschke „feinfühlig" mit den Fragen der Kinder umgehe und individuell-beteiligende Anforderungen und Medien entwickle. Dazu gehören u. a. Anspiele und Lieder.

> **FOKUSSIERUNG**
>
> Frau Sägebrechts Erzählungen und Reflexionen zur Kinderkirche sind von folgender Frage geleitet: Unter welchen *Bedingungen* kann *christliche Sozialisation* in *veränderlichen kulturellen Kontexten gelingen*? Die durch ihre Tochter indirekt miterlebte Kinderkirchenpraxis bildet für sie eine Art *Fokus ihres Konzeptes christlicher Erziehung*. Die Kinderkirche sei auf einzigartige Weise geeignet, unterschiedliche, teils widersprüchliche Faktoren religiöser Sozialisation zu bündeln. Mit dem Begriff „Herzensbildung" fokussiert sie, worum es geht.

„Es ist irgendwie so bisschen so ein kleiner kleiner Hort, ja, des Glücks."

Ein Elternpaar

Herr Mayer (Ende 40) stammt aus Westdeutschland, seine Frau (Mitte 40) ist in Ostdeutschland aufgewachsen. Das Ehepaar lebt schon seit ca. 20 Jahren in Meisterfurt, doch diesbezügliche Sozialisationsunterschiede leuchten gerade im Blick auf religiöse Bildung im Gespräch immer wieder auf. Mayers sind beide in der Medienbranche tätig und bevorzugen einen argumentativen Redestil, der gelegentlich ihre akademisch-fachliche Vorbildung spiegelt. Das Gespräch findet in einer interessierten und humorvollen Atmosphäre statt. Die ältere Tochter (Jolanda, 12 J.) besuchte von der 1. bis zur 5. Klasse die Kinderkirche. Die jüngere Tochter (Christina, 8 J.) hatte in der hospitierten Kinderkirche und am Gruppeninterview teilgenommen.

[Feld 4: Fallbeschreibung Eltern]

„Also ich bin dort nicht warm geworden"

Herr Mayer blickt auf seine religiöse Sozialisation mit Distanz. Religionsunterricht und Konfirmandenunterricht habe er besucht, wie es üblich gewesen sei. („Ja also die Konfirmation hat man noch mitgemacht.") Aber insgesamt sei seine Herkunftsfamilie nicht kirchlich orientiert.

Frau Mayer erzählt lebhaft von ihrer eigenen früheren Christenlehre. („Das war furchtbar.") Die Junge Gemeinde, später, sei „noch schlimmer" gewesen. Bis heute seien ihr Rüstzeiten suspekt: „Das ist, glaub ich, bei mir für immer verbrannt." Auch habe ihr das ständige Gefühl, etwas Halbverbotenes zu tun, zu schaffen gemacht. Als kirchliche Sozialisation sei das alles jedenfalls „gänzlich schiefgegangen."

„Es ist irgendwie so bisschen so ein kleiner kleiner Hort, ja, des Glücks. Ja eigentlich ist das auch schon fast unwirklich, ja? Aber deswegen denken wir, dass das schön für die ist, dorthin zu gehen."

→ Frau Mayer versucht hier mit tastenden Worten, Sinn und Anziehungskraft der Kinderkirche als Gegenhorizont zur sonstigen Realität der Kinder zu erklären. Deckt sich dies mit Ihren Intentionen? Falls ja – warum? Falls nicht – wie würden Sie argumentieren?

„Den paradiesischen Zustand vom Kindergarten"

Dennoch meldeten Mayers ihre Töchter im Kindergarten der Kirchgemeinde an. Dies deutet darauf hin, dass das Elternpaar insgesamt in einer *situationsübergreifenden* Vorstellung kontinuierlicher, institutionengeleiteter (religiöser) Bildung denkt. Die Kirchengemeinde genießt in dieser Vorstellung offenbar einen Vertrauensvorschuss. Die positiven Erfahrungen, die Mayers dann mit der religiösen Erziehung in jenem Kindergarten sammelten (Gebete, Lieder, Pflege des Kirchenjahres), führten zur späteren Anmeldung der Töchter in der Kinderkirche, in der gleichen Kirchgemeinde. Was im Kindergarten positiv begonnen habe, solle später nicht abreißen. (Vater: „Das war im Grunde genommen der entscheidende Punkt."; Mutter: „Die haben ja sozusagen den paradiesischen Zustand vom Kindergarten weiter.")

„Ist das schon mehr als wir erwartet hatten"

Die Beziehung von Herrn und Frau Mayer zur *Kirchgemeinde* laufen ausschließlich über die Kinder. Als Brücke wirken Familiengottesdienste mit Aufführungen der Kinderkirchen-Gruppe oder der Kurrende, manchmal mit einem anschließenden Brunch der Eltern, Gemeindefeste u. Ä. (Mutter: „Die einzige im Grunde genommen."; „Das ist für mich auch selber eine große Überraschung gewesen, dass man sozusagen auch so in die Gemeinde hineingezogen werden kann.") Von anderen Gottesdienstformen, Gemeindekreisen, Fahrten o. Ä. fühlen sie sich nicht angesprochen.

Von ihrer innerfamiliären religiösen Praxis erzählen sie, dass sie am Tauftag der Kinder deren Taufkerzen entzünden. Insgesamt entsteht der Eindruck ‚getrennter Sphären' zwischen elterlicher Religion und Kinderkirche/Gemeindeleben.

„Was ihr immer so gerne macht"

Rituale, Spiele, Beteiligungsmöglichkeiten, interpretationsoffene Begegnung mit religiösen Bildern und Themen, handlungsorientierte Lernformen – dies seien die Formen freudbetonter Bildungswirksamkeit der Kinderkirche. (Mutter: „Was ihr immer so gerne macht.") Ausdrücklich würdigen die Eltern die ruhige Atmosphäre, die sozialen Chancen der altersgemischten Gruppe und einen liebevollen Umgang seitens der Gemeindepädagogin.

Die *Selbstwirksamkeitserfahrungen*, die ihre Töchter in der Kinderkirche machen könnten, z. B. im Rahmen von Anspielen oder Musicals, gingen „ins Blut", würden „für immer im Gedächtnis bleiben" und seien „gut für die Zukunft." (Mutter) Sie erzeugten einen langfristigen Gewinn im Sinne eines Wappnens für zukünftige Lebenskrisen. (Vater: „Das ist so ein Schatz, auf den man zurückgreifen kann, wenn man's vielleicht auch später mal schwer hat oder so. Ja?")

„Wo das einfach mal so sein kann und darf"

Immer wieder loben die Eltern, dass die Kinderkirche zu üblichen gesellschaftlichen Anforderungen ein leistungsunabhängiges Gegenmodell anbiete. (Mutter: „Das ist die einzige Institution, wo die nachmittags hingehen, wo keine Leistung verlangt wird, und wo das einfach mal so sein kann und darf.") Stattdessen zeige sie eine alternative Botschaft und Praxis vor. (Vater: „[Dass sie] auch mal was anderes gehört haben als dass man immer mehr leisten muss oder immer mehr konsumieren soll.") Statt Verpönung durch Schulkameraden befürchten zu müssen, könnten die Töchter unter Gleichgesinnten den christlichen Glauben als etwas „Natürliches" und „Alltägliches" erleben. Das halten die Eltern für passgenau und notwendig in einem überwiegend religionskritischen Umfeld.

„Gemeinde als städtischer Wohnraum verstanden"

Mayers ist wichtig, dass die Kinderkirche die Selbständigkeit der Kinder im Nahraum fördere. Gegenüber der großstädtischen Anonymität können die Kinder hier ein Stück Stadtteil-Kultur konkret erleben. Die kurzen Wege, die die Kinder selbständig zu Fuß zurücklegen können, sind dafür sehr förderlich. Das sei ein Alleinstellungsmerkmal im Vergleich zu vielen anderen Freizeitaktivitäten. (Mutter: „War das auch das Erste, wo sie mit ihren Freunden dann mal gemeinsam auch den Weg mal alleine mal gemacht haben irgendwann."; Vater: „Dass man so in einem größeren Rahmen auch so bisschen in der Stadt dann auch verwurzelt ist. Wir haben hier ja kein Dorfleben in der Stadt. Ja, Gemeinde auch als städtischer Wohnraum so verstanden.")

> **FOKUSSIERUNG**
>
> Im Kontext ihrer grundlegenden Vorstellungen bzgl. Bildung, Religion und kultureller Teilhabe betrachten Herr und Frau Mayer die Kinderkirche als beste Möglichkeit, die *religiöse Sozialisation ihrer Töchter unter großstädtischen Bedingungen* zu fördern. Sie sind dankbar, dass sie diese Aufgabe an die Kirchgemeinde delegieren und institutionell absichern können. Sie verstärken ihre Wertschätzung durch Verweis auf ihre abweichenden eigenen Lebenserfahrungen und auf den *religionsfernen* bzw. *kirchenkritischen Kontext*. Außerdem äußern sie starke Kritik an der aktuellen Praxis des schulischen Religionsunterrichtes ihrer Töchter. Demgegenüber loben sie, dass das Lernverständnis in der Kinderkirche von den Bedürfnissen der Kinder ausgehe und *atmosphärische* und *emotionale* Faktoren gegenüber bestimmten *Inhalten* bevorzuge.

Teil I — Impressionen aus der Praxis

„Der Ort, wo das am besten funktioniert."

Ein Kirchvorsteher (und Vater)

Feld 4: Fallbeschreibung Vater Kirc

Herr Rudolf ist 43 Jahre alt und arbeitet als Lehrer. Im Kirchenvorstand der Paul-Gerhardt-Gemeinde engagiert er sich besonders im Ausschuss für die Arbeit mit Kindern. Herr Rudolf antwortet im Interview auch noch in einer zweiten Rolle, nämlich als Vater von drei Töchtern, die allesamt die Kinderkirche besucht haben oder derzeit besuchen.

Im Laufe seiner Antworten spricht Herr Rudolf mal aus dieser, mal aus jener Rolle. Außerdem wechselt er zwischen *emotional-verdichtenden, erfahrungsreichen Erzählungen* und eher *funktionsbezogenen, analytisch-distanzierteren Passagen*.

„Wenn die Kinder in der Kirchgemeinde sich zu Hause fühlen"

Im Blick auf die *Kinder* geht es Herrn Rudolf um persönliche Bestätigung: Die Kinder sollen sich ohne Stress willkommen fühlen. Die Kirchgemeinde als *Institution* betrachtet er als einen Ort, der dem individuellen Glauben einen biografiebegleitenden, kontinuierlichen Rahmen bieten könne. Die *Kinderkirche* sei einer der Orte, um beide Perspektiven zu verknüpfen. („Ist es schön, wenn die Kinder auch in den Räumen der Kirchgemeinde sich zu Hause fühlen, (…) wenn sie dort auch so eine gewisse Selbstverständlichkeit erleben.")

Diese verknüpfende, sozialisatorische Leistung der Kinderkirche erstrecke sich auch auf die *Familien* und die *Kirchgemeinde* generell. Die Familien würden mit Hilfe von Aktionen, Aufführungen und Projekten, die aus der Kinderkirche kommen, in das Leben der Kirchgemeinde einbezogen. Der *Gemeinde* generell würde die Kinderkirche Gelegenheiten verschaffen, den kindlich-unvoreingenommenen Glauben wertzuschätzen, sichtbar werden z. B. bei Familiengottesdiensten. Dafür setze er sich in seiner Funktion im Kirchenvorstand besonders ein.

„Was eigentlich christlicher Glaube sein kann"

Der Glaube bildet für Herrn Rudolf den zentralen inhaltlichen Fokus der Kinderkirche. Er versteht darunter eine *biografisch zu verankernde Hilfe zum guten Leben*. („Also da wo man so merkt, da kommt irgendwas, was einen ganz doll berührt, was auch ganz tief dann drinne ist.") Dafür brauche es einen spezifischen Raum, denn Glaubensentwicklung und -wachstum seien keineswegs selbstverständlich.

Der Glaube als *Thema* bleibt dabei im Hintergrund. Im Vordergrund steht bei Herrn Rudolf der Glaube als persönlich bestätigende und soziale Praxis. („Es ist einfach eine schöne Erfahrung. Man macht etwas zusammen. Man lernt natürlich Geschichten kennen, aber das ist glaube ich noch nichtmal das Wichtigste. Vielleicht ist sogar wichtiger danach noch die fünf Minuten am Kickertisch oder draußen Verstecke spielen.") Im Hier und Jetzt der wöchentlichen nachmittäglichen Veranstaltung werde ein Grundstein gelegt. Hier werde das Gebet eingeübt, hier finde intensives Gemeinschaftserleben statt. („Was eigentlich christlicher Glaube sein kann. Wir sind zusammen, wir leben zusammen. Ich glaube, da ist die Kinderkirche so der Ort, wo das am besten funktioniert.")

„Was man dann fürs Leben auch behalten kann"

Eine nachhaltig wirksame Glaubensentwicklung wird in Herrn Rudolfs Sicht durch *vorreflexive Einübung* angebahnt. („Es geht darum, als Kind auch mit dieser kindlichen Unvorein-

„… und bevor ich überhaupt darüber nachdenke, wie realistisch das ist und wie komisch das vielleicht sein kann, zu glauben, habe ich das schon gelebt und habe das schon einfach in meinem Leben mitgenommen und habe ganz viele auch schöne emotionale Erfahrungen, gemeinsame Rüstzeiten, viel Musik, die mich dann auch bestärken, die das auch ein Stück weit vielleicht mit halten können."

→ Wenn Sie über dieses Verständnis von Glaubenlernen, vom Verhältnis von Aktion und Reflexion nachdenken – inwiefern finden Sie darin Ihre eigenen Auffassungen bekräftigt/bestritten? Mit welchen Gründen?

I-4-6 Meisterfurt – Ein Kirchvorsteher (und Vater)

genommenheit etwas zu erfahren, was man dann fürs Leben auch behalten kann.") Er vertritt ein gleichsam *eintauchendes* Verständnis christlicher Bildung und Sozialisation.

„Was gar nicht mehr so gelebt wird"
Herr Rudolf misst der Kinderkirche (und den mit ihr verbundenen Aktionsformen, wie Familienrüstzeiten) einige *kompensatorische* Funktionen zu. Den *Familien* fehle es im Alltag an religiöser Praxis und generell an Zeit füreinander. Der *Religionsunterricht* folge dem Leistungsimperativ und sei mit dem Erwerb von Kenntnissen befasst, weniger mit Emotionalität und sinnstiftender Lebensrelevanz. („Eben auch das, was in der Schule nicht stattfindet, was aber auch in den Elternhäusern, da will ich mich gar nicht ausnehmen, gar nicht mehr so gelebt wird.") Die *Gegenwartsgesellschaft* – besonders in der Großstadt spürbar – sei von entsolidarisierenden Tendenzen und ästhetischer Oberflächlichkeit geprägt. Sie habe nur noch schwache Integrationsleistung. Dem setze Kinderkirche einen *anderen Raum* entgegen. („Wir sind vielleicht auch ein bisschen entschleunigt in dem ganzen Stress, der so ringsum sich dreht.")

„Wirklich alle Kinder mitzunehmen"
In seinen beiden Rollen – als Vater und Kirchenvorstand – wertschätzt Herr Rudolf die Gemeindepädagogin in unterschiedlichen professionellen Rollen: Auf der einen Seite vertritt sie die Kirchgemeinde gegenüber den Kindern und Eltern. Auf der anderen Seite vertritt sie die Kinder gegenüber der Gemeindeleitung, u. a. beim jährlichen Bericht im KV. Damit ihre Arbeit wirksam werden könne, brauche es eine gute Ausbildung und zuverlässige Präsenz. Besonders käme es auf eine hohe Integrationsfähigkeit angesichts heterogener Gruppen an. Dafür brauche es variable Formate (Kinderkirche, musikalisch-kooperative Projekte, stadtteilbezogene offene Angebote). („Frau Nuschke, auch ihre Vorgängerin, die schaffen was, was wir heute in der allgemeinen Kinder- und Jugendarbeit eigentlich gar nicht mehr so selbstverständlich hinkriegen, nämlich wirklich alle Kinder mitzunehmen.") Deshalb könne ihre Tätigkeit durch ehrenamtlich Mitarbeitende ergänzt, aber keinesfalls ersetzt werden.

FOKUSSIERUNG

Für Herrn Rudolf geht es in der Kinderkirche um *Glaubensentwicklung im Rahmen von Kirchgemeinde als Hilfe zum guten Leben*. Die Umbenennung von „Christenlehre" in „Kinderkirche" in der Paul-Gerhardt-Gemeinde unterstreicht, was ihm wichtig ist: Es geht nicht um *Lehre*, sondern um ein *Einüben* von Glaubenspraxis und um ein *Hineinwachsen* in die lokale Kirchgemeinde als institutioneller Rahmen. Kinder kommen regelmäßig und altersbezogen zusammen. Durch rituelle und spielerische Elemente in Bezug auf Themen des christlichen Glaubens wachsen die Kinder in die Gemeinschaft hinein. Positive Gefühle unterstützen diesen Prozess. Dafür sieht Herr Rudolf in der Kinderkirche einen *spezifischen, leistungsfreien Raum,* mit stärkender Gemeinschaft und professioneller Begleitung.

Teil I — Impressionen aus der Praxis

„Dass es so bisschen eine innere Heimat auch ist"

Die Gemeindepädagogin

Feld 4: Fallbeschreibung Gemei

Frau Nuschke (Mitte 50) blickt auf viele Jahre ehrenamtlicher Arbeit mit Kindern in einem Dorf in Mittelsachsen zurück. Inzwischen lebt sie in Meisterfurt, erwarb gemeindepädagogische Qualifikationen und begann eine berufliche Tätigkeit in der Paul-Gerhardt-Gemeinde. Im Gespräch wirkt sie oft nachdenklich, gleichsam selbstbefragend. Die Begriffe „Kinderkirche" und „Christenlehre" verwendet sie synonym.

„Wenn sie eben auch ganz persönliche Dinge erzählen"

Die *Qualität der persönlichen Beziehung* hat für Frau Nuschke fundamentalen Wert für ihre Arbeit. Sie wird spürbar in der Vertraulichkeit, in der die Kinder Erlebnisse mitteilen. („Wenn sie eben auch ganz persönliche Dinge erzählen, das sind manchmal so Sternstunden (...), hab ich tausendmal, wirklich.") Das betrifft auch den empathischen Umgang der Kinder miteinander. („Also ich hatte mal eine kleine Erstklässlerin neu und ich wollte dann, dass so Paten von den großen Kindern für die kleinen zuständig [sind] und das kleine dunkle Mädchen ging zu dem großen dunklen und die fielen sich sofort um den Hals und alles war gut so.")

„Dass ihre Fragen eben ernstgenommen werden"

Auf der Basis der Beziehungsqualität ruhe dann die engagierte *thematische* Beteiligung durch die Kinder. („Sie wollen sich zeigen, wollen sich ausprobieren, in so einer geschützten Atmosphäre. Also ich denke, dass es für die Kinder wichtig sein könnte, dass ihre Fragen eben ernstgenommen werden.") Deshalb sollen Kinder selber Themen setzen können. (Sie zitiert, was Kinder beim Elternabend erzählt hätten: „Wegen der Frage von Miriam haben wir die ganze Zeit darüber nachgedacht, wie das denn jetzt mit Jesus ist!' und dann waren die irgendwie stolz drauf, dass die da an der einen Frage so lange überlegt haben.") Aus ihrem Gespür für die Gruppe heraus verfasst Frau Nuschke Lieder, Texte und Anspiele. Biblische oder kirchliche Traditionsstücke bringt sie zwar ein, will diese aber nicht „lehren", sondern „vorzeigen". Ihr Maßstab ist eine durch die Kinder selbst erkennbare *Lebensdienlichkeit*. („Dann kommen die auch, weil ..."; „... wenn sie da was für sich entdecken, was sie für ihr Leben gut gebrauchen können.")

„Die Geschichten nachspielen oder so, da haben die richtig Freude dran"

Besonders im Blick hat Frau Nuschke das Bedürfnis der Kinder nach kreativer Expression. („Also das Spielen macht denen ganz großen Spaß, die Geschichten nachspielen oder so (...). Ich denke halt wirklich, diese besondere Gemeinschaft unter den Vorzeichen: ‚Wir sind alles Christen'.") Solche Formen von Beteiligung schaffen Identifikationsmöglichkeiten. Auch für solche Kinder, die sonst eher auf Abstand zu kirchgemeindlichen Aktionsformen lebten. („Eben so, dass es so bisschen eine innere Heimat auch ist. Also es gibt halt bei uns Kinder, die nicht so oft in die Kirche gehen. Die das, was die Erwachsenen eben in der Kirche suchen, diese Heimat der Seele irgendwie, diese Gemeinschaft, die das in der Christenlehre haben.")

„Als Christen Freunde zu haben"

Frau Nuschke zählt mehrere Kontextbedingungen auf. Die Kinderkirche müsse z. B. angesichts der *großstädtischen Freizeit-Konkurrenz* „einfach immer wieder Spaß machen." Auch der elterliche Wunsch nach Unterstützung der religiösen Erziehung sei

---

Frau Nuschke erzählt, ältere Kinder hätten ihren Namen – neben „gute Bücher", „Bibel", „Gott" – als lebensorientierende Instanz aufgelistet. Das „hat mich wieder auch – ein bisschen erschreckt, als ich dort mit erschien [auf der Tafel] als ‚Orientierung'. Eh, dacht ich auch, ups, kann ich den denn tatsächlich, kann ich das erfüllen? Aber es scheint was zu sein, wo ein Bedarf ist."

→ Solche ambivalenten Erfahrungen dürften vielen, die ihr pädagogisches Handwerk mit „Herzblut" ausüben, bekannt sein. Auch Ihnen? Wie gehen Sie damit um?

eine wichtige Maßgabe. („Mir fällt auch noch ein Elternpaar ein, da ist der Papa, für den das früher selber so ganz wichtig war, und die Mama wiederum gar nicht christlich aufgewachsen ist und eben weil sie es den Kindern nicht erklären kann, ist sie auch dafür, dass die in die Christenlehre kommen.") Teilweise sei den Eltern auch wichtig, ihr Kind in einer kirchlichen Gruppe *gut aufgehoben* zu wissen. („Also grad in der Großstadt, glaub ich, ist es enorm wichtig, da kann man in sonst was für Gruppen reingeraten und wenn das Kind, der Jugendliche dann eine Gruppe hat, wo man ein gutes Gefühl hat, ist man als Eltern sehr dankbar.")

Des Weiteren müsse die Kinderkirche angesichts der durchgängigen Minderheitenerfahrung christlicher Kinder in den Schulklassen *stärkende Erfahrungen gleichsinniger Gemeinschaft* anbieten. („Auch als Christen Freunde zu haben, das ist ja in der Schule, da ist man dann ja schon einer von ganz wenigen, wenn überhaupt und dass man trotzdem ehrlich über Glauben reden kann, das ist den Jungs irgendwie ganz ganz wertvoll.")

„Also das kann ich jetz nicht mehr mit angucken"
Zu Beginn ihrer Tätigkeit in der Paul-Gerhardt-Gemeinde hatte Frau Nuschke ein Gemeindekonzept vorgefunden, in dem Kinder kaum vorgekommen seien. Erst in den letzten Jahren hätte die Wahl junger Eltern in den Kirchenvorstand zu einem Umdenken geführt, sichtbar an der Einführung von Taufgedächtnis-Gottesdiensten. Die Kinderkirche beteilige sich daran mit Anspielen.

Diese Genese mag dazu beigetragen haben, dass *institutionsbezogene* Ziele in Frau Nuschkes Ausführungen kaum vorkommen. Sie sieht in der Kirchgemeinde vor allem eine *Vorgabe für den Aktionsraum Kinderkirche*. Wenn sie von einem „Hineinwachsen in" spricht, konkretisiert sie dies sogleich durch ein „Beteiligen an" – und zwar als Erfolg ihrer Arbeit und Ausdruck des Entstehens der oben zitierten „inneren Heimat".

„Eine Ersatzmutter oder so"
Ihre *berufliche Rolle* reflektiert Frau Nuschke nicht von einem kirchlichen Auftrag, sondern von den emotionalen Bedürfnissen der Kinder her. Ihnen bietet sie individuelle, seelsorgerlich getönte Begleitung an. („Vielleicht auch so eine Art Mutter, zweite, eine Ersatzmutter oder so, wenn man mit irgendwas nicht gut zurechtkommt oder das zuhause eben nicht besprechen kann oder so …") Von außen, d. h. berufstheoretisch wäre Frau Nuschke als Trägerin einer „didaktischen" Rolle vielleicht austauschbar. Als Gestalterin persönlicher Beziehungen ist sie es nicht.

> **FOKUSSIERUNG**
> *Glaubenskommunikation als Beziehungsgeschehen mit dem Ziel eines durch Gleichsinnigkeit prägenden Zugangs zu christlichem Glauben und christlicher Gemeinschaft* – in dieser Formel lassen sich Frau Nuschkes Überlegungen zur Arbeit mit Kindern zusammenfassen. Die Kinderkirche bietet einen Raum, um die Entwicklung einer emotional bestimmten Zugehörigkeit zu ermöglichen. Persönliche Beziehung, thematische Beteiligung und spielbetonte Aktion verdichten sich zum „Besonderen" von Kinderkirche. Wie bei Nora Boden in Oberstadt, so wird auch in Frau Nuschkes Konzept eine *Verschiebung von der Institution zur Person* sichtbar.

Teil I — Impressionen aus der Praxis

„Was eigentlich christlicher Glaube sein kann"

Zusammenfassende und vergleichende Überlegungen zur Kinderkirche in Meisterfurt

Unsere unterschiedlichen Gesprächspartner in Meisterfurt antworten insgesamt recht *gleichsinnig*. Diese *Gleichsinnigkeit* leuchtet auch als ein inneres Konzeptmerkmal der Kinderkirche auf. Gemeinsam sind die Beteiligten der Auffassung, dass die Kinderkirche ein *besonderer Ort* sei, ein Raum zum Erkunden und Erproben des christlichen Glaubens, mit dichten persönlichen Beziehungen, ein *Ander-Ort* im Vergleich mit diversen Umgebungen. Die Gleichsinnigkeit trägt zur Teilnahmemotivation bei und kann innere Differenzen gut aushalten.

Die Erwachsenen: Glauben erleben

Die *Erwachsenen* schätzen den „besonderen Geist", in dem *Glauben gemeinschaftlich erfahren und erkundet werden könne.* Die Kinder können eine *Fraglosigkeit* christlicher Inhalte und Praxen erleben. Zwar könne und solle das Verständnis von Gemeinschaft und Glaube auch *thematisiert* und *problematisiert* werden. Aber dies solle auf dem Fundament eines *vorreflexiven gemeinsamen Erlebens* geschehen. Das verwendete Verb „einüben" sowie familienanaloge Metaphern („zuhause") geben den zugehörigen Tätigkeiten die Richtung. Die Interviews spiegeln eine ‚wurzelhafte Übereinkunft'. Was Kinderkirche ausmacht und wozu sie dient, wird im Modus der Selbstverständlichkeit ‚unverfügbar' gestellt.

Die Kinder: Bedürfnisse nach vorn bringen

Die Zustimmung der *Kinder* beruht darauf, mitmachen zu dürfen, individuell gesehen und gehört zu werden. Abwechslungsreiche und handlungsorientierte didaktisch-methodische Arrangements sorgen dafür, dass sich unterschiedliche Kinder jeweils das „holen" können, was *für sie selbst* gerade wichtig ist. Auch der Gemeindepädagogin ist dies ein wichtiges Ziel. Gezielt stellt sie Anregungen zum Aufbau von Selbstvertrauen und für individuelle Selbstwirksamkeitserfahrungen bereit.

Das Gefühl, als Einzelne gemeint zu sein, ist eng mit der Qualität des *Gemeinschaftsgefühls* unter den Kindern verbunden. Häufig reden sie von „wir zusammen", „gemeinsam" etc. Das Gruppenerleben bildet einen wichtigen Indikator für die Qualität von Kinderkirche insgesamt. Fehlt dieses Gefühl, wirkt sich das negativ auf die Motivation zur Teilnahme aus. Eventuell gewinnt diese soziale Dimension, in Verbindung mit gemeinsamem Tun, besondere Wichtigkeit in einer großstädtischen Situation, wo sich die Kinder ansonsten kaum in dieser Gruppe treffen.

Beteiligung an Stationen und Inhalten

Für die Kinder scheinen weder Gruppengefühl noch methodischer Abwechslungsreichtum einem *Selbstzweck* zu dienen. Vielmehr verknüpfen sie solche Faktoren häufig direkt mit *thematischen* Interessen. Dabei können sie auch inhaltliche Kontroversen tolerieren, wie z. B. in der Diskussion um den Stellenwert des Gebetes. Zwischen Spiel und Thema besteht für sie keine Trennung: auch „diskutieren" kann „Spaß" machen. Die entscheidende Verbindung zwischen beiden stellen sie durch *Beteiligung* her. Zwar setzt die Institution, vermittelt durch die Gemeindepädagogin, Themen. Aber auch die Kinder tun dies. Genau darum geht es auch den Eltern, auch Herrn Rudolf als Vertreter des KV.

Wie sich im Vergleich mit dem hospitierten Stundenverlauf zeigt, ist mit „Beteiligung" nicht nur das ‚persönliche Einbringen in eine vorgegebene Struktur' gemeint, wie etwa beim gruppendynamischen Schwungtuchspiel oder beim rituell gestützten Erzählen von Erlebnissen der letzten Woche. Auch das ‚Mitbestimmen' fällt ins Gewicht, etwa bei der Auswahl von Spielen und Liedern, beim Aufwerfen von Fragen aus persönlichem Interesse oder Plädoyers für alternative Stundenabläufe. Die hochgeschätzten Geschichten fungieren als Medien der Vermittlung zwischen Institution und Person. Die Kinder dürfen die Wichtigkeit selbst bestimmen – sie legen Wert auf „Diskussionen". Das Ergebnis darf offen bleiben.

Funktionale Unterscheidung zur Familienreligion

Die Eltern blicken zwar auf sehr unterschiedliche und unterschiedlich bewertete Erfahrungen mit religiöser Sozialisation in ihrer Kindheit und Jugend zurück, in ost- wie westdeutschen Kontexten. Doch über alle Differenzen hinweg sehen sie in der Kinderkirche eine *unverzichtbare Ergänzung zu ihrer familiären religiösen Erziehung*. Sie leistet, was zuhause nicht möglich oder passend erscheint. Dieses Modell wirkt wie ein *common sense* unter allen Befragten.

Retroaktive Sozialisation als Sekundäreffekt

Anhand verschiedener Beispiele erzählen die Eltern von *Rückwirkungen* der Kinderkirchen-Praxis – nicht prominent, aber doch wiederkehrend. Hierbei geht es um *persönliche Beziehungen,* um *Beteiligungen* und um Inhalte. Gelegenheiten hierfür sind z. B. das Hinbringen und Abholen der Kinder zu Veranstaltungen, Familiengottesdienste oder ein gemeinsames Frühstück mit Eltern und Kindern. Teilweise scheint es, als ob es *ohne* solche Gelegenheiten kaum Berührungspunkte zwischen den Eltern und dem Leben der Kirchgemeinde geben würde. Auch erscheint fraglich, dass die Kontakte über die Dauer der Teilnahme der eigenen Kinder an der Kinderkirche hinaus Bestand haben werden. Dennoch – im Nachdenken fällt den Eltern auf, dass die Kinder Fragen oder Wissen aus der Kinderkirche mit nach Hause bringen. Dies kann die Eltern herausfordern und bereichern.

Unterscheidendes: Heute und morgen

Was die Kinderkirche zu einem besonderen Ort macht, liegt in der Sicht der Kinder ganz im Hier und Jetzt – Freunde, Spaß, Beteiligung, Diskussionen etc.

Auch den Erwachsenen ist wichtig, was die Kinder gegenwärtig erleben. Manche Eltern partizipieren daran ja selber, wie im voranstehenden Abschnitt skizziert wurde. Aber insgesamt gesehen, stellen die Erwachsenen

ihre Anliegen in einen prinzipiellen Horizont: Sie möchten, dass die Kinder im Hier und Jetzt emotional betonte Erfahrungen machen können, „was eigentlich christlicher Glaube sein kann", damit sie später darauf zurückgreifen können. Damit gehen sie über aktuelle Erlebnisse und auch über die vorfindliche Paul-Gerhardt-Gemeinde hinaus. Für Frau Sägebrecht ist damit nicht ausgeschlossen, dass sich ihre Tochter später auch gegen den Glauben entscheiden könne. Aber grundsätzlich wird dem Glauben eine biografische ‚Gewissmachungs-Potenz' zugetraut. Der Weg zur Gewissheit führt weniger über Wissen und Leistung, als vielmehr über Gemeinschaft, Emotion, Erlebnis und religiöse Deutungsarbeit.

Der Ort im Kontext der Gemeinde

Die Kirchgemeinde als tragende Institution der Kinderkirche bleibt in den Erzählungen und Überlegungen von Kindern, Gemeindepädagogin und Eltern eigentümlich im Hintergrund. Die Paul-Gerhardt-Gemeinde ist vielfältig und stark gottesdienstlich orientiert, sodass die Kinderkirche eher am Rand zu stehen scheint. Herr Rudolf als Kirchvorsteher berichtet, wie mühsam es war und ist, den eigenständigen Beitrag der Kinder zum Glaubensleben der Gemeinde stärker hervorzuheben, sozusagen *systemische Gleichsinnigkeit* anzustreben. Das heißt umgekehrt: Ein spezifischer Beitrag zum institutionellen Selbsterhalt wird der Kinderkirche derzeit nicht zugeschrieben.

Kinderkirche im Gegenlicht

Wenn manche Erwachsenen von „Schutzraum" reden, von „Refugium" und sogar von „Hort des Glücks", dann deutet das auf unterscheidende oder sogar abgrenzende Wahrnehmungen zu den Kontexten hin, in denen die Kinderkirche als *Ander-Ort* steht und auf die sie reagiert.

▪ Die Merkmale der *großstädtischen Umgebung* werden nicht von den Kindern thematisiert, wohl aber von den Erwachsenen, und zwar stets negativ, hinsichtlich von Unübersichtlichkeit, Anonymität, potentiell schädlichen Gruppeneinflüssen und Aspekten gesellschaftlicher Desintegration.

▪ Kinder wie Erwachsene beziehen sich negativ auf *Schule und Religionsunterricht,* um besser erläutern zu können, wofür sie die Kinderkirche als besonderen Ort wertschätzen. Häufig und mit drastischen Worten kritisieren sie Leistungsdruck, didaktische Mängel, Lautstärke und zu strenges Personal. Von Kooperationen oder lehrplanbezogenen inhaltlichen Abstimmungen mit der Kinderkirche ist keine Rede.

▪ An die Schule knüpfen die Erwachsenen auch die Erfahrungen der Kinder, als Christen in einer *krassen Minderheit* zu sein. Sie erzählen von konkreten Verspottungen in Peergroups und erwähnen die allgemeine gesellschaftliche Religionskritik. Gerade gegenüber diesen Wahrnehmungen bekommt die Kinderkirche die Funktion eines „Schutzraums", mit der Aufgabe der „Wappnung", als lebenskundlicher und persönlichkeitsstabilisierender Übungsraum in einer diskordanten Werte-Umgebung.

Die gleichsinnige Gemeindepädagogin

Die Arbeit der Gemeindepädagogin genießt sowohl in der Perspektive der Kinder als auch der Erwachsenen hohe Wertschätzung. Gleichsam als Basis erzählen sie von

Dichte Beziehungen
Beteiligung
Themen der Kinder
abwechslungsreich
hohes Engagement
Seelsorge
Spaß
Diskutieren
Gruppe
Delegation
Ander-Ort
Aufsteh-Lieder
Großstadt-Abgrenzungen
religionskritisches Umfeld

personalen Qualitäten, d. h. von Frau Nuschkes anteilnehmender Gesprächskultur, ihrer Sensibilität für Bedürfnisse und ihrem liebevollen Umgang mit den Kindern. (Frau Mayer: „Na die strahlen so eine Ruhe aus, das ist irgendwie total großartig, als ob es das zurückspiegelt.") Hinzu kommt die Würdigung *sozialer* Kompetenzen. Durch die Eröffnung vielfältiger Beteiligungschancen wirke sie integrativ, gerade angesichts heterogener Gruppenkonstellationen. Beziehungs- und Beteiligungsqualitäten fungieren als stabile Basis für das Vertrauen, das Kinder und Eltern der Gemeindepädagogin dann auch *fachlich* entgegenbringen. Hierbei geht es um biblisch-theologisches Wissen, um hohe Freiheitsgrade in der persönlichen Positionierung, um methodisch-planerische Flexibilität in den Ereignissen und den Brückenbau zum sonstigen Gemeindeleben. (Frau Sägebrecht: „Wenn man da so ein bisschen offen ist und auf die Kinder zugeht, aber trotzdem so das Christliche nicht aus dem Blick lässt".) Die Eltern betonen, dass diese Kompetenzen einer soliden Qualifikation bedürften.

WEITERFÜHRENDE ÜBERLEGUNGEN

Die Eigentümlichkeit der Kinderkirche als *Ander-Ort*, getragen von *Gleichsinnigkeit*, lässt mich nach ihrer Vernetzung fragen, in zwei Richtungen:

■ Offenbar braucht es einen langen Atem, um die eigenständigen Beiträge von Kindern zum Leben dieser Großstadtgemeinde, mit ihren ganz vielfältigen Aktivitäten und Lebensäußerungen, stärker in den Blick zu rücken. Was könnte diesen langen Atem stützen, stärken, beflügeln, und was könnte ein Format wie die Kinderkirche dazu beitragen?

■ Elemente einer sozialräumlichen Vernetzung der Kinderkirche sind uns nicht begegnet. Im Gegenteil: die großstädtische Umgebung wurde überwiegend mit kritischen Merkmalen verknüpft. Ich muss zugestehen, dass ein so kurzer Besuch wie der unsere vieles gar nicht in den Blick bekommt. Trotzdem frage ich mich, was geschehen müsste, damit die Kinderkirche als Ander-Ort stärkere Ausstrahlung in den Stadtteil erzielen könnte?

 **PLATZ FÜR NOTIZEN UND FRAGEN**

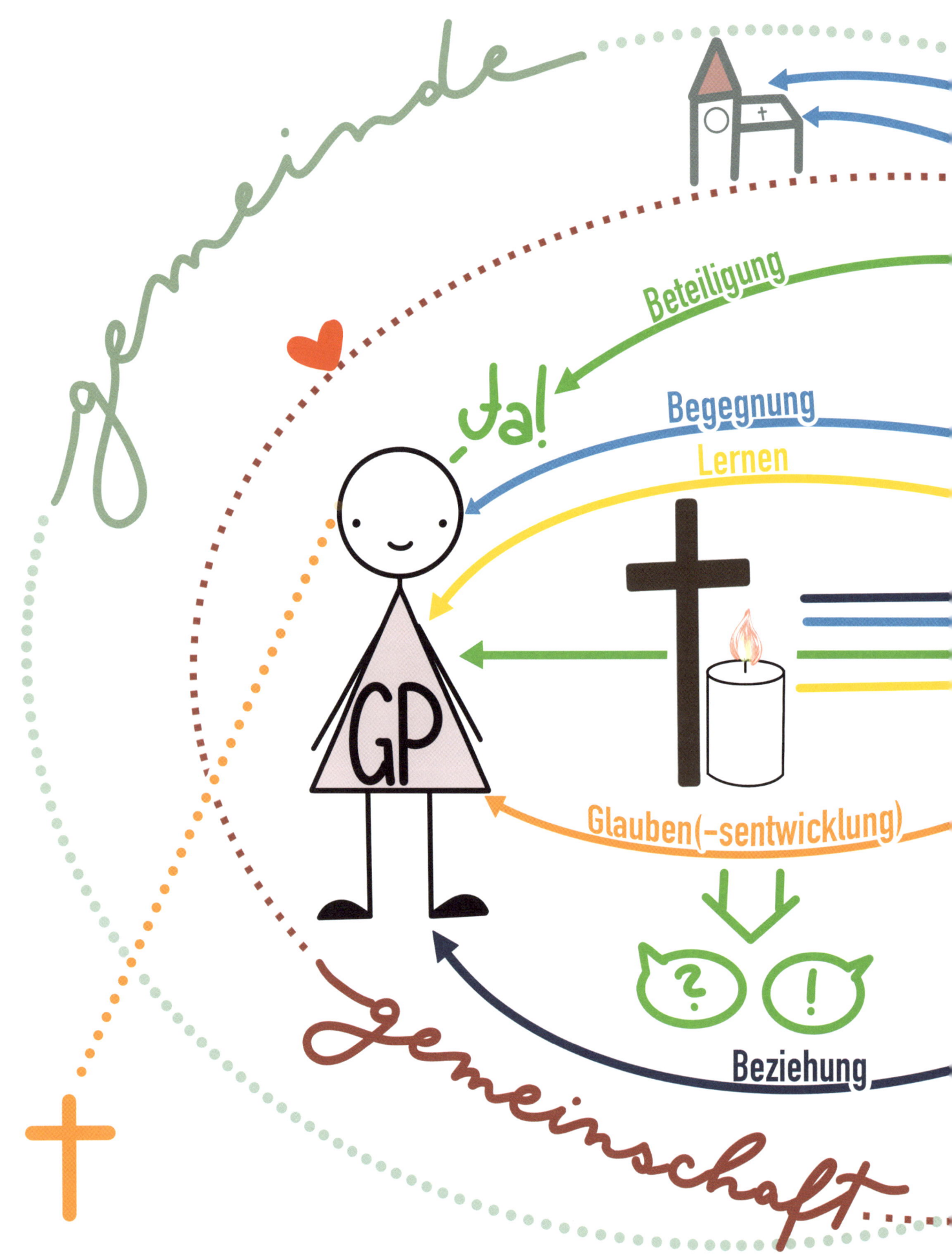

Teil II

Kinderkirche konzeptionell reflektieren

Die Praxis der bildungsorientierten Arbeit mit Kindern in Kirchgemeinden mag sehr verschieden sein – wie in Teil I gesehen. Doch die Kategorien, die dieser vielfältigen Praxis zugrunde liegen, sind die gleichen. Sie gliedern den folgenden Teil dieses Arbeitsbuches.

Teil II — Kinderkirche konzeptionell reflektieren

Wie dieser Teil funktioniert

Von den Beobachtungen, Analysen und Fragen zur bildungsorientierten Arbeit mit Kindern in Kirchgemeinden (Teil I) angeregt, versuche ich zu ordnen. Welche Kategorien, welche leitenden Begriffe helfen, das vielschichtige Geflecht „Kinderkirche" zu verstehen? Was sollte man sozusagen im Hinterkopf haben, wenn man Praxis plant und gestaltet (Teil III)?

Gliederung

Glauben, Leben, Lernen und *Kirche als Gemeinde* (II-1 bis II-4) – unter diesen Begriffen diskutiere ich *systematische Bezüge*, in denen sich das Geschehen in der Kinderkirche bewegt.

Beziehung, Begegnung, Beteiligung und *Vernetzung* (II-5 bis II-8) – mit diesen Kategorien denke ich über die „Antriebskräfte" nach, sozusagen die „Prozessmotoren", die die Kinderkirche in Gang setzen und in Schwung halten. Auch diese Kategorien habe ich aus der Forschungspraxis (Teil I) abgeleitet, d. h. sie sind empirisch fundiert.

Danach können wir in drei Schritten Bilanz ziehen. Dabei helfen die Kategorien *Didaktik und Mathetik* (II-9), *Gemeinschaft* (II-10) und *Relevanz* (II-11).
Zu jeder dieser Kategorien biete ich einen Dreischritt an:
- Impulse aus der Praxis
- Impulse zur Reflexion
- Impulse für die Praxis

Wie Sie diesen Teil verwenden können

Die Kapitel im folgenden Teil folgen zwar einer bestimmten Logik. Doch jede Praxis spiegelt ein anderes Bedingungsgefüge und wirft andere Fragen auf. Deshalb können Sie einfach bei der Kategorie einsetzen, die Sie selbst gerade am meisten beschäftigt. Vielleicht geschieht dasselbe wie bei einem Kaleidoskop: Man dreht es gegen das Licht und aus immer denselben Einzelteilen formen sich immer neue Bilder – Bilder von „Kinderkirche, Christenlehre & Co.".

Fachliche Anknüpfungen

In der Einleitung dieses Arbeitsbuches hatte ich einige fachliche Perspektiven skizziert – an sie sei hier im Sinne von Voraussetzungen nur kurz erinnert:
- die Fundierung von Kinderkirche im *Bildungsbegriff*
- die gemeindepädagogische Matrix, zentriert in der *Kommunikation des Evangeliums*
- die religionspädagogische Orientierung durch den *Perspektivenwechsel*
- die *systemische* Perspektive auf Kinderkirche bzw. Christenlehre
- die *gesellschaftliche Herausforderung* nachlassender Plausibilität christlichen Glaubens und kirchlicher Bindung
- der Versuch einer *kreisförmigen Zusammenschau* der Faktoren

Glauben

Impulse aus der Praxis

- Mit „Glauben" markieren die Kinder und Erwachsenen in unseren Interviews das Einheimische und Unverwechselbare von Kinderkirche. „Glauben" markiert, worum es geht – Grundierung und Ziel zugleich.
- Was unsere Gesprächspartner mit „Glauben" zusammenfassen, äußert sich in verschiedenen Vollzügen – in Traditionsbindung, in Beziehungsbewusstsein, in rituellen Praxen, in ethischen Maximen bis hin zum bürgerschaftlichen Engagement, wie dem „Stolpersteine-Putzen".
- Manchmal sagen die Kinder und Erwachsenen „der Glaube" und meinen damit eine *Sammlung von Inhalten*, z. B. „Bibel" und „Gott". Manchmal meinen sie eine *gemeinsame Überzeugung und Praxis* („das Glauben"). Der Unterschied zwischen beiden ist ihnen oft nicht bewusst.
- Der Glaube und das Glauben der Kinder erscheinen als etwas *biografisch Verflochtenes und Bildungsbedürftiges.* Gläubig werde man nicht geboren, gläubig werde man durch Begegnungen und Erfahrungen. Herr Rudolf aus Meisterfurt meint außerdem, dass es *für die ganze Gemeinde* wichtig sei, die spezifischen (i. S. v. „unvoreingenommenen") Glaubensweisen der Kinder wahrzunehmen und wertzuschätzen.
- Im Kontrast zu „Glauben" sprechen die Befragten von „Religion" distanzierter, meist im Zusammenhang von Religion*en*, von *Information über* und *Unterricht*. Allerdings deutet sich eine Verbindung an, wenn sie das Adjektiv „religiös" verwenden. Sie tun dies im Sinne einer *allgemeinen* Praxis oder Eigenschaft, die ‚dem christlichen Glauben evangelischer Konfession' zugrundeliegt.

[1] Vgl. Ebeling, Gerhard: Dogmatik des christlichen Glaubens, Bd. I, Tübingen 1979, 111-139 (§ 6: Glaube und Religion).

Impulse zur Reflexion

Aus der Fülle biblischer, systematischer und religionspädagogischer Aspekte zum Thema „Glauben" wähle ich vier aus, die im Anschluss an unsere Praxiswahrnehmungen besonders aufschlussreich erscheinen.

Religion und Glaube

Gerhard Ebeling hat *Religion* als ein kulturelles Phänomen beschrieben, in welchem die menschliche Erfahrung eines unbedingten Gegenübers, das sich durch Offenbarung mitteilt, geschichtliche Gestalt gewinnt (Sprache, Riten, Verehrung, Ethik). Der christliche *Glaube* sei dieser Geschichtlichkeit von Religion *eingebettet*, trete ihr zugleich aber durch seine Bindung an Jesus Christus *kritisch gegenüber* und lehre, die Geister zu unterscheiden – in den Religionen, aber auch zwischen Glaube und Unglaube innerhalb der christlichen Religion. Freilich könne der christliche Glaube durch nichts außerhalb seiner selbst beweisen, was er verkünde. Er unterliege vielmehr einem Zirkelschluss: Im Glauben tritt in Kraft, worauf sich der Glaube verlässt.[1]

Glaube als Erschließungserfahrung

Im Anschluss an Ebeling hat Joachim Track dargelegt, inwiefern der christliche Glaube seine Wurzel in einer *Erfahrung* habe – ausgelöst durch die geschichtliche Begegnung mit Jesus Christus, dem Auferstandenen. In der Erfahrung dieser Begegnung teile sich Gott den glaubenden Menschen mit. Der Prozess der Tradierung des christlichen Glaubens über die Jahrhunderte hinweg bestehe im Kern aus der fortwährenden Aktualisierung und Vergemeinschaftung dieser Erfahrung. Freilich könnten die Beteiligten über diese Erfahrung nicht verfügen – sie könnten nur versuchen, die mit dem Glauben gemeinte Gewissheit „in Erfahrung

„Da war für mich sozusagen der Punkt auch, dass ich sage, da wird auch lebendiger Glaube vermittelt. Gibt ja auch viele Kirchgemeinden, wo man das eben das Gefühl hat, das ist nicht so."
(Mutter in Oberstadt)

„Also ich möchte, dass mein Kind frei ist im Glauben."
(Mutter in Meisterfurt)

zu bringen". Doch dies sei ein paradoxer Versuch, denn letztlich habe die Erfahrung des Glaubens den Charakter eines *Widerfahrnisses*.

Die Erfahrung des Glaubens habe eine grundlegende, lebenshermeneutische Qualität. Denn so wie ein *Erlebnis* erst durch Interpretation zu einer *Erfahrung* werde, sei die Fülle alltäglicher Erfahrungen auf eine *sinnstiftende Ordnung* angewiesen, um Orientierung im Leben zu gewinnen. Dies leiste der christliche Glaube. Track nennt ihn deshalb eine „Erschließungserfahrung", einen Grund für Vertrauen und letztlich Heilsgewissheit.[2]

Äußerungsformen

Der Glaube als „daseinsbestimmendes Vertrauen" tritt nach außen in Lebensvollzügen, in symbolisierenden und gestaltenden Handlungen. Wilfried Härle bezeichnet ihn deshalb als „Verhaltensdisposition".[3] Wichtig sei hierbei, das Tun als *Folge* des Glaubens zu verstehen, nicht als seine *Bedingung*. Der Glaube ist kein „Werk". Er wird nicht „angewendet" in einer Praxis, der dann die Rolle zukäme, ‚wahren' Glauben zu belegen. Vielmehr verweist er stets und ständig auf den zurück, der Glauben schenkt und auch Enttäuschungen

„Abram glaubte dem Herrn, und das rechnete er ihm zur Gerechtigkeit." *(Gen 15,6)*
„Wo keine Hoffnung war, hat er auf Hoffnung hin geglaubt, auf dass er der Vater vieler Völker werde." *(Röm 4,18)*
„Ich glaube; hilf meinem Unglauben!" *(Mk 9,24)*
„Es ist aber der Glaube eine feste Zuversicht dessen, was man hofft, und ein Nichtzweifeln an dem, was man nicht sieht." *(Hebr 11,1)*
„... denn wiewohl man niemand zwingen kann noch soll zu glauben, so soll man doch den Haufen dahin halten und treiben ..." „mit lesen, lehren, lernen, denken, und tichten [nachsinnen] und nicht ablassen, bis solange sie erfahren und gewiss werden, dass sie den Teufel tot gelehret und gelehrter worden sind, denn Gott selber ist und alle seine Heiligen."[1]

oder Versagen „in das Vertrauen auf Gott hineinnimmt".

Glaubensentwicklung

Mit großem Interesse werden in der Religionspädagogik verschiedene entwicklungspsychologische Theorien und Stufenmodelle diskutiert. Dies dient dem Einblick in Stilbildungen des christlichen Glaubens und altersabhängige Verstehensbedingungen. Für die Kinderkirche resp. Christenlehre ist besonders die Altersspanne von 6 bis 12 Jahren interessant. Eine Verstehenshilfe geben insbesondere die Forschungen von James Fowler.[4] Er fragt nach dem Beitrag des christlichen Glaubens zur Entwicklung von „Sinn" im Leben. Er unterscheidet Glauben als „faith" („Lebensglauben") und „belief" (spezifische Glaubensinhalte). Für das Grundschulalter belegt Fowler anhand seiner Interviews erstens, wie wichtig *Geschichten* für Kinder sind, um Orientierung in der Welt zu gewinnen und sich ihrer Herkunftskultur zu vergewissern. Zweitens zeigt er, dass sie dabei zunehmend lernen, auch *selbst Erzählungen zu generieren* und dabei ihre Erfahrungen im Medium von „stories" in *Sinn* einzubinden. Allerdings, drittens, bewegten sie sich dabei häufig innerhalb einer *mythisch konfigurierten Vorstellungswelt* (z. B. mit anthropomorphem Gottesbild). Der mehrfache Sinn von Symbolen z. B. sei ihnen nicht ohne Weiteres, wenn überhaupt, zugänglich.

Glaube und Zweifel

In religionspädagogischer Sicht ist es unerlässlich, den Zweifel als ein Phänomen zu verstehen, welches zum Glauben notwendig hinzugehört. Denn die Erfahrung der Weltwirklichkeit stellt den Gottesglauben unaufhörlich in Frage, und ruft gerade dadurch nach der Hoffnung auf Gott. Der Zweifel kann als ein hilfreiches Forum für kritische Anfragen angesehen werden, die sich nicht nur kognitiv, sondern auch mit emotionaler Dringlichkeit stellen und dadurch den *ganzen* Menschen ernstnehmen.

Impulse für die Praxis

■ Die Überlegungen von Ebeling und Track skizzieren so etwas wie eine Fundamentaltheologie für die Gemeindepädagogik. Sie sichern die Würde subjektiver Glaubensaussagen, von Kindern wie von Erwachsenen. Zugleich binden sie diese an den Grund des Glaubens in der biblischen Überlieferung. Sie helfen bei der Unterscheidung zwischen dem Glauben und insbesondere seinen Ausdrucksformen als *Repräsentanz* (als „Zeug"-nis und „Gegen"-Stand[5]) von Glauben (als Überzeugung und lebenstragenden Wert). Sie fordern ein „nach vorn offenes" gemeinsames Bemühen um Deutung und Verstehen heraus und ermutigen zum Vertrauen selbst dann, wenn „Ergebnisse pädagogischer Bemühungen" mager erscheinen sollten.

■ Jede Inszenierung von Kinderkirche wird von Glaubensvorstellungen getragen. Diese werden in Geschichten, Vorbildern und Inszenierungen glaubensmotivierter Praxis anschaulich. Auch die Vorstellungen in der Kindergruppe lassen sich hin und wieder als Folie zur Reflexion nutzen: „Was es heißen könnte, zu glauben".

■ Den Zweifel am Sinn des Glaubens gilt es nicht zu bestreiten, sondern mit den Kindern gemeinsam zu erkunden, zu würdigen und nach Wegen seiner Integration zu suchen.

■ Der Glaube der Kinder braucht Anregungen, sich in Abständen seiner eigenen Entwicklung bewusst zu werden („früher dachte ich mir ... heute stelle ich es mir so vor ... und wer weiß ..."). Auf diese Weise kann z. B. das Gottesbild ‚mitwachsen'.

> „Dass wir gemeinsam über unseren Glauben reden können."
> (Katharina in Waldhofen)

> „Was weiß ich, wenn zum Beispiel die Frau Schmidt jetzt anfangen würde da, als Entspannungstechniken Yoga einzubringen, dann würde ich schon sagen: ‚Mensch Frau Schmidt, wir müssen mal reden.'"
> (Kirchvorsteherin in Waldhofen)

---

[1] Luther, Martin: Vorreden zum Kleinen und Großen Katechismus, BSLK 504, 3f. & 553, 5-11

[2] Vgl. Track, Joachim: Erschließungen von Glauben und Leben. Überlegungen zur Didaktik von Theologie. In: Foitzik, Karl (Hg.): Gemeindepädagogik. Prämissen und Perspektiven, Darmstadt 2002, 53-89.

[3] Härle, Wilfried: Dogmatik, Berlin/Boston ⁴2012, 64.

[4] Fowler, James: Stufen des Glaubens. Die Psychologie der menschlichen Entwicklung und die Suche nach Sinn, Gütersloh 1991. Zur kritischen Rezeption vgl. Büttner, Gerhard/ Dieterich, Veit-Jakobus: Entwicklungspsychologie in der Religionspädagogik, Göttingen ²2016, 76ff.

[5] Formulierung von Meyer, Karlo: Grundlagen interreligiösen Lernens, Göttingen 2019, 214-223.

Leben

„Es geht darum, glaube ich, wirklich als Kind auch (...) etwas zu erfahren, was man dann fürs Leben auch behalten kann."
(Kirchvorsteher in Meisterfurt)

„Wenn sie da was für sich entdecken, was sie für ihr Leben gut gebrauchen können."
(Gemeindepädagogin in Meisterfurt)

„Das ist so ein Schatz, auf den man zurückgreifen kann, wenn man's vielleicht auch später mal schwer hat oder so."
(Elternpaar in Meisterfurt)

Impulse aus der Praxis

- Den Begriff „Leben" verwenden hauptsächlich die *erwachsenen* Befragten. Häufig und in einem recht allgemeinen Sinn reden sie vom „Leben" als etwas, was außerhalb der Christenlehre stattfindet, oder in der Zukunft.
- Im christlichen Glauben sehen die Erwachsenen das profilbildende und ausschlaggebende Hilfsmittel für diese Bewältigungsaufgabe. Das kann sich zu einer dualen Sicht steigern: Das Leben stellt Fragen, auf die der Glaube Antwort gibt.
- Die Kinderkirche wird von den Erwachsenen als ausgezeichnetes, einzigartiges Laboratorium und temporäres Refugium betrachtet, um sich der (zurüstenden) Verknüpfung von Glauben und Leben zu widmen.
- Die Kinder hingegen erzählen von dem, was sie *er-leben*, in Schule, Familien, Peergroups. Sie wissen zwar, was sich ihre Eltern von der Christenlehre „für später" erhoffen, lassen sich dadurch aber in ihrer bedürfnisorientierten Sicht nicht beeindrucken: Gemeinschaft, Austausch, Kekse, Spiel, spannende Geschichten etc. – das ist für sie das „Leben" im Hier und Jetzt.

Jesus Christus spricht: „Ich bin der Weg und die Wahrheit und das Leben." (Joh 14,6)

„Vom Lebensbezug des Glaubens zu reden, ist eigentlich eine Tautologie: Der Glaube besteht im Lebensbezug. Der gelebte Glaube ist nichts anderes als geglaubtes Leben. Man kann den Glauben nicht aussagen, ohne zugleich seinen Lebensbezug auszusagen."[1]

Impulse zur Reflexion

„Das Leben" – der Begriff öffnet kaum überschaubare wissenschaftliche und alltagsphilosophische Diskurse. Der Rahmen dieses Arbeitsbuches erlaubt nur wenige Ausschnitte.

Didaktik

Die wichtigste Fokussierung erfolgt durch die gemeindepädagogisch-didaktische Perspektive. Sie macht klar, dass wir es in der Praxis der Kinderkirche nicht mit dem „Leben als solchem" zu tun bekommen. Vielmehr begegnen wir sprachlichen, ästhetischen Widerspiegelungen von Leben. Leben ist dann das, was uns in der Begegnung mit Menschen und Sachen entgegenkommt. Es handelt sich um eine persönlich und historisch *dynamische* Angelegenheit.

Phänomenologie

„Leben" – das meint häufig die *Wirklichkeit*, insofern sie dem Menschen *vorgegeben* ist. Dazu gehört nicht nur menschliches Leben, sondern alles was lebt und selbst das, was den Menschen als Materie umgibt.

Häufig verweist „Leben" auf „Alltag", etwa auf bestimmte Orte oder Zeiten des Seins. Die Kinder erzählen vom Schulhof. Dort spielt das Leben. Jeden Tag. Mit diesem Leben, seinen schönen Momenten wie seinen Konflikten, müssen die Kinder irgendwie klarkommen.

Das knüpft an eine dritte Ebene an, das „zu führende" Leben. Hier geht es um die Ethik, um die Aufgabe, einen Weg im Einklang mit sich selbst und der Umwelt zu finden, um Selbst-Entfaltung angesichts endlicher Möglichkeiten und Selbst-Beschränkung angesichts unendlicher Möglichkeiten. Was heißt es, als Christ zu leben?

Und schließlich fällt „das Leben" in eins mit einer hermeneutischen Aufgabe.

II-2 Leben

Leben ist etwas, das verstanden werden muss, um zu sich selbst zu kommen. Leben ist immer interpretiertes Leben. Leben ist das, worüber jeder reden kann, ohne von Gott und Glauben zu sprechen.

Theologische Hermeneutik

Der Glaube ist dem Leben mit all seinen Facetten *eingebettet.* Er kann ihm zugleich *gegenübertreten,* weil er außerhalb seiner selbst gegründet ist: In der Gotteserfahrung und in der Botschaft von Jesus Christus. Diese Botschaft ist österlich bestimmt – sie führt vom Tod ins Leben. Damit kehrt sie ein entscheidendes Merkmal des Alltags um, denn dieser führt bekanntlich vom Leben zum Tod. Diese Struktur hat Gerhard Ebeling als den theologischen Grund herausgearbeitet, warum der Mensch im Glauben einen *Dialog mit dem Leben* führen kann.

Die Glaubenstradition stellt der Lebensdeutung Symbole und Geschichten zur Verfügung, die selbst das Leben mit all seinen geschichtlichen Unplanbarkeiten spiegeln. So wird der Glaube zur Grammatik des Lebens. Er vermittelt einen Grundrhythmus der Begegnung und des Miteinanders.

Impulse für die Praxis

■ Die Gemeindepädagogin kann den Kindern helfen, (verbal wie nonverbal) *sprachfähig* zu werden für das, was sie an und in ihrem Leben beschäftigt, worin sie selbst wichtige Zentren ihres Erlebens sehen. Dafür kann sie ihre spezifischen Medien professioneller, ebenso kunstvoller wie verletzlicher Inszenierung nutzen.

■ Die Christenlehre kann Themen einspielen, die grundlegende lebenshermeneutische Fragen aufwerfen. Das geht am besten in jenen *Spannungspolen,* die das Leben selbst vorgibt und zu bearbeiten aufgibt, wie *Freiheit und Verantwortung, Möglichkeit und Wirklichkeit* oder *Endlichkeit und Unendlichkeit.* Auf diese Weise kann *Glaubenspraxis als Lebenspraxis* ins Spiel gebracht und dann auch zur Diskussion gestellt werden.

■ Gewiss: Der Begriff „Leben" ist eine *große Münze* für eine scheinbar *kleine Praxis.* Und doch *symbolisiert* er gemeindepädagogisch-grundsätzliche Fragen wie: „Was brauchen Kinder von der Christenlehre wirklich?" „Was an der Kinderkirche ist es, das das große Hilfsangebot, ‚die Welt zu verstehen, Lebenssituationen zu bestehen und mit der Gemeinde zu leben' (→ s. u. III-3) *er-leb-bar* macht?"

„Also das Angebot zu haben, über die großen Fragen des Lebens nachdenken zu können."
(Gemeindepädagogin in Meisterfurt)

„Und dazu freue ich mich, wenn dann ein gutes Gespräch, also ein Austausch, nicht mit Beantwortungsfragen, sondern wenn das irgendwas mit ihrem Leben zu tun hat und sie das für sich mitnehmen können."
(Gemeindepädagogin in Wiesenbrunn)

[1] Vgl. Ebeling, Gerhard: Dogmatik des christlichen Glaubens, Bd. I, Tübingen 1979, 109.

Lernen

> „Gemeinschaft, eben das zusammen als Gruppe etwas machen, eine schöne Zeit verbringen, etwas lernen. Ich glaube die kriegen das ja gar nicht so richtig mit, dass die etwas lernen."
> (Mutter in Wiesenbrunn)

> „Einfach auch in Gemeinschaft auch, sag ich mal, Glauben zu lernen."
> (Kirchvorsteherin in Waldhofen)

> „Ich freue mich, dass wir was zusammen machen, also dass wir zusammen lernen."
> (Aaron in Meisterfurt)

Impulse aus der Praxis

Für die Erwachsenen wie für die Kinder in unseren Forschungsfeldern steht ganz außer Frage: In der Kinderkirche wird „gelernt" – nicht nur, aber auch.

- Lernen kann „Spaß machen", sofern der Prozess bedürfnisnah gestaltet wird. Kinder wie Erwachsene erwähnen dabei schulisches Lernen als eine Art „Gegenhorizont".
- Inhaltlich beziehen unsere Interviewpartner „Lernen" häufig auf Themen des Glaubens. Dabei sagen die Erwachsenen häufig, der Eigenart des Glaubens entspreche am besten ein vorreflexives Eintauchen, ein nachahmendes Einüben, wie ein Prägungsvorgang. Letztlich lehre der Glaube sich selbst.
- Doch auch soziales Lernen spielt eine große Rolle in der Praxis, die wir hospitierten. Was uns Nora Boden in Oberstadt zur Beziehung zwischen Samariter-Thematik und Kinderverhalten erzählt hat, deutet die Herausforderung an, religiöses und soziales Lernen *in Verbindung* zu bearbeiten. Den Gemeindepädagoginnen wird die Rolle einer *Vorbild gebenden* und dadurch *Lernen auslösenden Person* nahegelegt.
- Gelegentlich begegnet bei Eltern die Idee eines *Lernens auf Vorrat*: Was die Kinder *jetzt* aufnähmen, würden sie *später* begreifen und nützen können. Die Kinder hingegen wollen *jetzt* verstehen, erklärt kriegen, diskutieren, erkunden.

> „Neugier ist dem Menschen angeboren und macht Freude: das zeigt das kindliche Spiel und jedes Experimentieren, Ausprobieren und Tüfteln. Das Leben wird schal, wo Neugier und Begeisterung erlahmen oder nicht befriedigt werden. Das gilt ebenso für jedes Begreifen: der ‚Aha-Moment', der die ‚kognitive Dissonanz' auslöst, macht ebenso Freude wie jede gedankliche Ordnung und jedes Geschick."[1]

Impulse zur Reflexion

Die Freude am Lernen

Aus neurobiologischer Sicht hat Gerald Hüther herausgearbeitet, wie wichtig *die empfundene Freude* für menschliches und vor allem kindliches Lernen ist. Dieses Gefühl stellt sich ein, wenn das Kind ein Problem, das mit seinem Erfahrungsbereich verknüpft ist, lösen konnte, wenn es eine Fertigkeit erwerben, eine Fähigkeit erfolgreich anwenden konnte. Dann wird etwas Gelerntes als *bedeutsam* eingeordnet. Am besten gelingt das in ganzheitlichen Erkundungen.[2]

Assensus-Glaube

Was am Glauben kann man überhaupt lehren und lernen? Zu dieser Frage leuchtet mir eine Unterscheidung von Johann A. Quenstedt ein:[3]

- Glaube als „notitia" verstanden ist *sowohl lehr- als auch lernbar* („Kenntnis" in Bezug auf Inhalte und deren kognitiver Aneignung – z. B. die Worte des Vaterunsers).
- Glaube als „assensus" verstanden ist *nicht lehr-, wohl aber lernbar* („Zustimmung", bezieht sich auf die Bedeutung dieser Inhalte und ihre persönliche Anerkennung).
- Glaube als „fiducia" verstanden ist *weder lehr- noch lernbar* („Vertrauen" – bezieht sich auf den subjektiven Akt des Sich-Anvertrauens, des Sich-beschenken-Lassens von Gott als Gegenüber).

Einerseits ist der Glaube auf Kenntnis und Verstehen angewiesen. Andererseits kann Lernen keinen Glauben ‚machen'. Noch kürzer gesagt: „Lernen ist eine notwendige, aber nicht hinreichende Bedingung des Glaubens."[4] In der gemeindepädagogischen Praxis steht „Glauben als assensus" im Zentrum: „Kann ich dem zustimmen, was ich hier erlebe und was hier gesagt wird?"

Identitätslernen in Kommunikation

Weil sich der Glaube in der Erfahrung von Menschen ereignet, entwickelt er sich alters- und situationsabhängig weiter. Deshalb ist die *individuelle Lebensgeschichte* der wichtigste „Lernort" des Glaubens. Dieses Glauben-Lernen ist immer verwoben in *soziale* Strukturen und Kommunikationen. Familien, Kirchgemeinde und Kindergruppe tragen maßgeblich dazu bei, wie Kinder den Zusammenhang zwischen Selbstbild, Fremdbild und Glauben ausformen: „Was trägt mein Glaube dazu bei, wer ich sein kann und als wer ich wahrgenommen werde?" Hier wird die Frage nach der *Identität* sichtbar. Sie wird bereits im Kindesalter angebahnt. Glaubenlernen ist ein *Identitätslernen in Begegnung und Kommunikation*. Die Alltagserfahrungen der Kinder, in aller Vielfalt und mit all den Widersprüchen, verlangen nach einem schrittweisen und revisionsoffenen Aufbau eines Selbstkonzeptes.

Modell-Lernen

Einerseits wirken „Vorbilder" stark auf Lernende ein. Freilich unterliegt auch *imitierendes Lernen* vielfältigen Rezeptions- und Verarbeitungsfiltern. Modell-Lernen erweist sich als komplexe soziale Interaktion. Michael Domsgen fasst es so zusammen: „Glauben besteht letztlich nicht aus einzelnen Handlungen, die durch Belohnung verstärkt und antrainiert werden, sondern wird als Lebensperspektive an Personen erleb- und nachvollziehbar."[5] Deshalb kann man dem Vorbild-Lernen einen wesentlichen Beitrag zur Entwicklung eines individuellen, „mündigen" Glaubens zutrauen. Allerdings: Was ein *gutes* Modell ist, das kann durchaus strittig gesehen werden.

Impulse für die Praxis

- Das *Achten auf freudeauslösende Formen* ist ein Königsweg, um in der bildungsorientierten Arbeit mit Kindern in Kirchgemeinden Lernen auszulösen. Spiel, Bewegung, faszinierende Geschichten usw. sind keine austauschbaren Methoden, sondern neurobiologisch und lernpsychologisch unverzichtbare Motoren. Gerade in einem so traditionsgeleiteten Rahmen wie der Kirche ist es wichtig, immer wieder Wege von der extrinsischen zur intrinsischen Motivation zum Lernen zu suchen.
- Weil viele Lernwege im Glauben implizit verlaufen, braucht es in der Praxis gezielte Aufmerksamkeit für unausdrückliche Momente, für Atmosphären, für Raumsignale, für Zeichen des Vertrauens.
- Offene Begriffe wie *Prozess*, *Raum* und *Vorschlag* sind besser geeignet, um „Lernprozesse in Sachen Glauben" anzuleiten, als lineare Aufstufungen. Es geht darum (auch für die Gemeindepädagogin selbst), spielerische, vorläufige Selbstbefragungen auszulösen.
- Quenstedts Unterscheidung hilft, die religionspädagogischen Aufgaben, Chancen und Grenzen einzelner Elemente in der Kinderkirche fachlich präziser zu bestimmen, z. B. als Mitteilung (notitia), Frage (assensus) und Bitte (fiducia).

> „Da habe ich auch schon einiges von ihr gelernt."
> (Mutter in Meisterfurt bzgl. ihrer Tochter Doreen)

---

[1] Kunstmann, Joachim: Religionspädagogik, Tübingen/Basel ²2010, 229.

[2] Vgl. Hüther, Gerald: Die Freude am Lernen ist Ausdruck der Freude am Leben. In: Loccumer Pelikan 2021, H. 3, 4-8. Download unter https://www.rpi-loccum.de/material/pelikan/pel3_21/3_21_Huether (Abruf 8.2.2023).

[3] Zusammengefasst bei Doyé, Götz/Böhme, Thomas: Von der Katechetik zur Gemeindepädagogik. In: Bubmann, Peter u. a. (Hg.): Gemeindepädagogik, Berlin ²2019, 125.

[4] Schweitzer, Friedrich: Religionspädagogik, Gütersloh 2006, 32.

[5] Domsgen, Michael: Religionspädagogik, Leipzig 2019, 283; Bandura, Albert: Lernen am Modell. Ansätze zu einer sozial-kognitiven Lerntheorie, Stuttgart 1976.

Teil II — Kinderkirche konzeptionell reflektieren

Kirche als Gemeinde

„Wenn die mal irgendwie (…) in eine andre Stadt geht, Studium, dass man dann sagt, ich such mir wieder eine Kirchgemeinde".
(Mutter in Oberstadt)

„Damit eben auch Kirche in Zukunft Gemeinde hat."
(Kirchvorsteher in Oberstadt)

Impulse aus der Praxis

- Nach Ansicht der erwachsenen Befragten trägt die Christenlehre maßgeblich zur Zugänglichkeit von „Kirche" bei. Sie repräsentiert *Gemeinde vor Ort*. Traditions- und Institutionslenkung spielen dabei eine geringere Rolle. Persönliche Prägungen in der Biografie der Eltern sowie *beziehungs- und beteiligungsgeleitete Kontaktflächen* stehen im Vordergrund.
- Sprachformen wie „hineinwachsen", „Heimat finden" und „sich zuhause fühlen" weisen auf wichtige Intentionen und Modi für die Begegnung zwischen Kindern und Gemeinde hin. Diese reichen über die aktuelle Gemeinde hinaus – es geht den Erwachsenen vielmehr generell um *biografiebegleitende Sozialstrukturen des Glaubens*.
- Der nebenstehende QRC führt zu einer Zusammenschau der vier Interviews mit Kirchvorstehern in unserem Forschungsprojekt. Sie betonen die Kinderkirche als unverzichtbares *Wesensmerkmal* von „Kirche als Gemeinde".
- Den Kindern wiederum wird „Gemeinde" vorrangig als *Gruppe* ansichtig. Dort erleben sie Zugehörigkeit. Selbstbewusst reden sie in der „Wir"-Form, und zwar auch hinsichtlich ihres Bewusstseins für die institutionellen Ansprüche, denen sie in der Kinderkirche begegnen.

 „Es wird auch gelehrt, dass allezeit eine heilige, christliche Kirche sein und bleiben muss, die die Versammlung aller Gläubigen ist, bei denen das Evangelium rein gepredigt und die heiligen Sakramente laut dem Evangelium gereicht werden."
(Art. VII der Confessio Augustana, 1530)

Impulse zur Reflexion

Individualisierung und Pluralisierung

Gesamtgesellschaftliche Entwicklungen und Ambivalenzen durchziehen auch die Kirche. Sie äußern sich z. B. als erweiterte Möglichkeiten zur eigenen Entscheidung – aber auch als Nötigung, sich zu entscheiden. Die Formen von Kirche selbst differenzieren sich, erlauben mehr Wahlfreiheiten zwischen Profilen vor Ort, in der Region, überregional und medial vermittelt. Die gestiegene Mobilität hilft, die Wahlfreiheit tatsächlich wahrzunehmen, wird aber auch als Stressfaktor wahrgenommen – speziell hinsichtlich der „Kirche der kurzen Beine".

Gottesdienst und Gemeindeformen

Aus gemeindepädagogischer Sicht bedarf das gottesdienstliche, parochial bezogene Verständnis, von dem aus die Reformatoren die Merkmale von Kirche formuliert haben, der Erweiterung. Will man klären, was „Kirche" ausmacht – auch hinsichtlich von Kinderkirche – müssen kommunikative Vollzüge, Gruppen, Familien als Lebensorte des Glaubens, Kirchentage und Aufbruchsbewegungen systematisch berücksichtigt werden.

II-4 Kirche als Gemeinde

Kirchentheorie

Bei dieser Neusortierung hilft der praktisch-theologische Ansatz von Jan Hermelink. Er beschreibt Kirche als „eine *Organisation zur öffentlichen Inszenierung des Glaubens*, die das gesellschaftlich vorgegebene Verständnis von Glauben und Kirche (‚Institution') ebenso aufnimmt wie deren konkrete gemeinschaftliche Praxis (‚Interaktion')."[1]

Jedes der genannten Merkmale lässt sich auf die Kinderkirche beziehen. Der *institutionelle* Charakter bringt den Verkündigungsauftrag der Kirche in eine *Veranlassung zur Kinderkirche*. Der organisationelle Charakter gibt ihr eine *Gestalt*. Ein besonderer Schwerpunkt liegt auf der *Interaktion als Gruppe* und der *Inszenierung von Sachen*. Der Gruppe werden bestimmte Themen und Gegenstände zur freiheitlichen und gemeinschaftlichen Erkundung anvertraut. (→ vgl. III-5) Mit dieser kirchentheoretischen Reflexion lässt sich begründen, inwiefern *Christenlehre eine* gültige Repräsentanz von Kirche darstellt. Genauer gesagt: In Kinderkirche, Christenlehre und Co. *ereignet* sich Kirche, entsteht sie im Prozess ihrer Erkundung durch die Kinder *immer wieder neu*.

Handlungstheorie

In ähnlicher Weise lassen sich auch die basalen *Handlungsformen* von Kirche im Blick auf die Christenlehre und ihre Funktionen (→ III-2) durchdenken:
- Leiturgia – feiern, symbolisch darstellen
- Martyria – bezeugen, verstehen, kommunizieren
- Koinonia – Gemeinschaft etablieren und pflegen
- Diakonia – helfen, heilen
- Paideia – bilden, reflektieren, entwickeln.[2]

Sämtliche Spiegelpunkte, zulaufend auf die Paideia, begründen den Bildungsauftrag der Kirche als einen ganzheitlichen, wie er in der Christenlehre exemplarisch zum Ausdruck kommt.

Impulse für die Praxis

- Es lohnt sich, Praxis vom Grundsatz her zu denken. Denn mit ihrer Gruppenförmigkeit stellen die Kinderkirche resp. Christenlehre gleichsam eine *Urform von Gemeinde* dar. Die Kinderkirche unterstützt die Entwicklung von Zugehörigkeit durch eine Art „fluide Mitgliedschaft".
- Räume, liturgische Elemente, die Mitarbeitenden und die verwendeten Medien sind Repräsentanzen tradierter Kirche in der Christenlehre. Solche Inhalte dürfen aber nicht „durchgereicht", sondern sollen in kinderalltäglichen Erkundungen auf Relevanz geprüft werden.
- Das starke Interesse der Kinder an Gemeinschaft (→ s. u. II-10) bietet der Kinderkirche gute Voraussetzungen, *individuelle* und *soziale* Interessen von Gemeinde zu balancieren. Ihre thematisch bezogenen Verständigungen und Gruppenprozesse sind Einübungen in die synodalen, demokratischen Prinzipien evangelischer Kirche.
- Es ist daher kirchentheoretisch geboten, die Kinderkirche in ihrer Vernetzung zu betrachten – parochial wie regional (→ s. u. II-8; III-16).

„Weil sonst Kirche nicht mehr sichtbar wird in 'nem Ort. Also: die Kirche steht ja in A-Dorf, und das [hier] sind Orte, die dazugehören, und wenn nicht mal die Christenlehre [hier] stattfindet – für Außenstehende ist [hier] Kirche nicht zu sehen."
(Gemeindepädagogin in Waldhofen)

„Ich will halt, dass sie wissen, wie das ist in der Kirche und dass sie sich da aufgehoben fühlen können."
(Mutter in Wiesenbrunn)

---

[1] Vgl. Hermelink, Jan: Kirchliche Organisation und das Jenseits des Glaubens. Eine praktisch-theologische Theorie der evangelischen Kirche, Gütersloh 2011, 89.
[2] Vgl. Bubmann, Peter u. a. (Hg.): Gemeindepädagogik, Berlin ²2019, 13f.

Teil II — Kinderkirche konzeptionell reflektieren

Beziehung

Impulse aus der Praxis

- Der nebenstehende QRC führt zu einer Zusammenschau der vier Interviews mit Kindergruppen in unserem Forschungsprojekt. Darin wird sichtbar, dass *Freundschaftspflege*, *wechselseitige Anteilnahme* und das *Gefühl, in ihrem So-Sein und ihren aktuellen Bedürfnissen von den Erwachsenen angenommen zu werden*, wesentliche Teilnahmemotivationen sind.
- Beziehungen können sich in *unterschiedlicher Dichte* entfalten. Wichtige Faktoren dafür sind Gruppenförmigkeit, Aktionsorientierung sowie inhaltliche Impulse. Da ist auch Raum für Distanz, bis hin zu Antipathien.
- Kinder wie Erwachsene beschreiben das Verhältnis zwischen *Beziehungsqualität* und *inhaltlicher* Betätigung mal unterlagernd, mal überlagernd, mal umlagernd. Beziehung erscheint als eine innere tragende Struktur für die Steuerung des Prozesses und die Errichtung von Inhalten – auch in religiöser Hinsicht, z. B. als Jesus-Beziehung.
- Besonders die Erwachsenen sprechen von „Beziehungsarbeit" als einem wichtigen *Auftrag* für alle, die in Christenlehre und Gemeindeentwicklung Verantwortung übernehmen.

„Ich freue mich auch auf meine Freunde, die ich hier hab."
(Christina in Wiesenbrunn)

„Dass die alle so nett hier sind, […] na Nora und Franziska."
(Maria in Oberstadt).

Impulse zur Reflexion

Zwischenmenschlichkeit

Die Kategorie der Beziehung lenkt die Aufmerksamkeit auf das *Zwischen*. Der Fokus liegt also darauf, was Personen untereinander oder Personen mit Sachen und Themen *verbindet*. Füllt sich dieser Zwischenraum mit positiven Gefühlen, entsteht Offenheit für die jeweilige Begegnung. Für pädagogische Prozesse ist das eine Binsenweisheit: Wohltuende Beziehungen fördern die Lernbereitschaft. Je weniger *extrinsische* Faktoren wie „Tradition" oder „Leistungszwang" auf die Motivation einwirken, desto mehr kommt es auf die erlebbaren Beziehungsqualitäten im Prozess von Vermittlung und Verständigung an.

Bindung

Kinder entwickeln Bindungen zu solchen Personen, die ihre Beziehungsbedürfnisse, ihre körperlichen und psychischen Grundbedürfnisse befriedigen. Dies sehen wir auch in der Kinderkirche: Solche Bindungen verschaffen Kindern die emotionale Sicherheit, die sie zur Welterkundung brauchen. Sie sind Kraftquellen für ein Lernen durch Erkundung, denn das Kind kann darauf vertrauen, jederzeit zur sicheren Basis der Bezugsperson zurückkehren zu können.

Darüber hinaus frage ich mich, ob es hier einen Zusammenhang zum *Sozialsystem* gibt. Wenn es richtig ist, dass Christenlehre im

> *„Die Qualität persönlicher professioneller Beziehungen ist wirksam auf der Mikroebene alltäglichen Lebens innerhalb der Bedingungen des Rahmenwerks pädagogischer Institutionen."*[1]

pädagogischen Sinn *Gemeinde repräsentiert*, könnte es einen Zusammenhang geben zwischen der Beziehungsqualität, wie sie die Kinder in der Christenlehre erleben und ihrer individuellen Bereitschaft, sich in Kirche und Gemeinde „einzubinden". Diese Vermutung scheint einer empirischen Überprüfung wert.

Soziotheologie

Die christliche Tradition versteht „Glaube" letztlich als eine vertrauensvolle Beziehung zu Gott („fiducia" → vgl. II-3). Die Lehre von der Gottebenbildlichkeit beinhaltet eine *relationale Bestimmung*: Der Mensch ist darin Ebenbild, dass er ebenso in Beziehung zu Gott lebt, wie Gott zu ihm. Dies gilt auch für die wechselseitige Beziehung zum Mitmenschen und zur Welt.

Wenn die gemeindepädagogische Praxis nach persönlicher „Zustimmung" („assensus") fragt, dann heißt das nichts anderes als *Beziehung aufzunehmen*, sich auf vielfältige Weise in die Beziehung zu Gott einladen zu lassen.

Pädagogisches Ethos

Welches Rollenselbstverständnis, welche Haltungen sollen die Beziehungsgestaltung von Gemeindepädagogen prägen? Im Anschluss an Carl Rogers beschreiben Hubert und Helga Teml ein Dreieck aus förderlichen Haltungen: Akzeptanz (Annahme), Authentizität (Echtheit) und Empathie (Einfühlung). Diese Haltungen sollten nicht nur im Blick auf die Kinder, sondern vor allem auch gegenüber sich selbst gelten. Sie unterstützen eine begleitende, statt vorschreibende Beziehungsgestaltung.[3]

Das ermöglicht auch, den Kindern und sich selbst *Fremdheit* zuzugestehen, Momente von Unvollkommenheit und Verbesserungsbedarf. Das Bewusstsein für die *Andersartigkeit des Anderen* stellt einen tragfähigeren Ausgangspunkt für die pädagogische Beziehungsgestaltung dar als die Unterstellung einer familialen oder freundschaftlichen Verbundenheit.

Impulse für die Praxis

■ Man kann Beziehungen nicht „machen". Aber man kann ihnen „Räume öffnen" (wie z. B. in der „Stein-Feder-Runde") und situative dynamische Balancen erproben (z. B. Nähe – Distanz, Grenzen – Freiräume).

■ Zunächst gilt es, sich eigene, persönliche und professionelle *beziehungsförderliche Verhaltensweisen* bewusst zu machen. Welche Möglichkeiten hat die Gemeindepädagogin, Kindern ein situativ-positives Raumgefühl zu vermitteln?

■ Sodann kann man die *Wahrnehmung* für je aktuelle Beziehungsbedürfnisse in der Gruppe intensivieren, z. B. im Blick auf Freundschaften, Rivalitäten oder Außenseiter-Rollen. Welche Signale senden die Kinder selbst?

■ Beziehungsorientierte *Themen/Geschichten*: Mit entsprechendem Fokus und gelegentlichen Reflexionseinheiten zum Gruppenklima können diese mit kindlichen Vorschlägen und Ideen verknüpft werden. Ein geeignetes Beispiel ist Lk 19 – die Beziehung zwischen Jesus, Zachäus und der Menge.

 *„Die Struktur des Glaubens ist eine lebendige Beziehungswirklichkeit."*[2]

„So ein Kerngedanke ist auch, wenn wir von Gemeindeleben, Glauben sprechen und auch von missionarischen Angeboten, dass genau das eigentlich der Kern ist, die Beziehung aufzubauen, zu pflegen, zu halten, zu gestalten."
(Kirchvorsteher in Oberstadt)

---

[1] Prengel, Annedore: Pädagogische Beziehungen zwischen Anerkennung, Verletzung und Ambivalenz, Opladen 2013, 15.
[2] Nipkow, Karl Ernst: Theodizeefrage und Theismuskrise im Spiegel ostdeutscher empirischer Untersuchungen. In: Ders.: Gott in Bedrängnis? Zur Zukunftsfähigkeit von Religionsunterricht, Schule und Kirche, Gütersloh 2010, 98–118, 109.
[3] Teml, Hubert/Teml, Helga: Erfolgreiche Unterrichtsgestaltung. Wege zu einer persönlichen Didaktik, Innsbruck 2006, 26–40.

Teil II — Kinderkirche konzeptionell reflektieren

Begegnung

„Wegen der Frage von Miriam haben wir die ganze Zeit darüber nachgedacht, wie das denn jetzt mit Jesus ist!' und dann waren die irgendwie stolz drauf, dass die da an der einen Frage so lange überlegt haben. Also ich habe dann als Ergebnis so das Gefühl gehabt, dass die Kinder sich mit ihren Fragen wirklich ernst genommen gefühlt haben."
(Gemeindepädagogin in Meisterfurt)

„Wir hatten ein Buch angeschaut über Tod und St[erben] - also über eine Geschichte und danach haben die Kinder von sich erzählt und was ihnen gutgetan hat."
(Gemeindepädagogin in Wiesenbrunn)

Impulse aus der Praxis

- Das Wort „Begegnung" fällt in den Interviews mit Kindern und Erwachsenen nicht sehr häufig. Aber es fasst vieles von dem zusammen, was sie erzählen. Zunächst geht es da um praktische Aspekte: Kinder begegnen anderen Personen, Themen, einer Inszenierung, spezifischen Räumen oder Zeiten. Begegnungen mit dem christlichen Glauben sollen, so die Eltern, möglichst schon vorschulisch stattfinden und, so die Gemeindepädagoginnen, familiär fundiert sein.
- Auf den zweiten Blick leitet uns „Begegnung" tiefer hinein in die *Art und Weise* dessen, was geschieht. Denn die verschiedenen Begegnungsformen erzeugen *Resonanzen* bei den Beteiligten – ablehnend, flüchtig, berührend, intensiv u. v. m.
- Geschichten scheinen ein Königsweg zu sein, um „Sachen der Tradition" in eine Begegnung zu bringen. Allerdings kommt nur ein Bruchteil dessen, was die Begegnung wirklich auslöst, ins Gespräch, in eine Gestaltung oder zu Bewusstsein. So zeigen es die Praxisbeobachtungen und Interviews. „Begegnung" hat etwas schwer Fassbares an sich.
- Gott begegnen? Unsere Interviewpartner formulieren hier bedacht, vorsichtig, meist im Sinne einer „Anbahnung von etwas". Dennoch – sie sehen nicht nur die *Begegnung mit Erzählungen von Gott* als eine spezielle Chance von Christenlehre an, sondern auch die *Möglichkeit der Begegnung mit Gott*.

Impulse zur Reflexion

Vom Ich zur Wechselseitigkeit

In der Geistesgeschichte des 20. Jh. hat der Begriff „Begegnung" eine bemerkenswerte, unseren Zusammenhang anregende Entwicklung genommen.[2] Anfangs wurde „Begegnung" vor allem im Blick auf das *Wesen des Menschen* durchdacht. Das Augenmerk lag auf dem Ich und seiner bildenden Entfaltung durch die Begegnung mit einem Du (Martin Buber). Otto F. Bollnow fokussierte ein existentiell herausforderndes Gegenüber. Emil Brunner betonte theologischerseits das Offenbarungswort Gottes, das dem Menschen von außen begegnet. In der zweiten Hälfte des 20. Jh. verschob sich die Aufmerksamkeit hin zum *Verstehen dessen, was in einer Begegnung geschieht.* Wie wird das Zwischen wechselseitig erlebt? Was löst die Einsicht in die beiderseitige „Fremdheit" aus? Begegnung bezieht sich nun auf einen alle Beteiligten aktivierenden, ergebnisoffenen Prozess.

Tiefe Begegnungen

Diese Entwicklung bedeutet aber nicht, dass der Begriff der „Begegnung" seine anthropologisch-existentielle Dimension verloren hätte. Das Punktuelle, Momenthafte, das jeder „Begegnung" zunächst anhaftet, kann sich verlangsamen, vertiefen, intensivieren. Umgangssprachlich reden wir dann gern von einer „echten", „wirklichen Begegnung". Dies ist nicht nur bei Begegnungen zwischen

 „Einerseits haben Menschen in der Begegnung mit Jesus wesentliche Erfahrungen gemacht. Andererseits ist aber auch Jesus in den Begegnungen erst zu dem geworden, der er war. Die Begegnungen sind ein gegenseitiges Aufeinander-Einlassen, Momentaufnahmen mit allerdings erheblichen Folgen. Die Evangelien schildern die Begegnungen mit Jesus als zwischenmenschliche. Aber sie lassen zugleich durchblicken, dass sie Orte der Gotteserfahrung sind: In Jesus begegnet Gott."[1]

Menschen möglich. Auch der Begegnung mit „Zeug-nissen", (→ II-1) Objekten, Texten und Prozessen kann eine Qualität zukommen, die unter die Haut geht. Das kann eine verändernde Kraft entfalten, die nach Wiederbegegnungen verlangt. Vielleicht ereignen sich solche Begegnungen selten, aufblitzend nur in kurzen Momenten.

Gottesbegegnungen

Die Bibel erzählt vielfach von solchen tiefen, verändernden Begegnungen. Ob Mose am Dornbusch, die Emmaus-Jünger oder in Wundergeschichten – es geht um ein oft unerwartetes, dynamisches, furchtauslösendes und folgenreiches Zusammentreffen. Menschliche Erfahrung und göttliche Macht greifen ineinander. An den biblischen Begegnungsgeschichten wird deutlich, dass gar nicht so sehr die Begegnung an sich das Thema ist, sondern die Frage nach der Deutungsmacht. Wie kommt eine Entscheidung darüber zustande, welche Begegnung für wen bedeutungsvoll ist, und welche nicht? Didaktisch gesehen, kommt nicht der *Bibelerzählung an sich* Bedeutung zu, sondern *sie gewinnt ihre Bedeutung* in der Begegnung.

Begegnung und Gruppe

Ein wichtiges Merkmal von Gruppen und Gemeinschaften besteht darin, dass sie Begegnungserfahrungen teilen und deren Bedeutung gemeinsam ermitteln. Das lässt sich in der Bibel wie auch in heutigen pädagogisch-sozialen Prozessen beobachten. Verarbeitung und Bedeutungszuweisung liegt letztlich beim Subjekt. Dennoch scheint es so, als ob eine als bedeutungsvoll erkannte Begegnung nach Mitteilung und Kommunikation und damit nach einer sozialen Gestalt drängt.

Begegnung im Tun

Begegnung ist ein Prozessmerkmal, das sich nicht nur an *didaktische Inszenierungen* heftet. Begegnung wird auch – und vielleicht sogar eindrücklicher – ausgelöst durch *Spiel* und *Aktion*, durch *helfendes Handeln* oder öffentliches Engagement, durch das Erleben von *achtsamer Beziehungsführung* oder einer *glaubwürdig* vertretenen Position.

Impulse für die Praxis

■ Räume, Zeiten, Rituale, Mahlzeiten, Gesprächsformen etc. bieten viele Möglichkeiten, „begegnungsfreundliche" Bedingungen zu gestalten. Dazu gehört z. B. auch ein Freispiel im öffentlichen Raum. Im Beispiel von Waldhofen war dies eine *Begegnungschance* für nicht christlich sozialisierte und kirchenfremde Kinder.

■ Für die Reflexion der eigenen Inszenierungen bietet es sich an, die Kategorie „Begegnung" auf das klassische didaktische Dreieck anzuwenden: Gemeindepädagogin, Sache und Kinder umschließen ein „Feld der Begegnung". (Auch die Sache ist dabei „Subjekt".) Allerdings kann der Gemeindepädagoge nicht darüber verfügen, was es letztlich ist, das „begegnet".

■ Es gibt keinen direkten Zugang zur Bedeutungszuweisung für begegnende Sachen. Es braucht immer Mediation, Interpretation auf der Basis wechselseitiger Anerkennung. Eine wesentliche Rolle spielt hierbei, die Gruppe zum (verbalen oder spielerisch-kreativen) Austausch über die individuellen Zuschreibungen zu stimulieren. Das weitet den Raum für Begegnung.

> „Weil es mir Spaß macht, dass alle Kinder zusammen spielen können und zusammen sind und dass wir auch Geschichten erzählen und singen."
> (Svenja in Oberstadt)

[1] Rickers, Folkert: Lernen durch Begegnung. Pädagogische Erwägungen in religionspädagogischer Absicht. In: Jahrbuch für Religionspädagogik 21 (2005), 97-122, 118.

[2] Zusammengefasst und religionspädagogisch eingeordnet bei Rickers, vgl. Anm. 1.

Beteiligung

Impulse aus der Praxis

„Wenn sie so freiwillig und gerne was mitmachen, also wenn sie sagen: ‚Au ja, da bin ich mit dabei.'"
(Gemeindepädagogin in Wiesenbrunn)

- *Mitmachen* und *Selbermachen* sind Schlüsselwörter. Kinder und Erwachsene nutzen sie, wenn sie die Attraktivität der Kinderkirche beschreiben. Ob Erzählrunde, Freispiel oder „Helfer"-Rolle – selbst kleine Mitbestimmungsmöglichkeiten erscheinen als eine wesentliche Bedingung für das Gefühl der Kinder, in der Christenlehre „vorzukommen".
- Unter den Kindern derselben Gruppe gibt es *unterschiedliche Beteiligungsmotivationen*.
- In *spielerischen* Teilen haben die Kinder in den hospitierten Feldern die größten Mitbestimmungsmöglichkeiten. Doch auch *rituelle* Elemente werden von ihnen genutzt, um sich intensiv einzubringen. Teilweise können sie auch direkt eigene *Themen* setzen. Die Interviews zeigen, dass auch Phasen, in denen die Kinder auf uns als Beobachter passiv-rezeptiv wirkten, Potentiale *innerer* Beteiligung enthalten.
- Strukturbezogene Mitbestimmungsmöglichkeiten sind uns nicht direkt begegnet, wohl aber stellvertretend vermittelt durch die Gemeindepädagogin (Jahresberichte) sowie den Ausschuss für die Arbeit mit Kindern, Jugendlichen und Familien im Kirchenvorstand.

„Ich finde die Aufsteh-Lieder immer total toll."
(Emilia in Meisterfurt)

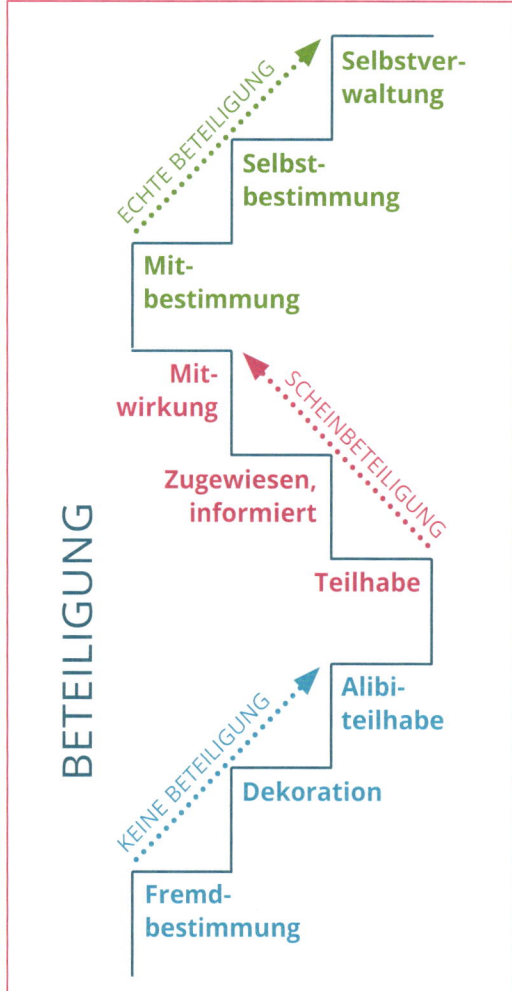

Impulse zur Reflexion

Das Stichwort *Beteiligung* öffnet einen ganz aktuellen, aber in seiner Weite auch klärungsbedürftigen pädagogischen, politischen und kirchlichen Diskurs. Er ist stark normativ aufgeladen: Beteiligung ist nicht alles, aber ohne Beteiligung scheint alles nichts.

Begriff

Was ist mit „Beteiligung" konkret gemeint? Ein gutes analytisches Hilfsmittel bietet das Stufenmodell zur Partizipation von Kindern und Jugendlichen nach Roger Hart und Wolfgang Gernert (siehe nebenstehende Grafik, Erläuterungen über den link im Quellennachweis). Ausschlaggebende Kriterien sind die Möglichkeiten zur Äußerung und entscheidungsrelevanten Berücksichtigung der Meinungen von Kindern und Jugendlichen zu allen sie betreffenden Fragen der Lebensgestaltung.[1]

Kirchentheorie

„Beteiligungskirche" – diese Formel deutet eine grundsätzliche Programmatik an, die in der Kirchentheorie der letzten Jahrzehnte zukunftsweisende Kraft gewonnen hat.

Im Blick auf Kinder ist „Beteiligung" grundgelegt in der Wertschätzung Jesu für sie (Mk 9f.). Diese wird in kirchenleitenden Positionspapieren immer wieder aufgegriffen, z. B. im Auftrag zum „Perspektivenwechsel" (EKD 1994 → vgl. Einleitung).[2] Die strukturelle Umsetzung in Kirchgemeinden erweist sich freilich oft als mühsam. Häufig wirken traditionelle Vorstellungen zur kirchlichen Sozialisation einengend, wenn es um die Chancen zu echter Mitbestimmung durch Kinder geht. Oft fühlen sich Erwachsene von der kreativen, eigenständigen Art und Weise, in der Kinder Perspektiven entwickeln und einbringen, verwirrt.

Mit Kindern entwickeln
Umso wichtiger sind Hilfestellungen und Materialien für die gemeindliche Praxis. Instrumente und Themen von Beteiligung sollten nicht nur *für* Kinder, sondern auch *mit ihnen gemeinsam* entwickelt, diskutiert, erprobt und evaluiert werden. Dies konkretisiert *allgemeine* Partizipations-Ziele für die altersgerechten Möglichkeiten von Kindern in der Situation *vor Ort*. Zudem trägt dies, über innerkirchliche Zwecke hinaus, auch *allgemeingesellschaftliche, demokratiebildende* Früchte.[3]

Motivation
Gezielte, gestufte und abwechslungsreiche Beteiligungsformen stärken die intrinsische Teilnahme-Motivation. Sie tragen dazu bei, dass die Kinder Mitverantwortung für den Prozess übernehmen. Außerdem hilft es dabei, dass sie konkrete Entscheidungen auch dann mittragen, wenn sie entgegen eigener Interessen getroffen werden. Ein guter Indikator für die innere, sinnstiftende Beteiligung besteht in Initiativen seitens der Kinder, Ideen zu entwickeln und Umsetzungen zu überlegen. Anspruchsvoller wird es, wenn Beteiligung als Mitbestimmung auf Strukturebene der Gemeinde realisiert werden soll.

Impulse für die Praxis

■ Die „Formen von Begegnung" (→ vgl. III-6 : kognitiv, sozial, pragmatisch-kreativ, spirituell, sozial) lassen sich beteiligungsorientiert durchbuchstabieren und praktizieren.

■ Innerhalb des Gruppenprozesses können (z. B. rituell) *vorgegebene* Formen von Beteiligung durch Reflexionsprozesse schrittweise in *selbstgestaltete* Formen weiterentwickelt werden. Daneben trägt eine situative planerische Flexibilität der Leitung dazu bei, *spontan* entstehende Mitbestimmungschancen zu erkennen und im Rahmen des Möglichen aufzugreifen.

■ Werden Beteiligungsformen nicht nur punktuell, sondern *kontinuierlich* angestrebt, und sind sie mit *ernsthaften* Möglichkeiten für Gestaltung untersetzt, beugen sie dem Verdacht auf Instrumentalisierung oder kosmetischen Aktionismus vor.

■ Mitbestimmung im Bereich *struktureller* Weiterentwicklung – z. B. das Format von Kinderkirche als solches betreffend – bedarf kreativer Formen und durchdachter Begleitung entsprechend einer konzeptionsentwickelnden Schrittfolge (→ vgl. IV-3 & 4). Auch hier ist zu überlegen, wie die Kinder oder Erwachsenen, die am Anfang zur Beteiligung eingeladen werden, auch bis in die Entscheidungsprozesse hinein beteiligt bleiben können.

> „Im Religionsunterricht muss man sitzen und zuhören und darf nicht so viel machen. Hier machen wir das eher, also wir besprechen auch Sachen, wir gehen raus und wir machen das viel attraktiver eben."
> (Emilia in Meisterfurt)

---

[1] Hart, Roger/Gernert, Wolfgang: Partizipation als Stufenmodell (1992/93). Quelle: Landesjugendring Hamburg, 2018, https://www.ljr-hh.de/index.php?id=675 (Abruf 24. 10. 2022).

[2] Vgl. z. B. Ev.-Luth. Landeskirche Sachsens: Kinder sind Kirche. Fünf Thesen zur gemeindlichen Arbeit mit Kindern im Rahmen der EVLKS, Dresden, LKA 2022.

[3] Georg-Monney, Erika u. a.: Du gehörst dazu. Sieben Leitsätze zur Beteiligung von Kindern – Praxismaterialien, Hannover 2012. Download https://www.aej.de/fileadmin/user_upload/Die_aej/Publikationen/PDF/aej_Du_gehoerst_dazu.pdf (Abruf 9. 2. 2023).

Teil II — Kinderkirche konzeptionell reflektieren

Vernetzung

Impulse aus der Praxis

- In den hospitierten Praxisfeldern erscheint vernetztes Agieren als ein *wichtiges Merkmal* von Kinderkirche. Die Vernetzungen erstrecken sich auf private, kirchgemeindliche und öffentliche Sozialstrukturen. Die *Generationenverbindung* und die erlebte Qualität der *Beziehungen* wirken motivierend, Vernetzungen herzustellen und zu pflegen.
- Kinderkirche führt nicht nur *vorhandene* Vernetzungen weiter, sondern schafft auch *neue*. Dies wird ganz selbstverständlich zu den gemeindepädagogischen Aufgaben gezählt.
- Der nebenstehende QRC führt zu einer Zusammenschau aller elf Eltern-Interviews unseres Forschungsprojektes. Die Analyse legt es nahe, die *Familien als wichtigsten Vernetzungspartner* der Kinderkirche anzusehen. Das beginnt bei den Anfangsentscheidungen, das Kind überhaupt anzumelden. Es setzt sich fort in den differenzierten Vorstellungen zum ergänzenden oder kompensatorischen Verhältnis zwischen bildungsorientierten Angeboten in der Gemeinde und familienreligiöser Praxis. Außerdem zeigen die Interviews eindrücklich, dass viele Eltern ohne die Kinderkirche und die mit ihr verknüpften Aktivitäten (fast) gar keine Beziehungen zur Kirchengemeinde pflegen würden.
- Bis auf wenige Ausnahmen wurden in den Interviews keine Vernetzungen zum Religionsunterricht sichtbar.

Impulse zur Reflexion
Die sozialökologische Perspektive

Die nebenstehende Grafik überträgt Impulse aus der Ökologie der menschlichen Entwicklung nach Uri Bronfenbrenner[1] auf die Auswertung unserer Interviews, und zwar bezüglich der *Kontexte*, in denen Christenlehre agiert. Die konzentrische Anordnung ergibt sich also aus unserer speziellen Fragestellung. Schon dieser erste Überblick hilft, Kinderkirche einzuordnen. Weiter führt dann die Frage, welche *Bedeutung* die Beteiligten diesen Systemen jeweils beimessen, hinsichtlich der Christenlehre. Das kann je nach Situation vor Ort konkretisiert werden. Das pädagogisch-intentionale Bemühen um „Vernetzung" bekommt genauere Richtungen.

> „Viele Kinder sagen: ‚Darf ich mal meine Freunde mitbringen?' Oder so. Und dann geht das auch."
> (Kirchvorsteherin in Waldhofen)

Komparative Analyse Eltern

> „Das ist eine Chance, sich hier zu verwurzeln und zuhause zu fühlen. Und das ist gerade total wichtig, finde ich. Auf dem Dorf (...) – dort ist die Kirche, der Friedhof, das Pfarrhaus. Man hört alles voneinander, man packt auch gemeinsam an."
> (Kirchvorsteherin in Wiesenbrunn)

Gemeinde als Netzwerk

Eine Kirchgemeinde als „Netzwerk" zu betrachten, lenkt die Aufmerksamkeit auf die *Intensität* und *Inhaltlichkeit* der Verbindungen von Personen untereinander und mit dem kirchgemeindlichen Leben. Man fragt, in welchen *Beziehungen* und bei welchen *Gelegenheiten* die Menschen ihre Religion *rituell* ausüben (Gottesdienste, Gebete) und mit wem sie *existentielle* Fragen thematisieren (z. B. zum Sinn des Lebens). Man stößt auf „starke" und „schwache Bindungen" (Kerngemeinde, feste Gruppen vs. punktuelle Kontakte, eher am Rande der Gemeinde lebend).

Mithilfe dieser Fragestellungen wurde die V. Kirchenmitgliedschafts-Untersuchung der EKD z. B. darauf aufmerksam,

- dass die *KiTa* der untersuchten Modell-Gemeinde als Verbindungs-Knotenpunkt zu Menschen mit wenig Gemeindebeziehungen sichtbar wird und
- dass die ehren- und hauptamtlich *Mitarbeitenden* wie ein Nadelöhr der Beziehungspflege wirken.[2]
- Auf die Christenlehre angewendet, werden vielfältige Verbindungen zu anderen *Gemeinde-Gelegenheiten* sichtbar, ergänzt um die Perspektive der *Akteure*. Erneut wird „Vernetzung" konkretisiert: Es geht um Beziehung, Nähe, Austausch, Zugänglichkeit vor Ort.

Familien-Beziehungen

Die sichtbar gewordene hohe Bedeutung der Familie für die Kinderkirche verlangt nach konzeptionellen Klärungen. Als eine Art „Grundlagen-Konsens" zeichnet sich das Ideal einer Erziehungspartnerschaft ab: Eine *Erziehung zur Lebensführung* im christlichen Glauben (Familie) braucht eine *Lehre* im Sinne einer strukturierten und professionell geleiteten Begegnung mit Inhalten und Formen dieses Glaubens (Kinderkirche). Herausforderungen bestehen in der Pluralisierung familialer Lebensformen und in den Stressfaktoren in ihrer Alltagsbewältigung. An die Stelle vorauszusetzender *institutioneller* Verbindungen zur Kirchgemeinde treten heute *individualisierte* Beziehungen, gelenkt von *persönlichen Erfahrungen* und sog. „religionsgenerativen" *biografischen Herausforderungen* (z. B. rings um Geburt und Tod, oder lebenszyklisch wie der Schulanfang, oder generell die Suche nach verlässlicher Gemeinschaft).[3]

Impulse für die Praxis

- Auf einem großen Blatt Papier und mit farbigen Stiften lässt sich mit geringem Aufwand eine *sozial-ökologische Skizze* der je eigenen Kinderkirche entwerfen – zur eigenen Orientierung oder als Diskussionsgrundlage in einem Team.
- Diese Skizze kann man ausschnittweise als *Netzwerk-Karte* verfeinern. Das bedeutet, nach beteiligten Personen zu fragen und die Beziehungslinien zu vervielfältigen. Auch daraus lassen sich Aktionsschwerpunkte ableiten. Wird Kinderkirche als eine *Schnittstelle im Leben einer Kirchgemeinde* erkennbar?
- Dichte Beziehungen zu Familien stellen ein Qualitätsmerkmal von Kinderkirche dar. Ein methodisches Anschauungsbeispiel gibt der Brotbackofen im Pfarrgarten von Wiesenbrunn, in Verbindung mit den aufgestellten Bänken. (→ I-1-6; vgl. auch III-16: Vernetzungen entwickeln)
- Die Vernetzungen mit der Schule (speziell dem RU) und zur Welt medialisierter Kommunikation bräuchten gezieltere Analysen, um aufzuzeigen, worin konkrete Vernetzungschancen liegen könnten.

> „Also ich war jetzt auch mit ihr beim Stolpersteine-Putzen. Also dass man auch Kindern schon ziemlich schnell beibringt (…) wie Menschen Gesellschaft gestalten, was Demokratie ist."
> (Mutter in Oberstadt)

> „Das ist für mich auch selber eine große Überraschung gewesen, dass man sozusagen auch so in die Gemeinde hineingezogen werden kann."
> (Mutter im Elternpaar, Meisterfurt)

---

[1] Vgl. Bronfenbrenner, Uri: Die Ökologie der menschlichen Entwicklung, Stuttgart 1981.
[2] Vgl. https://www.ekd.de/ekd_de/ds_doc/ekd_v_kmu2014.pdf (Abruf 4.2.2023) sowie die Beiträge im Sammelbändchen von Hörsch, Daniel/Pompe, Hans-Hermann (Hg.): Kirche aus der Netzwerkperspektive. Metapher – Methode – Vergemeinschaftungsform, Leipzig 2018.
[3] Vgl. Roth, Annette: Familie und Gemeinde im Wechselspiel. Impulse für ein gelingendes Miteinander. In: Mutschler, Bernhard/Hess, Gerhard: Gemeindepädagogik. Grundlagen, Herausforderungen und Handlungsfelder der Gegenwart, Leipzig 2014, 191-208.

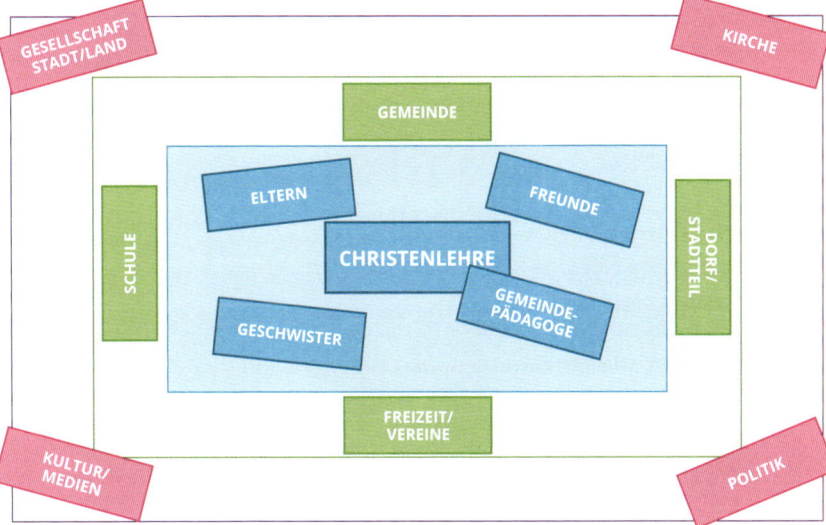

Didaktik und Mathetik

In den bisherigen acht Kapiteln von Teil II dieses Arbeitsbuches habe ich *systematische* und *prozesssteuernde* Kategorien diskutiert, die uns unsere Praxisbeobachtungen nahegelegt hatten. In den folgenden drei Kapiteln versuche ich zusammenzufassen. Dafür verwende ich teilweise Begriffe, die uns auch bisher schon immer wieder begegnet waren (Didaktik, Gemeinschaft). Teilweise brauche ich aber auch neue Begriffe, um die Zusammenhänge zu erklären (Mathetik, Relevanz).

Impulse aus der Praxis

■ Für Kinder wie Erwachsene unserer Forschungsfelder steht außer Frage: Glauben, Lernen und Gemeinschaft gehören vom Grundsatz her zusammen – auch wenn dies nicht in jeder Stunde ansichtig oder erlebbar wird.

■ Für die Kinder wird dieser Zusammenhang durch eine freudbetonte Gestaltung aufgewertet, durch Spiel, Spannung, Bewegung und nicht zuletzt durch die begehrten Kekse. „Sich wohlzufühlen" heißt auch, Begegnungen von den eigenen Bedürfnissen und Fragen her mitgestalten zu dürfen.

■ In den Beziehungen innerhalb der Gruppen und besonders zu den Gemeindepädagoginnen ist Vertrauen spürbar, als eine unverzichtbare Basis für gemeinsame Erkundungen und Projekte.

> „Ich denke halt wirklich, diese besondere Gemeinschaft unter den Vorzeichen: Wir sind alles Christen – also das ist ja noch eine andere Art von Gemeinschaft, ich denke schon, dass die das spüren."
>
> (Gemeindepädagogin in Meisterfurt)

Impulse zur Reflexion
Anknüpfung: Didaktik

In der Einleitung (→ S. 11) hatte ich skizziert, inwiefern der Ansatz beim *Bildungsbegriff* das Nachdenken über Kinderkirche, Christenlehre & Co. fundiert. Wenn es um praktische Inszenierungen von Bildungsprozessen geht, bedient man sich der *Didaktik*; auch ich habe in den zurückliegenden Kapiteln öfters von „Didaktik" und „didaktischen Reflexionen" gesprochen.

Den II. Teil dieses Arbeitsbuches bilanzierend, möchte ich diesen Bezug problematisieren. Denn in der Didaktik geht es hauptsächlich um *planbares* Lehren und Lernen, v. a. in der Form von *Unterricht*. In der Kinderkirche hingegen geht es um das Phänomen des *Glaubens*, mit seiner *begrenzten* Lehr-Lernbarkeit (→ vgl. III-3). Deshalb hatte ich schon in Kap. II-6 „Begegnung" als einen offeneren Leitbegriff eingeführt. Zwar gibt es unterrichtsförmige Elemente im Verlauf einer Christenlehre, aber viel wichtiger ist *der Prozess insgesamt* in seinen systemischen Vernetzungen (→ II-8).

Die Kunst eines wirksamen Lernens

Deshalb stelle ich der Didaktik nun *Mathetik* zur Seite. Dieser Begriff wird zwar in Pädagogik und Religionspädagogik selten erwähnt. Doch ich halte ihn für hilfreich, um der Spezifik der *Christenlehre als Glauben-Lernens* gerecht zu werden.

Der Begriff geht auf das griech. *mathein* (lernen) zurück. In seinem Werk „Didactica Magna" (1657) beschreibt Johann Amos Comenius damit einen Perspektivenwechsel von der „Kunst eines wirksamen Lehrens" (Didaktik) hin zu einer „Kunst eines wirksamen Lernens", d. h. auf die Schüler. Lernen heißt für Comenius „suchen", mit allen Sinnen, angezogen von authentischen Lerngegenständen.[1]

> „Es ist nicht unchristlich, es zeugt vielmehr von einer zutiefst christlichen Glaubensüberzeugung, wenn man das Christentum nicht lehren will, sondern es vornehmlich lebt und also anderen vorlebt. Die Hoffnung, dass der Sinn sich am Leben selbst einstelle und zeige, ist schon der größere Teil des Glaubens."[3]

Mathetische Zeitgenossenschaft

Ende des 20. Jahrhunderts wurde der Begriff „Mathetik" religionspädagogisch herangezogen, um besser ausdrücken zu können: Was am Glauben ausschlaggebend sei, könne nicht lehrend, v. a. nicht katechetisch vermittelt werden. Es brauche vielmehr eine solidarische, freiheitliche Suche. Religiöse Bildung sei ein ‚gemeinsames Lernen aller Beteiligten'. Norbert Mette plädiert dafür, nicht die Frage, was Menschen glauben müssen, in den Mittelpunkt zu stellen, sondern wie sie zum Glauben kommen.[2]

Auch Hartmut von Hentig argumentiert ähnlich: Natürlich werde die Lehrperson auch didaktisch tätig – sie wähle Stoffe aus, präsentiere sie sorgfältig vorbereitet. Aber eben auf der Grundlage einer mathetischen Zeitgenossenschaft, die den Zweifel nicht scheut, die Grenzen des eigenen Verstehens der Welt eingesteht, nach der Konsequenz des Glaubens im eigenen Leben fragt und den Kindern zutraut, die für sie wichtigen Antworten selbst zu finden.[3]

Impulse für die Praxis

- Mathetik heißt, dass die Gemeinde, und in ihr der Gemeindepädagoge mit der Kindergruppe, Chancen *verbindlicher christlicher Zeitgenossenschaft* erkundet. Dazu gehört eine ganze Bandbreite von Formaten, z. B. auch Rüstzeiten.
- In mathetischer Perspektive wird der christliche Glaube als eine dynamische, ermutigende Kraft verstanden, die sich in Geschichten, aber eben auch im ganzen Prozess Kinderkirche erschließt.
- Der thematische Fokus liegt auf den *Anliegen der Kinder* sowie ihren Möglichkeiten, Stoffe der christlichen Tradition *mit ihren Verstehensmöglichkeiten* aufzuschließen. Dies bedarf beständiger pädagogisch-professioneller Aufmerksamkeit, um Balance zu halten mit dem Interesse von Kirchgemeinden, ihre Zukunft via katechetischer Traditionsvermittlung zu sichern.
- Vielleicht findet die Frage nach grundlegenden ethischen Konsequenzen mathetischer Zeitgenossenschaft, jenseits vereinzelter moralischer Normen, noch zu wenig Beachtung in der Gemeindepädagogik.

„Was eigentlich christlicher Glaube sein kann. Wir sind zusammen, wir leben zusammen. Ich glaube, da ist die Kinderkirche so der Ort, wo das am besten funktioniert."
(Kirchvorsteher in Meisterfurt)

[1] Vgl. Chott, Peter O.: Die Entwicklung des Mathetik-Begriffs und seine Bedeutung für den Unterricht der (Grund)Schule (1998), zum download https://schulpaed.de/wp-content/uploads/2019/01/1998-a-mathetik-begriff.pdf (Zugriff 8.2.2023).

[2] Vgl. Mette, Norbert: Religionspädagogik, Düsseldorf 1994, dazu Domsgen, Michael: Religionspädagogik, Leipzig 2019, 128.

[3] von Hentig, Hartmut: Glaube: Fluchten aus der Aufklärung, Düsseldorf 1992, 108-122; gekürzt erreichbar in: Ders.: 10 Gedanken zu einer Mathetik des christlichen Glaubens. In: CRP 57 (2004), H. 4, 4–6.

Teil II — Kinderkirche konzeptionell reflektieren

Gemeinschaft

„Das, was Gemeinde auch ist, es ist ja eine Gemeinschaft, die uns auch stärkt oder ein Zuhause geben soll."
(Kirchvorsteherin in Wiesenbrunn)

„Das mit den Keksen, die sollen auch alle was mitbringen, das hat auch sowas Gemeinschaftsstiftendes."
(Eltern in Meisterfurt)

Impulse aus der Praxis

- „Wir", „zusammen", „miteinander", „gemeinsam" – ein *Gefühl von Zusammengehörigkeit* ist das am häufigsten und mit der meisten Emphase genannte Merkmal der Kinderkirche.
- Die Befragten sprechen von Gemeinschaft sowohl als *Voraussetzung* als auch als *Folge* der Praxis von Christenlehre, sowohl „weil ..." als auch „sodass ...".
- Gemeinschaft erscheint als ein zentrales *Medium der verschiedenen Sachen*, um die es in der Kinderkirche geht. Speziell der *Glaube* wird in der Gemeinschaftserfahrung zugänglich und qualifiziert diese zugleich.
- Weder in den Hospitationen noch in den Interviews wurde ein Anpassungsdruck oder ein Homogenitätsideal erkennbar. Die Gruppen fungieren vielmehr als *Rahmen der individuellen Entfaltung*.

Impulse zur Reflexion

Eine mathetische Qualität

Nach „Mathetik" finden wir mit „Gemeinschaft" den zweiten bündelnden Begriff dafür, worum es in der Christenlehre letzten Endes geht (dem dritten Begriff – „Revelanz" – widmet sich das nächste Kapitel). Diese Behauptung ist *empirisch* solide begründet – alle unsere Befragten betonen Gemeinschaft als herausragendes Merkmal.

„Gemeinschaft" hat aber auch *konzeptionell* orientierende Bedeutung. Denn Gemeinschaft zu erleben, lässt sich als praktischer Ausdruck der *mathetischen Qualität* von Kinderkirche verstehen (→ vgl. II-9): Im Miteinander erkunden und erproben die Kinder, was es heißen könnte, ein Leben im christlichen Glauben und als Teil von Gemeinde zu führen.

Koinonia

Gemeinschaft ist eine der Grundfunktionen kirchlichen Handelns (→ vgl. II-4). Sie stützt sich auf die hohe Bedeutung, die der Gemeinschaft im Neuen Testament zugemessen wird, insbesondere bei Paulus und in der Apostelgeschichte (Apg 2,42). Koinonia beschreibt eine *innige wechselseitige Verbundenheit*, die durch eine *Teilhabe an etwas* zustande kommt. Inhaltlich geht es Paulus um solche Gemeinschaftsverhältnisse, die durch die *Verkündigung des Evangeliums*, d. h. letztlich durch die Gemeinschaft mit Jesus Christus gestiftet werden. Koinonia beinhaltet auch eine *wechselseitige Verpflichtung*, die sich z. B. in der Kollekte für die Jerusalemer Urgemeinde konkretisiert (2Kor 8f.).[1]

Individuation und Sozialisation

Pädagogisch gesehen, geht es in Bildungsprozessen einerseits um *Individuation*,

d. h. um das *einzelne* Kind und seine Subjektwerdung. Andererseits wird dieser Prozess von *kulturellen Bedingungen des Aufwachsens* beeinflusst und erfolgt in diese hinein (*Sozialisation*).

Für die teilnehmenden Kinder muss die Christenlehre als ein *sozialisationswirksamer Kontext* verstanden werden. Mit ihrer räumlichen und inhaltlichen Repräsentation von „Kirche", mit ihren Atmosphären und personalen Begegnungen übt sie indirekten Einfluss aus. Dieser Einfluss wird durch die Wichtigkeit, die alle Beteiligten der *Gemeinschaft* beimessen, zusätzlich verstärkt. Damit jedoch steigt auch die Verantwortung, auf die Balance mit *individuierenden* Elementen zu achten.

Die Kindergruppe

Dieses Zusammenspiel von Individuation und Sozialisation äußert sich in spezifischen Spannungsfeldern einer Christenlehre-Gruppe, z. B.:
- *Homogenitätswünsche* („zusammen") und *faktische Heterogenität* (Alter, Geschlecht, Sozialisation etc.),
- *fremdbestimmte* Motive (elterlich veranlasste Teilnahme, vorgegebene Themen, manche religiöse Sichtweisen und Praxen) und wachsende Fähigkeit zu freiheitlich-*selbstbestimmtem* Tun und Lassen,
- innenliegende, *selbstgenügsame* Zwecke des Miteinanders und *thematische Ansprüche*,
- *Sicherheit gebende* wiederkehrende Praxisformen und *Neugier weckende* Impulse.

Zweck und Intention

Didaktisch gesehen, steht „Gemeinschaft" in einer reizvoll doppelten Bestimmung. Einerseits kommen Kinder zur Christenlehre, weil sie dort Gemeinschaft erleben können (Zweck). Andererseits wissen die Erwachsenen, wie wichtig gemeinschaftsförderliche Aktionen sind (Intention).

Impulse für die Praxis

- Gemeinsam lässt sich erkunden, welchen Zusammenhang es geben könnte zwischen der *Hauptsache*, um die es in der Christenlehre geht, und dem *Umgang miteinander*.
- Werden die Unterschiede und Spannungsfelder in einer Gruppe wahrgenommen und auf Chancen wechselseitiger Ergänzung und Unterstützung hin befragt, darf eine *Stärkung des Zusammenhaltes* erwartet werden.
- *Sinnesbezogene Kommunikationsformen* (z. B. Essen, Riechen, der Fokus einer brennenden Kerze) können das Gemeinschaftserleben fundieren.
- Gemeinschaft wird auch durch *variable Sozialformen* attraktiv (Einzelbeschäftigung, Duos, Kleingruppen, Plenum). Diese bauen die Fähigkeit zu selbststeuernder Kommunikation altersgerecht und schrittweise aus. Dieser Aspekt ist besonders dann wichtig, wenn die Kinder verschiedene Schulen besuchen, speziell nach Ende einer gemeinsamen Grundschulzeit.
- So wie eine Gruppe aus Anlass *gemeinsamer Aktionen* zustande kommen kann, vermögen gemeinsame Aktionen den Zusammenhalt einer Gruppe zu stärken. Sind sie im engeren oder weiteren Sinn *helfender Art*, können sie das Bewusstsein über den eigenen Horizont hinaus erweitern – durchaus in einem diakonischen Sinn.

---

[1] Vgl. Hainz, Josef: Art. κοινωνία. In: EW (NT), II, 749-755.

„Also zu wissen, ich bin nicht allein, da ist jemand da, der mir Halt gibt, es gibt eine Gemeinschaft, die dazugehört, zu der ich mit dazugehören kann."

(Mutter in Oberstadt)

„Das ist, glaube ich, wirklich so die Gemeinschaft, das Zeit haben für die Kinder, mit den Kindern. Das ist so das Erfüllende: Die Gemeinschaft."

(Gemeindepädagogin in Wiesenbrunn)

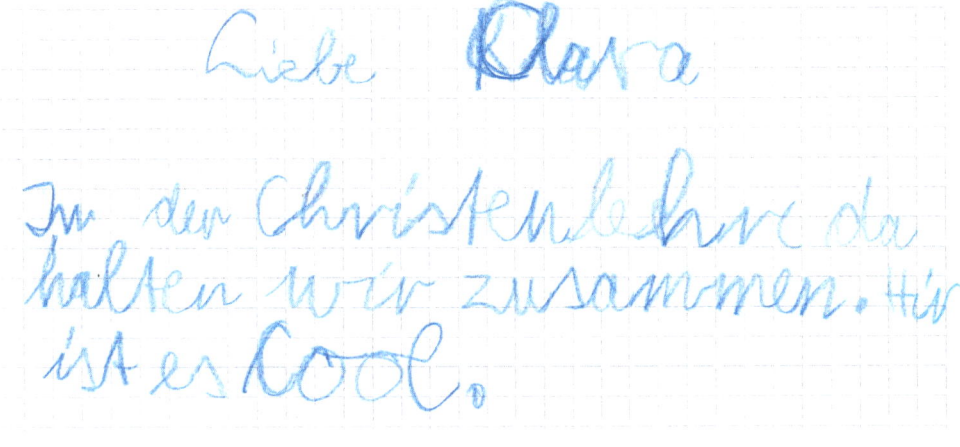

Liebe Klara
In der Christenlehre da halten wir zusammen. Hier ist es cool.

Teil II — Kinderkirche konzeptionell reflektieren

Relevanz

> „Ich möchte ihnen einfach das Gefühl geben, sie können hier zuhause sein, geborgen sein, und das ist etwas, was sie in ihrem Leben weitergeben können. Und auch für sich selber einen Halt finden können."
> (Gemeindepädagogin in Waldhofen)

> „Entscheiden, ob die später dabei bleiben, oder ob sie glauben wollen, müssen sie später selber, aber ich will ihnen wenigstens vorführen, was es geben kann und wie es soll."
> (Vater in Waldhofen)

Impulse aus der Praxis

- Manche unserer Befragten äußern *starke Überzeugungen, was für sie Christenlehre wichtig macht.* Sie binden das an verschiedene Kriterien – ob nun an Gemeinschaft, Tradition, Glauben, Zukunft, Spaß, Gesellschaft u. v. m. Manchmal sind es *Themen*, die den Ausschlag geben (z. B. Bibel), manchmal ist es die *Art und Weise*, in der die Christenlehre gestaltet ist. Entscheidend ist, dass die Kriterien mit *Lebensbedeutsamkeit* verknüpft sind.
- Die Verankerung der Kriterien spiegelt manchmal *lokale kulturelle Übereinkünfte* (z. B. in der starken Traditionsorientierung in Waldhofen). Manchmal enthält sie eine *institutionelle* Perspektive. Meistens ist sie stark *subjektiv* geprägt, auch unter Bezug auf die eigene Lebensgeschichte.
- Besonders bedeutsam finden die Befragten den Beitrag der Christenlehre zum *Gewinn von Lebensorientierung durch den Glauben.* Es scheint ihnen klar, dass es in dieser Hinsicht keine gleichsam handwerklich-mechanische *Weitergabe von Bedeutsamkeit* geben kann. Manche Erwachsene formulieren dies im Sinne eines Zugeständnisses, das zu geben ihnen nicht ganz leicht fällt.

> „Die zentrale Pointe des Relevanzpostulats besteht in der konsequenten Ausrichtung der kirchlichen Praktiken auf die aktuelle Lebenswelt der Subjekte. Soll Kirche von ihnen als relevant empfunden werden, bedürfen ihre Kommunikationsformen stringenter Bezüge zu den Situationen, in denen [die Menschen] stehen (…) – zu den Themen, die sie interessieren, den Vokabeln, mit deren Hilfe sie sich interpretieren, und den Vorstellungen, die ihnen Antrieb geben."[2]

Impulse zur Reflexion

Persönliche Sinnerfahrung

Nicht zufällig hat die Kategorie der „Relevanz" in den letzten Jahren verstärkte theologische Aufmerksamkeit erhalten.[1] Erstens spiegelt der Begriff ein wichtiges zeitgenössisches *Phänomen*: Die Verschiebung von Bedeutungszuweisungen *von der Institution zur Person*.

Zweitens deutet der Relevanzbegriff *Ansprüche* an. Mit seiner Hilfe lassen sich *Intentionen* diskutieren. Das ist wichtig, weil der christliche Glaube einen *lebensorientierenden Anspruch* vertritt.

Beides gilt auch gemeindepädagogisch: Wenn die Christenlehre mathetisch wirken soll, dann muss sie darauf achten, *was Kinder und ihre Eltern für relevant halten.* Die zweifache Bestimmung als *Zweck* und *Intention*, der wir auch schon beim Bündelungsbegriff „Gemeinschaft" begegnet sind (→ II-10), kehrt auch bei der „Relevanz" wieder.

Ein konzeptioneller Schnittpunkt

Der Begriff „Relevanz" bietet einen *gemeinsamen Kern* für *unterschiedliche Konkretionen* von Kinderkirche. Er verknüpft:

- die Pluralität, in der Kinderkirche de facto betrieben wird, hinsichtlich von *Themen und Formen*,
- die *Situationsgebundenheit*, denn Bedeutungszuweisungen der Beteiligten können je nach Ort, Zeit und Einflüssen variieren,
- die Aufgabe, *glaubensbezogene Bedeutungszuweisung und Biografie* zu balancieren, die Würdigung *bestehender* Relevanzen und die bildende Begegnung mit *neuen, andersgelagerten* Relevanzen,
- letztlich die *umfassenden Ansprüche*, die mit *Glauben, Leben, Lernen und Kirche/Gemeinde* verbunden sind, mit der *Offenheit*, die sich in *Beziehung, Begegnung, Beteiligung und Vernetzung* spiegelt.

Kritische Hinweise

„Relevanz" als Leitbegriff macht auf mögliche Untiefen in der gemeindepädagogischen Theorie und Praxis aufmerksam:

- unhinterfragbare Wichtigkeitsbehauptungen, seien sie kirchlich begründet, biblisch oder personal,
- ein starres Konzept von dem, was wirklich zählt im Leben,
- die Idee, Glauben könne unter Absehung von der Person methodisch herbeigeführt werden,
- die Idee, Kinder könnten Bedeutung passiv „in Empfang nehmen".

Aufmerksamkeitsregel in der Praxis

Relevanz ist ein *Relationsbegriff*. Stets geht es um eine *ausschlaggebende Bedeutung, die jemand im Hinblick auf etwas* erkennt. Dieses „etwas" liegt häufig *außen*. Es kann aber auch um *innere*, möglicherweise fest verankerte Logiken gehen. Ob außen oder innen – pädagogisch kommt es darauf an, Verknüpfungen zu erkunden zwischen
a) einer *Sache*,
b) ihrem Beitrag für die persönliche *Alltagsbewältigung* und
c) den *Kriterien*, an denen die Person diese Bedeutungszuweisung festmacht. Eventuell auftauchende Konkurrenzen stellen die Frage nach der *Deutungsmacht*. Wer bestimmt, was als relevant gilt?

Impulse für die Praxis

- Der Erkundungsraum wird didaktisch durch Leitfragen eröffnet wie: Was ist mir wichtig? Was ist für mich so wichtig, dass es einen Unterschied ausmacht dafür, wie ich die Welt sehe, meine Beziehungen, mein Tun? Was hilft mir im Großen wie im Kleinen, im Alltag klarzukommen? Solche Leitfragen lassen sich anhand unterschiedlichster Medien operationalisieren und den Kindern anbieten.
- Der Erkundungsraum lässt sich mathetisch weiter ‚möblieren'. Man kann etwa fragen und gemeinsam erkunden: Inwiefern tragen Bibelgeschichten, Lieder, religiöse Praxen oder auch eine Kinderkirchenstunde dazu bei, sich im Leben zurechtzufinden?
- Für die Wahrnehmung lebensbedeutsamer Aspekte spielt der didaktisch-methodische Wechsel zwischen real anwesenden oder medial eingespielten Perspektiven eine zentrale Rolle.
- Besonders in ostdeutschen Kontexten lohnt es sich, grundsätzliche Irrelevanz-Vermutungen ins Gespräch zu bringen, was mögliche Beiträge von Religion und Glauben zur Lebensbewältigung betrifft.
- Anhand von Lebensläufen lässt sich gut erkunden, inwiefern sich Relevanzen verändern können, und welche Einflüsse dazu beigetragen haben.

„Hier macht es richtig dolle Spaß."
(Aaron in Meisterfurt)

[1] Vgl. z. B. Domsgen, Michael: Relevanz erkunden: Christsein als Lebensform an unterschiedlichen Lernorten zeigen und verstehen. In: ZPT 72 (2020), 276-286. Die VI. Kirchenmitgliedschaftsuntersuchung der Ev. Kirche in Deutschland wird ab Ende 2023 ihre Ergebnisse mit den Themenschwerpunkten „Partizipation und Relevanz" veröffentlichen.

[2] Stetter, Manuel: Relevanz. Überlegungen zu einem Postulat kirchlicher Kommunikationspraxis. In: Weyel, Birgit/Bubmann, Peter (Hg.): Kirchentheorie. Praktisch-theologische Perspektiven auf die Kirche, Leipzig 2014, 203-222, 221f.

Teil III

Kinderkirche als Prozess verstehen und gestalten

Welche Impulse folgen aus Wahrnehmungen (Teil I) und grundlegenden Reflexionen (Teil II) für die Praxis?

Wie dieser Teil funktioniert

Aus vier Momentaufnahmen der Praxis bildungsbezogener Arbeit mit Kindern in Kirchgemeinden (Teil I) habe ich grundlegende Kategorien abgeleitet und der konzeptionellen Reflexion angeboten (Teil II). Was folgt daraus nun für die Planung und Gestaltung von Praxis?

Wo Maßstäbe herkommen

Aus einer beobachteten Praxis folgen nicht direkt Maßgaben für zukünftige Gestaltungen. Aus dem Sein folgt kein Sollen. Auch setzen systematische Kriterien wie Glaube, Lernen, Leben, Gemeinde etc. keine unmittelbaren Anleitungen für die Praxis frei. Sie liegen diesen vielmehr zugrunde.

Es braucht also vermittelnde Überlegungen. Sie müssen die *Struktur der mathetischen Begegnung zwischen Prozess, Person und Sache* ordnen, und zwar eingedenk der Herausforderungen der Praxis und der grundlegenden Kategorien. Dies ist die Aufgabe von

Didaktik. Daraus wiederum folgen *konkrete Gestaltungsoptionen.* Hier kommt die Methodik ins Spiel.

Gliederung

Wir fragen also zuerst nach dem, was eine Kinderkirche als Veranstaltung ordnet. In den Kapiteln III-1 bis III-8 geht es um die *Prozessförmigkeit*, um die unterschiedlichen *Funktionen* der typischen Stationen, woher die *Sachen* bzw. Themen kommen, wie daraus *Inhalte* für die Kinder werden, wie man Begegnung *planerisch vorbereiten* kann und wie man sich Klarheit über die *Absichten* (Intentionen) verschafft.

In den Kapiteln III-9 bis III-15 hingegen widmen wir uns ausgewählten *Stationen* des Prozesses. Ich habe sie zwar zeitlich angeordnet, beginnend mit dem „Anfang vor dem Anfang" einer Stunde. Aber das soll keine lineare Abfolge bestimmter Elemente festlegen. Sondern: Aus dem Verständnis für die inneren Funktionsweisen erwächst die Freiheit, bestimmte Elemente situativ unterschiedlich zu profilieren und anzuordnen.

Deshalb brauchen auch nicht alle denkbaren Schritte einer Christenlehre-Stunde zur Sprache zu kommen. Es genügt, einige klassische Stationen vor dem Hintergrund der grundlegenden Kriterien und Funktionen zu beleuchten. Die Konkretion muss ohnehin durch *Sie* erfolgen: Was ist *Ihre* Stärke, was ist die Besonderheit *Ihres* Ortes, sozusagen Ihre Idee eines „Brotbackofens" (→ I-2), hinter der sich alle Beteiligten versammeln könnten?

Abschließend knüpfe ich an die Überlegungen zur Vernetzung als einem wichtigen „Prozessmotor" für Kinderkirche an (→ II-8) und frage, in welche Richtungen sich diese erstrecken könnte.

Kinderkirche als Prozess

„Unterricht"?
Die Christenlehre beinhaltet zwar *unterrichtliche Elemente* im Sinne strukturierter Begegnungen von Sachen und Personen. Doch insgesamt gesehen, assoziiert der Begriff „Unterricht" wie kaum ein anderer das Kerngeschäft von *Schule*. Die Befragten unseres Forschungsprojektes sind sich jedenfalls einig: Kinderkirche ist „nicht wie Schule". Im Gegenteil – Kinder wie Erwachsene kritisieren viele Praxismerkmale des Religionsunterrichts und rücken ihn in die Nähe von „Religionskunde". Im Gegenzug loben sie die Kinderkirche als Ort authentischer, gemeinschaftsbezogener Erfahrungen mit christlicher Religion. Als didaktischer Leitbegriff für Christenlehre ist „Unterricht" deshalb ungeeignet.

„Agende"?
Wählte man „Agende" oder „Liturgie", um die Veranstaltungstypik von Christenlehre einzufangen, würden *rituelle* Elemente betont, abgeleitet aus dem gottesdienstlichen Handeln von Kirche. Hin und wieder trifft man auf eine solche Zuordnung.[1] Zweifellos spielen liturgisch-rituelle Elemente in der Kinderkirche eine unersetzliche Rolle, ob in der Anfangsrunde oder im Segenskreis am Schluss, in Liedern oder Gebeten. (→ III-12) Aber als *Leitbegriff des Ganzen* ginge „Agende" an der Realität vorbei.

„Prozess"
Der Begriff „Prozess" hingegen kann wichtige didaktische Merkmale von Christenlehre bündeln.
- Zunächst benennt er, ganz trivial, den *zeitlichen und planförmigen Ablauf* des Ereignisses. Doch er meint noch mehr.
- Mit „Prozess" ist eine pädagogische Zeitgestaltung gemeint, *die eine Sache aufbaut.*
- Die spezifische Art und Weise, in der „der Prozess Kinderkirche" verläuft, bringt *Unerwartetes, Ungeplantes* hervor. Dies ist gewollt und willkommen.
- Die Unverfügbarkeit des Glaubens, der Respekt gegenüber der Möglichkeit religiöser Begegnungen braucht *Offenheit*. Auch das spiegelt der Begriff „Prozess".
- Das, was in einer Christenlehre *geschieht*, bekommt Vorrang gegenüber einem „Produkt". Zwar geschieht vieles, was über die Veranstaltung selbst hinausweist. Aber das beinhaltet keine Leistungsbewertung – weder ein Kreativprodukt noch ein Anspiel in einem Familiengottesdienst.

Prozessmotoren
In Kap. II-5 bis II-9 hatten wir über „Beziehung", „Begegnung", „Beteiligung" und „Vernetzung" im Sinne von *Antriebskräften* für den Prozess „Christenlehre" nachgedacht. Sie werden uns im Laufe der folgenden Kapitel immer wieder begegnen.

---

[1] Vgl. Comenius Institut (Hg.): Gottesdienstliche Angebote mit Kindern. Empirische Befunde und Perspektiven, Münster 2018. Die kritische Diskussion dazu findet sich im Band von Kirsti Greier/Bernd Schröder (Hg.): Kirche mit Kindern. Empirische Befunde – Konzepte – Desiderate, Münster 2020.

Grundfunktionen einer Christenlehre

Was tragen die einzelnen, verschiedenen Stationen einer Christenlehre zum Gesamtprofil der Veranstaltung bei, welche „Funktion" bekommen sie? Wir fragen, *was eigentlich an welcher Stelle geschieht bzw. geschehen soll*. So werden insgesamt unterschiedliche Profile von Christenlehre (das jeweilige *konzeptionelle Modell*) sichtbar. Die „Funktionen" bauen gute Brücken zwischen den grundlegenden Kategorien, die wir in Teil II dieses Arbeitsbuches bedacht haben, und der konkreten Praxis einer Stunde. Die Kategorien „tragen" gleichsam die unterschiedlichen Funktionen und wirken so auf die Gestaltung der einzelnen Stationen ein.

Freilich lässt sich die Frage nicht trennscharf, sondern nur in Verknüpfungen beantworten. Es ist z. B. intentional möglich (und häufige Praxis), die *Austauschrunde* im Anfangsteil einer Stunde bzgl. des aktuellen Befindens mit Liedern, Kerze und Gebet zu verbinden. Fachlich gesprochen: Soziale, seelsorgerliche und liturgische Funktionen werden in ein- und derselben Station verknüpft. Das persönliche Ergehen der vergangenen Woche wird in eine religiös-expressive Gestalt eingeordnet.

Im Rückblick auf Wiesenbrunn und Oberstadt, Waldhofen und Meisterfurt leuchten sechs Grundfunktionen einer Kinderkirche auf. Sie werden hier nur ganz kurz benannt, um einen Überblick zu gewinnen, und durch Verweise ergänzt.

Die freizeitpädagogische Funktion

Die Kinderkirche findet zu einer Zeit des Tages statt, die nicht so stark „fremdbestimmt" ist wie die Schulzeit, aber auch nicht völlig „selbstbestimmt". Ihre Teilnahme reiht sich ein in andere zweckbestimmte Zeiten wie Hausaufgaben für die Schule, Pflichten im Haushalt sowie andere Hobbies. Je besser es der Kinderkirche gelingt, die *freizeitlichen Bedürfnisse* der Kinder wie Spiel und Bewe-

gung, Essen und Trinken, Gemeinschaftsgefühl und Ausruhen teilhabeorientiert („mitmachen") mit den speziellen *Formen und Themen der Christenlehre* zu verknüpfen, umso mehr Hoffnung kann sie sich auf eine Erhöhung der intrinsischen Motivation machen. (→ III-9 und III-10)

Die soziale Funktion

Eine der wesentlichen Leistungen der Kinderkirche besteht darin, dass sie einen verlässlichen Rahmen zur Pflege freundschaftlicher Beziehungen und zur Entwicklung eines Zugehörigkeitsgefühls bietet. (→ II-5) In diesem Punkt stimmen alle Befragten unserer Untersuchung überein, sowohl im Blick auf einzelne *Freunde*, als auch hinsichtlich der *Gruppe* insgesamt und zum *Gemeindepädagogen* (stark betont im „wir", „miteinander", „gemeinsam"). Der Prozess einer Christenlehre-Stunde gibt vielfältigste Möglichkeiten für gegenseitige Wahrnehmung und Inanspruchnahme, und zwar auf einer basal-menschlichen Ebene und nicht erst aufgrund besonderer Leistungen.

Die seelsorgerliche Funktion

Verschiedene Stationen einer Stunde geben den Kindern Gelegenheit auszudrücken, was sie bewegt, ängstigt und beglückt. Im geschützten Rahmen können sie gegenseitig Anteil geben und nehmen. Manchmal geschieht das lautstark, manchmal aber auch am Rande und so leise, dass es leicht übersehen wird. Das ist nicht nur eine Sache der Austauschrunde zu Beginn, sondern des atmosphärischen Gesamtcharakters. Mit großer Nachdrücklichkeit zeigen unsere Interviews, wie wichtig allen Beteiligten ein Klima des Vertrauens ist. Diese seelsorgerliche Funktion kann man als eine die Christenlehre wesentlich bestimmende Ausformung der sozialen Funktion sehen.

Die liturgisch-rituelle Funktion

Die liturgisch-rituelle Funktion der Kinderkirche repräsentiert ein wichtiges Merkmal der sie tragenden Institution. Schon die wöchentliche Wiederkehr bestimmter Bestandteile und „ritus-nahe" Räume wie Gemeindezentren oder Pfarrhäuser schlagen rituelle Grundtöne an. Mathetisch gesehen, öffnet ein verlässlicher Rahmen den Raum der Begegnung. Liturgisch-rituelle Elemente liefern in ihrer inhaltlichen Struktur selbst Themen und Medien. Zudem bieten sie vielschichtige Partizipationsmöglichkeiten. Die Kinder lernen rituell-religiöse Formensprache wie Gebete, Lieder, Segen etc. kennen und erproben diese. (→ II-1, II-5 & III-12)

Die Bildungsfunktion

Naheliegenderweise setzen sich die Kinder in der Christenlehre mit Elementen der Tradition des christlichen Glaubens auseinander. (→ II-6, III-13, III-14) Doch dies geschieht nicht nur in explizit didaktisch verfassten Stationen, sondern ist eingebettet in ein umfassenderes Bildungsverständnis. Am *ganzen* Prozess lässt sich Glauben lernen, an altersgerechten Formen der Teilhabe und Mitbestimmung, an der Wertschätzung der Person (s. o. zur seelsorgerlichen Funktion). Unsere Praxishospitationen legen die Vermutung nahe, dass diese letztgenannten Aspekte der Bildungsfunktion stark wirken – so stark, dass sie auch kompensieren können, wenn die Entfaltung explizit thematischer Teile mal nicht recht gelingen will.

Die Vernetzungsfunktion

Kapitel II-9 hatte es bereits angedeutet: Christenlehre stellt über sich selbst hinausweisende Verknüpfungen her – zu anderen Lebensäußerungen und Handlungsformen der Kirche in Gemeinde und Region, zum familiären Hintergrund der Kinder, zu ihren Alltagserlebnissen, zu Schule bzgl. RU und Schulhof, sowie zu kommunalen Projekten wie Dorffest, Stolpersteine-Putzen, Seniorenweihnachtsfeier u. v. m. Im Vergleich der sechs Funktionen scheint die Vernetzung das pädagogische Personal am stärksten dazu herauszufordern, die Grenzen der Veranstaltung zu überschreiten, um *durch Vernetzung leistungsfähiger* zu werden. (→ III-16)

Gesamtintention

Nachdem wir grundlegende Kategorien von Kinderkirche (Teil II) sowie Prozess-Charakteristik und Grundfunktionen reflektiert haben, liegt genug Material bereit für eine situationsspezifische Bündelung:

Worum soll es in *Ihrer* Situation insgesamt gehen? Worauf ist das Ganze *Ihrer* Kinderkirche ausgerichtet?

Der Kindertreff soll ein Ort sein, an dem Kinder sich ernst genommen und respektiert wissen. Hier können sie von Gott hören und lernen, das Gehörte in Beziehung zu ihrem Alltag zu setzen. Sie können über den Umgang mit sich selbst und den anderen nachdenken …

… Kindern einen Ort zu bieten, an dem sie sich frei nach ihren Vorlieben und Stärken entfalten und wohlfühlen können. Dabei sollten sich die Inhalte und Projekte immer vor allem an den Schwerpunkten der Kinder orientieren …

Ich verstehe Christenlehre als ein vielfältiges Angebot, das der Erschließung des christlichen Glaubens und dem Erleben von christlicher Gemeinschaft dient. Sie orientiert sich am Wort Gottes und begleitet Kinder auf ihrem Glaubensweg in die Gemeinde.

Im Kontext und in Begleitung ihrer Gemeinde sollen die Kinder ihren eigenen Glauben besser kennenlernen beziehungsweise sich damit auseinandersetzen, was Glauben und damit ihr Evangelium genau bedeutet.

Gesucht wird eine Formulierung, die Auskunft über die *Absichten* der pädagogisch Verantwortlichen gibt – nicht im Blick auf einzelne Stunden oder Einheiten (→ III-8), sondern auf *konzeptioneller* Ebene. Solche Sätze braucht es in der *Parochie*, damit sich Eltern, Gemeindepädagogen und Kirchvorsteher verständigen können. Sie sind auf *regionaler* Ebene hilfreich, zur kooperativen Abstimmung und für die fachliche Begleitung. Eine Gesamtintention ändert sich nicht von Monat zu Monat oder von Jahr zu Jahr. Einmal formuliert, kann sie die Absichten mit einem bestimmten Format – wie eben der Kinderkirche – über einen längeren Zeitraum festhalten und bei Bedarf öffentlich kommunizieren.

Was meint „Intention"?

Würden wir hier von einem „Ziel" sprechen, dann ginge es um einen konkreten Zustand, der in der Zukunft liegt. Dieses Ziel soll mithilfe bestimmter Maßnahmen erreicht werden und sein Erreichen möglichst messbar sein – sozusagen ein „Ziel-Punkt".

Würden wir hier von einem „Zweck" sprechen, dann ginge es um die Gründe, aus denen heraus es Kinderkirche gibt, und die durch die Praxis Gestalt gewinnen sollen. Insofern sind „Gemeinschaft" und „Relevanz" zentrale Zwecke (→ II-10, II-11).

„Intention" hingegen passt besser zur Eigentümlichkeit von *Christenlehre als Prozess*. Die Verantwortlichen dokumentieren ihr *Wollen*, ihre *Absicht* im Blick auf bevorstehende Praxisgestaltungen. Das klingt, didaktisch gesehen, vielleicht überraschend bescheiden. Es trägt aber der mathetischen Ergebnisoffenheit des Bildungsprozesses Rechnung. Immerhin: Die Formulierung einer Intention gibt den pädagogisch Leitenden *Handlungsorientierung* und den Kindern (und Eltern) *Prozessorientierung*.

Ein Beispiel

Der Kastentext zeigt die „Gesamtintention" des „Rahmenplan: Kirchliche Arbeit mit Kindern in der Gemeinde". Dieses Planwerk hat zwar keine zentrale Verbindlichkeit. (Meist bevorzugen Gemeindepädagogen die

> *„In der Begleitung der Gemeinde sollen die Kinder das Evangelium als befreiendes und orientierendes Angebot erfahren. Damit soll ihnen geholfen werden, die Welt zu verstehen, Lebenssituationen zu bestehen und mit der Gemeinde zu leben. So sollen sie erfahren, wie Christen in einer pluralistischen Gesellschaft verantwortlich vor Gott leben können."*[1]

thematische Steuerung durch das Kirchenjahr und situative Faktoren → III-4.) Doch für die Formulierung einer eigenen Gesamtintention kann ein analytischer Blick auf den Text hilfreiche Impulse geben, z. B.:
- Welche Verben beschreiben die beabsichtigten Aktivitäten der Kinder?
- Welche Attribute akzentuieren die „Kommunikation des Evangeliums"?
- Welches Verhältnis zwischen Gemeinde(pädagogen) und Kindern wird angebahnt?

Vielfältige Profile

Unsere Erkundungen in Wiesenbrunn und Oberstadt, in Waldhofen und Meisterfurt haben gezeigt: Es gab zwar nirgends eine verschriftlichte Konzeption für die bildungsorientierte Arbeit mit Kindern, die Auskunft über so etwas wie eine „Gesamtintention" hätte geben können. Aber es wurden diesbezügliche *Vorstellungen in den Köpfen und Herzen* sichtbar. Sie erwiesen sich als *heterogen* zwischen Generationen, Regionen und Befragtengruppen. Das vorliegende Arbeitsbuch möchte Hilfestellungen geben, um über grundlegende Intentionen nachzudenken. Je nach Situation kann daraus ein Gespräch im Team vor Ort oder in der Region entstehen. Stets geht es darum, zu zukunftsfähigen und regional passgenauen Profilen zu kommen (→ Teil IV). Mithilfe einer Verständigung über die vorhandenen, aber selten besprochenen Intentionen bekommen allgemeine Intentionen wie „hineinwachsen", „wohlfühlen", „kennenlernen", „Glauben einüben", „Erfahrungen machen" konkrete Gestalt.

 MIT WELCHEN SÄTZEN WÜRDEN SIE DIE GESAMTINTENTION IHRER PRAXIS MIT KINDERN BESCHREIBEN?

[1] Reiher, Dieter: Rahmenplan: Kirchliche Arbeit mit Kindern in der Gemeinde, Leipzig 2008, 3. Diese Gesamtintention wurde ursprünglich 1977 im Blick auf die Christenlehre in der DDR formuliert. Nach der sog. „Wende" wurde der gesamte „Rahmenplan" in seiner Konstruktion der Kurse und Themen an die veränderten Umstände angepasst. Dabei wurde in der Gesamtintention die Kontextangabe „sozialistisch" durch „pluralistisch" ersetzt.

Was ist „Sache"?

Haupt-Sache, Teil-Sachen, meine Sache

„Kommunikation des Evangeliums" – so lässt sich die *Haupt-Sache* von Christenlehre zusammenfassen. (→ Einleitung) Diese Formel gibt dem inhaltlichen Profil von Christenlehre Rahmen und Orientierung.

Diese Haupt-Sache wird planerisch in *Teil-Sachen* zerlegt, wie etwa zum „Streit um die Wirklichkeit in der Perspektive des Glaubens". Dies lässt sich dann anhand konkreter *Medien*, wie etwa biblischen Wundergeschichten, für eine Begegnung aufbereiten. Teil-Sachen wie auch Medien erhalten ihr didaktisches Recht dadurch, dass sie die Hauptsache repräsentieren können.

Doch die eigentümliche Charakteristik des Glauben-Lernens durchbricht ein solch stufenförmiges, ableitendes Schema von Planung, und zwar vom Grundsatz her. (→ Kap. II-3) Zugespitzt formuliert: Zur „Sache" von Christenlehre wird, was die Beteiligten (Erwachsene wie auch Kinder) *zu ihrer Sache machen*. Dies ist die typisch evangelische, subjektorientierte Wendung in der inhaltlichen Konstruktion von Christenlehre. Wir müssen deshalb mit einer *gleichzeitigen Gegenwart unterschiedlicher „Sachen" im Prozess* rechnen.

Prozess als Sache

Die nächste Herausforderung wird durch das Missverständnis aufgerufen, die „Sache" in einer konkreten Stunde ereigne sich nur in einer einzelnen Phase (klassisch in Erzählung und Diskussion einer biblischen Geschichte). Wenn aber die Überlegungen zur *didaktisch-konstruktiven Funktion des Prozesses* (→ Kap. III-1) zutreffen, dann kann *jede* Phase im Stundenverlauf für „Sachen" sorgen. Mehr noch: Die Grafik in Kap. III-8 drückt aus, dass der *ganze Prozess* die Haupt-Sache der Kinderkirche repräsentiert.

Natürlich kann nie alles, was im Raum ist und geschieht, gleichzeitig verhandelt werden. Aber man kann bestimmte Phasen bzw. den Christenlehre-Prozess als solchen zum Thema machen. Das ist nicht nur eine *Möglichkeit*, sondern im Sinne der Partizipationsziele (→ II-8) eine *Notwendigkeit* und ein Aushandlungsgegenstand *mit* den Kindern.

Im Kap. III-8 werden wir noch genauer überlegen, in welchem Verhältnis der Teil, der als glaubensbezogene Sache von Woche zu Woche variiert, zu den wiederkehrenden Teilen des Prozesses steht.

Interviewer: „Worüber redet man am wichtigsten in der Christenlehre?"
Bernd: „Na, über die Sachen, die wir erlebt haben, einmal, und über die –"
[unklare Zuordnung]: „über Gott, über Gott, über Gott".
Bernd: „– Geschichten, die wir erzählt haben". *(Kinder in Meisterfurt)*

Woher kommen die Sachen?

Was in einer Christenlehre-Stunde „Sache" ist, kann verschiedenen *Quellen* entspringen.

■ Der „Rahmenplan Kirchliche Arbeit mit Kindern in der Gemeinde"[1] mit seinen vier Kursen in ihrer horizontalen und vertikalen Struktur bietet zwar eine Planungshilfe – doch in der Praxis scheint er nur eine marginale Rolle zu spielen.[2]

■ Viel häufiger entnimmt die Kinderkirche ihre Themen dem *Kirchenjahreskreis* (mit jüngeren Kindern) sowie dem *Gemeindeleben* (Familiengottesdienste, Kindermusicals, Gemeindefeste, Krippenspiele, Projekte etc. – verstärkt mit älteren Kindern).

■ Manchmal greifen Gemeindepädagogen ein *spontan* begegnendes Thema auf. Alltagserzählungen, Fragen der Kinder und (politische) Ereignisse im Umfeld verdichten sich in der Gruppe, greifen Raum und schieben Planungen beiseite. Solche Begegnungen können kaum didaktisch-methodisch vorbereitet werden. Aber sie aufzugreifen, drückt ganz unmittelbar die Wertschätzung für die Anliegen und Vorstellungen der Kinder aus.

■ Beide letztgenannte Quellen sind im *eigenen Plan der Gemeindepädagogin* verknüpft. Auch wenn dazu keine empirischen Untersuchungen vorliegen, kann man doch

darin ein weit verbreitetes Planungsmodell vermuten (jedenfalls gehen alle vier befragten Gemeindepädagoginnen unseres Forschungsprojektes so vor). Dieses Modell folgt kirchlich-institutionellen Impulsen und behält zugleich die Freiheit, Sachen thematisch zu machen, die den Beobachtungen und Reflexionen zur jeweiligen Gruppensituationen entspringen.

„Wenn man eben dann situativ einfach sagt: Das lass ich jetzt. Ich hatte zwar noch dies und das und das im Kopf, das lasse ich jetzt weg, weil wir sind grade so gut dabei und die erzählen von sich."

(Gemeindepädagogin in Wiesenbrunn)

 „SACHEN DER KINDER" — „SACHEN IM PROZESS" — RAUM FÜR IHRE NOTIZEN

---

[1] Vgl. Anm. 1 Kap. III-3.

[2] Vgl. Ev.-Luth. Landeskirchenamt Sachsens (Hg.): Arbeit mit Kindern in der EVLKS. Dokumentation zu den Ergebnissen der Befragungen an Kindern und Gemeindepädagogen und Gemeindepädagoginnen zum regelmäßigen Gruppenangebot (Christenlehre) für Kinder in Kirchgemeinden, Dresden 2019, 25.

Teil III — Kinderkirche als Prozess verstehen und gestalten

Wie werden aus Sachen „Inhalte"?

Didaktik der Begegnung

Im Kap. II-6 und II-9 hatten wir über die Merkmale von „Begegnung" und „Mathetik" als prozessleitende Kategorie für die kirchliche Bildungsarbeit mit Kindern nachgedacht. Nun geht es um die Frage, wie diese Einsichten die Praxisplanung leiten.

Das *ganze* Unternehmen „Christenlehre" repräsentiert die Haupt-Sache, um die es geht: Kommunikation des Evangeliums. Außerdem taugt *jede* Station des abwechslungsreichen Prozesses dazu, „Sachen" i. S. v. „Begegnungen" hervorzubringen. Dennoch ist es didaktisch gerechtfertigt (und im Zuge einer Stundenvorbereitung planerisch-pragmatisch auch unumgänglich), bestimmte „Sachen" vorzubereiten. Das darf aber nicht dazu führen, die zuvor benannten „Sachen" nachrangig zu behandeln. Um dies zu verdeutlichen, spreche ich von einer „vorläufigen Sache".

Intentionen im Konflikt

Hans-Ulrich Keßler und Burkhardt Nolte haben Erkenntnisse aus der allgemeinen Unterrichtsdidaktik in den Bereich der Arbeit mit Konfirmanden übertragen. Was sie schreiben, scheint mir auch für die Kinderkirche aufschlussreich. Zunächst halten sie fest, dass Jugendliche generell weniger *linear* lernen (von A nach Z), als vielmehr *assoziativ-chaotisch* (vielerlei mischt sich in den Lernvorgang ein).

Hinzu komme, dass die *thematischen Intentionen* von *Lehrpersonen* keineswegs identisch seien mit den *Handlungsabsichten* von *Lernenden*. Gerade im Freizeitbereich bestimmten häufig *themenfremde* Intentionen, was konkret passiert. Das gelte nicht nur für Lernende (z. B. „mit Amanda spielen"), sondern auch für Lehrende („mit den Kids ein nettes Klima erleben"). Auch dort, wo Lehrende mithilfe von Medien bestimmte *Themen* einbringen möchten, lösten diese Medien resp. Themen bei den Lernenden häufig andere, oft verborgene Interessen aus.

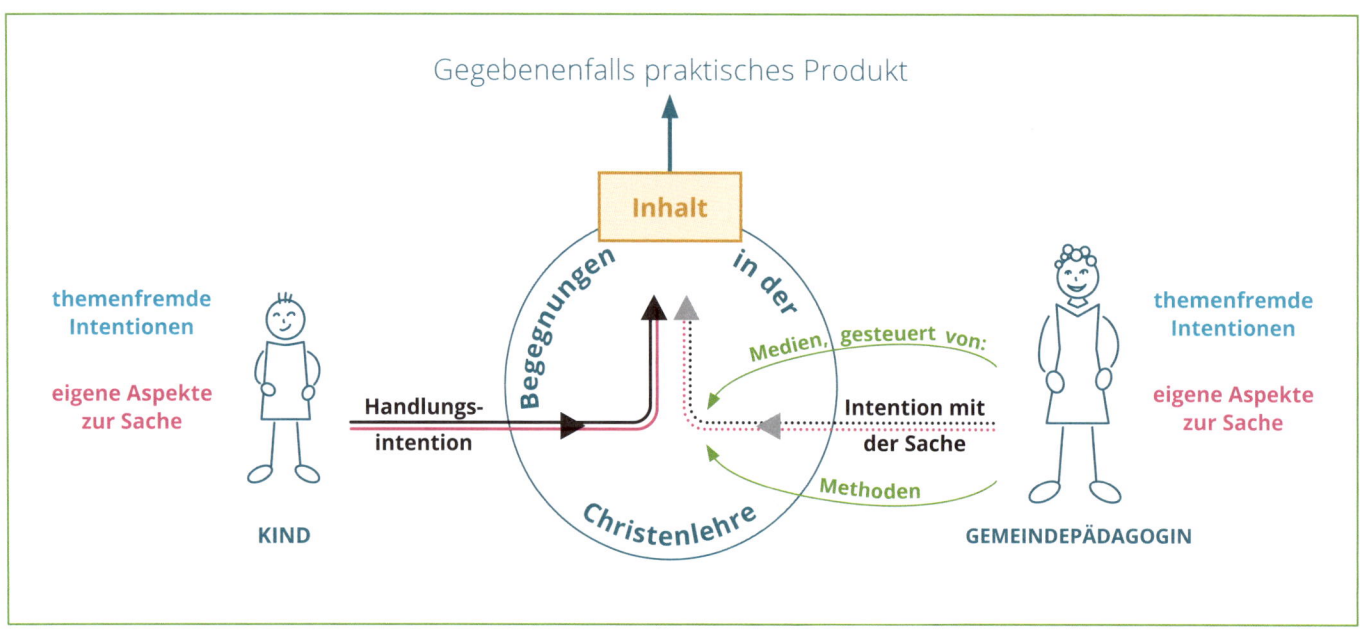

Wie entsteht ein Inhalt?

Die nebenstehende Skizze soll veranschaulichen, wie man sich also den Prozess der Begegnung vorstellen könnte. Beide Seiten – sowohl der Gemeindepädagoge als auch die Kinder (und diese auch noch binnendifferenziert variabel!) – bringen sowohl unterschiedliche *eigene Aspekte zum Thema* als auch unterschiedliche *themenfremde Intentionen* in den Prozess. Der Gemeindepädagoge mag durch seine vorbereiteten Medien und Methoden einen Vorsprung haben – doch nur solange bis der Prozess in Schwung gekommen ist. Keßler und Nolte plädieren nun dafür, die *Spannung zwischen den Intentionen didaktisch zu nutzen*. „Im Gefälle der Begegnung dieser unterschiedlichen Intentionen entstehen die Lerninhalte. Sie stehen also nicht von vornherein fest, sondern sind das Ergebnis dieses Begegnungsprozesses."[1]

Dieses Schema nimmt die mathetische Eigentümlichkeit des Glauben-Lernens (→ II-3) ebenso auf wie die freizeitpädagogische Einbettung der Kinderkirche. Die Sorge, dies könnte auf Unplanbarkeit und Beliebigkeit der konkreten Verläufe hinauslaufen, wäre verständlich, aber didaktisch unberechtigt, denn auch der Gemeindepädagoge ist ernsthafter Partner im Aushandlungsprozess. Er nimmt nicht nur das Recht der Kinder auf die subjektive Errichtung von Inhalten ernst, sondern auch seinen institutionellen Auftrag und die Beiträge seiner eigenen Person zum Prozess.

Instrumente der Begegnung
Medien

Medien sind „Mittler". Texte, Bilder, Begriffe, biografische Erzählungen etc. *repräsentieren* Sachen. Das ist ihre Aufgabe. In didaktischer Hinsicht gibt es nicht die „Sache an sich", sondern es gibt Medien, die der Pädagoge *in eine bestimmte Perspektive stellt.* Wählt eine Gemeindepädagogin also eine Bibelgeschichte, so prüft sie vorher deren Eignung, *um eine bestimmte Sache ins Spiel zu bringen* und überlegt passende Präsentationsformen, z. B. durch eine Erzählung. Dieser Grundsatz jeder Inszenierung hat es in der kirchlich-pädagogischen Praxis bisweilen schwer. Er muss sich gegen jene katechetische Tradition stemmen, die die Selbstmitteilung des Wortes Gottes zum Leitprinzip erhebt und die Pädagogik auf Fragen der „Anwendung" dieses Leitprinzips begrenzen will.

Methoden

Nun hatten wir freilich festgehalten, dass das, was letztlich als Inhalt einer Stunde entsteht, nur zum Teil von dem abhängt, was sich der Gemeindepädagoge vorgenommen hatte – z. B. eben mithilfe eines bestimmten Mediums. Dies ist der Punkt, wo die Funktion der Methoden reflektiert werden muss. Sie dienen nicht dazu, eine Gruppe von Lernenden wie an einem Abschleppseil von Punkt A (Start) nach Punkt Z (Ziel) zu ziehen. Denn dann würde sich die Stunde, je nachdem wie die Gruppe „mitmacht", in „eine erwünschte" und „viele unerwünschte" Reaktionen unterteilen.

Stattdessen können Methoden als *Steuerungselemente für die ergebnisoffene Begegnung von Medium (z. B. Erzählung) und Person* angesehen werden. Sie sollen sowohl die Lernenden als auch das Medium als Subjekt des Prozesses ernst nehmen und ihnen einen Raum für die Aushandlung von Inhalten eröffnen. Dies erfordert Flexibilität, denn unterschiedliche Kinder finden anhand unterschiedlicher Tätigkeiten unterschiedliche Zugänge zum Thema. (Das ist die didaktische Begründung für methodischen Abwechslungsreichtum und Stationenbetrieb.) Es erscheint deshalb nicht ratsam, z. B. einen Bibeltext dadurch didaktisch zu „depotenzieren", dass man ihn vorher auf ein Thema festlegt und dieses dann „durchzieht". Sondern die Gemeindepädagogin inszeniert den Text, bringt ihn ins Spiel und traut dem Prozess der Begegnung zu, dass sich die Kinder mithilfe des Textes in die Kommunikation des Evangeliums einbringen.

> „Dass er mit anderen Kindern eine Möglichkeit des Austausches hat – also die christlichen Inhalte sind ja immer sooo weit gefächert. Also mir geht es jetzt hier nicht hauptsächlich um die Vermittlung."
>
> (Kirchvorsteherin in Wiesenbrunn)

---

[1] Vgl. Kessler, Hans-Ullrich/Nolte, Burkhardt: Konfis auf Gottsuche. Praxismodelle für eine handlungsorientierte Konfirmandenarbeit, Gütersloh ²2004, 54. Hilbert Meyer folgend, sprechen die Autoren von „Zielen", nicht von „Intentionen".

Teil III — Kinderkirche als Prozess verstehen und gestalten

Begegnungen mit einer „Sache" vorbereiten

> „Also da ist mir hauptsächlich wichtig, dass hier Erfahrungen gemacht werden."
> (Kirchvorsteherin in Wiesenbrunn)

Die Vorbereitung einer Kinderkirche gilt einerseits den Rahmenbedingungen und wiederkehrenden Stationen des Prozesses. Dieser Teil der Vorbereitung hält offen, dass situativ auftauchende Themen spontane Abweichungen vom Geplanten erfordern können.

Andererseits gilt es doch in den allermeisten Fällen, ein spezielles Thema *sachanalytisch* vorzubereiten. Je umsichtiger dies erfolgt, umso offener kann die Leitung im tatsächlich stattfindenden Prozess mit ungeplanten, überraschenden Beteiligungen der Kinder umgehen.

Didaktische Elementarisierung

In den folgenden Schritten lehne ich mich an das Modell der „didaktischen Elementarisierung" an. Es wurde von Karl Ernst Nipkow und Friedrich Schweitzer entwickelt – zwar mit Blick auf den schulischen Religionsunterricht, doch anpassungsfähig für gemeindepädagogische Handlungsfelder. Dabei bedeutet „Elementarisierung" nicht, Inhalte zu *vereinfachen*, sondern *das grundlegend Bedeutsame einer wechselseitigen Begegnung von Person und Sache* in systematischer Weise zu ermitteln. Dem dienen vier Arbeitsschritte.[1]

Elementare Strukturen

Ein Text, ein Symbol, ein Begriff, eine Problemstellung werden auf ihre *strukturgebenden Merkmale* hin befragt. Das betrifft inhaltliche Aspekte ebenso wie solche der Handlung, der Form, des Kontextes und der inneren Logik. Geht es bspw. um Bibeltexte, kommt das exegetisch-hermeneutische Instrumentarium zur Anwendung. In gleicher Intention können aber auch Biografien, Bilder, ethische Herausforderungen, liturgische Praxen wie z. B. das Abendmahl u. v. m. analysiert werden. Es geht hier darum, die „Sachgemäßheit" der Begegnung vorzubereiten, sozusagen die „notitia"-Anteile zu klären (→ II-3).

Am Ende dieses Arbeitsganges hält man mögliche „Sinn-Mitten", aber auch „frag-würdige" Aspekte der Sache für die Weiterarbeit fest.

Elementare Erfahrungen

Nun wechselt man von der „Objektseite" auf die „Subjektseite" der Analyse. Anknüpfend an den Zusammenhang von „Glauben-Lernen" und „Lebenserfahrung" (→ II-1, II-3), fragt man gezielt nach den *Erfahrungspotentialen zur jeweiligen Sache*. Welche Alltagsperspektiven, gedeuteten Erlebnisse und emotionalen Gehalte könnten Menschen mit der Sache verknüpfen? Welche nicht? Auf den Erfahrungsbezug in der Begegnung zu achten, entspricht dem biografischen „Sitz im Leben" des Glaubens (→ II-2).

Eine wichtige Funktion dieses Arbeitsschrittes ist es, Erfahrungs-Ähnlichkeiten und -Differenzen zwischen Tradition und

Elementare Strukturen	Elementare Erfahrungen
Elementare Zugänge	Elementar Streitwertes

Situation auf die Spur zu kommen. Hilfreich ist deshalb, zwischen vier Erfahrungsebenen zu unterscheiden:
- „Erfahrungen *in der Sache*" (z. B. in handelnden Personen),
- Erfahrungen in überliefernden Menschen (welche Erfahrungen Wiederbegegnungen mit dieser Sache vermutlich begünstigt haben),
- Erfahrungen in *mir* als Pädagoge sowie
- mögliche Erfahrungen mit dieser Sache in den *Perspektiven der Kinder*.

Für die Praxisvorbereitung hat es sich außerdem bewährt, nach *Erfahrungs-Unterschieden innerhalb der Sache* zu suchen. Dadurch treten z. B. die einzelnen Akteure einer biblischen Geschichte in den Vordergrund, oder mögliche divergierende Sichtweisen der Kinder einer Gruppe im Blick auf ein Thema wie etwa „Freundschaften verleugnen?". Aus solchen Differenzen ergeben sich häufig interessante Sachkonstruktionen und methodische Ideen.

Die Ergebnisse dieses Analyse-Schrittes werden überwiegend in *Verben* formuliert, denn diese drücken Gefühle, Handlungen und Vorgänge besser aus als Substantive oder Adjektive.

Elementare Zugänge

Immer noch auf der Subjektseite, fragt man gezielt nach kognitiven, emotionalen, sozialen und anderweitigen Faktoren, die den Kindern einen *Zugang zur Sache erleichtern oder erschweren* könnten. Entwicklungspsychologische Grundkenntnisse (zu Piaget, Kohlberg, Fowler, Erikson etc.) setzen hilfreiche Analysefragen frei – z. B. zum mehrsinnigen Verstehen von Symbolen. Auch die Unterschiede zwischen Jungen und Mädchen sowie systemische Faktoren wie etwa im Leben der Kirchgemeinde vor Ort beeinflussen die Zugänge, die Kinder an eine Sache herantragen oder im Laufe des Prozesses entwickeln.

Elementar Streitwertes

Was steckt in dieser Begegnung, das sozusagen ein Bekenntnis herausfordert? Hier lohnt es sich, für seine Überzeugung zu streiten! Woran würde sich für die Beteiligten Lebensgewissheit, Wahrheit und Wahrhaftigkeit entscheiden? Anspruchsvolle theologische, moralische, interreligiöse oder religionskritische Fragen bekommen Raum. Systematisch-theologische Antworten aus der christlichen Tradition werden hinzugezogen und vor dem Hintergrund der elementaren Erfahrungen und Zugänge kritisch befragt. *Zweifelnde Rückfragen* sind ausdrücklich erwünscht. Wiederum ist möglichst genau zu unterscheiden zwischen meiner Sicht als *Leiter* und möglichen Positionierungen der *Kinder*. Auch diese unterscheiden sich ja: „Alle Kinder könnten meinen, dass …"; „manche Kinder könnten meinen …, wohingegen für andere Kinder alles steht und fällt mit …".

Dieser Analyseschritt wird selten zu eindeutigen Ergebnissen führen. Statt eines binären oder naturwissenschaftlichen oder historischen Verständnisses von „Wahrheit" empfiehlt es sich, Wahrheit im wechselseitigen Verstehen zu ermitteln (*hermeneutisch-relationales* Verständnis). Was (zu dieser Zeit, in dieser Gruppe) als Wahrheit gilt, *erweist sich in der ernsthaften Begegnung.* Impulse aus diesem Arbeitsschritt können z. B. ein Theologisieren mit den Kindern eröffnen.

> „Da versteht man das dann auch noch mehr, und also, man glaubt dann auch mehr dran."
> (Deborah, Waldhofen)

---

[1] Vgl. Baumann, Ulrike: Art. Elementarisierung. In: WiReLex, https://www.bibelwissen-schaft.de/stichwort/100014/ (2015, Zugriff am 27.10.2022). Von Nipkow & Schweitzer abweichend, gehört der fünfte Arbeitsschritt (Elementare Lernformen) nicht zur didaktischen Analyse, sondern zur Methodik.

Fokussierung

„Die Geschichten und die Gespräche über die Geschichten. Da kann man viel lernen dabei und die machen auch Spaß."
(Matthias in Wiesenbrunn)

Die didaktische Elementarisierung hat eine Fülle möglicher Begegnungsaspekte zutage gefördert. Um planen zu können, muss nun ausgewählt werden, was als „Sache" ins Spiel gebracht werden soll. Selbst wenn die Planung später, im praktischen Prozess von Christenlehre nur noch eine „Änderungsvorlage" sein wird – zunächst bedarf es einer Reduktion und Bündelung. Diesen Schritt nenne ich „Fokussierung". Sie bildet sozusagen das Herzstück der Planung.

„Anzünder"

Zunächst wird ausgewählt, was die höchste Beteiligung verspricht, für *diese* Gruppe, zu *dieser* Zeit. Im Bild gesprochen: Wir fragen nach „Anzündern". Was könnte die intrinsische Motivation der Kinder „entflammen"? An welche Aspekte der Sache könnten sie spontan ein Forschungsinteresse knüpfen, weiterführende Fragen stellen, Einzelheiten und Zusammenhänge verstehen wollen? Was könnte in einen Austausch führen – wenn auch nicht bei allen, so doch bei einigen in der Gruppe?

Auch in diesem Arbeitsschritt gibt es ein Hilfsmittel für den Gemeindepädagogen zur Unterscheidung seiner *eigenen* Interessen an der Sache und möglicher Interessen der *Kinder*. Das nebenstehende Schema zieht mögliche Anzünder auseinander und versucht, thematische Schnittflächen zu identifizieren.

Fokussierung

Sodann geht es um Reduktion, um eine Planungsentscheidung. Die Gemeindepädagogin unterliegt dem Zwang zur *Perspektivierung* der Sache. Das ist eine anspruchsvolle Aufgabe. Denn sie soll etwas in Gang setzen, dessen Ausgang sie nicht kennt. Wie kann sie sich Klarheit verschaffen? Einerseits soll den Kindern im Prozess anhand eines repräsentierenden Mediums klar vor Augen treten, worum es heute geht. Andererseits soll die Planung einen Raum eröffnen, in dem die Kinder ihre eigenen Inhalte errichten können. Zwei Arbeitsschritte helfen:

Status-Sätze

Der Begriff ist abgeleitet von „status quo": Der Gemeindepädagoge zieht eine Bilanz seiner didaktischen Analyse und macht sich klar, wo er diese und jene Kinder in der Gruppe hinsichtlich der Sache *vor* der Begegnung mit ihr sieht. Was wird den Kindern wahrscheinlich an der Sache bereits bekannt sein, woran dürfte sich Interesse entzünden, was dürfte schwer verständlich sein, was gänzlich fremd? Konkrete Anknüpfungspunkte und vermutete Lernbedarfe werden identifizierbar, und zwar nicht nur im Blick auf bestimmte Wissensvorräte, sondern auch im Blick auf Verhaltensoptionen und die Verknüpfung mit religiösen Vorstellungen – etwa zum Gottesbild, zur Jesus-Beziehung etc. („assensus"-Dimension des Glaubens, → II-3).

Intention

Schließlich wird eine „Intention" formuliert. Wie schon bei der „Gesamtintention"

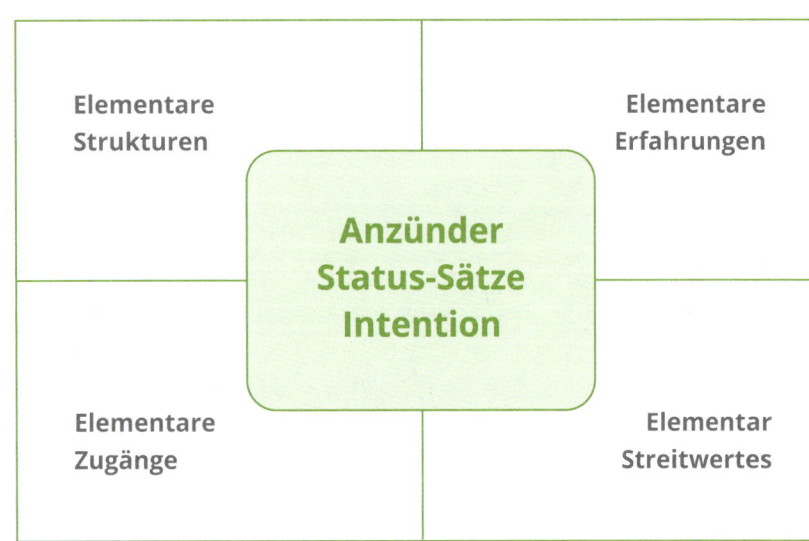

III-7 Fokussierung

Kinder
- Jonathan war wirklich mutig!
  Er rettet David das Leben, wie ein Held.
- Ich habe auch Freunde. Meine Freunde sind mir wichtig.
- Warum will Saul David töten?
- Er hat doch nichts Böses getan.
  Das ist ungerecht.

- Was bedeutet es eigentlich, zusammen „durch dick und dünn" zu gehen?
- Es ist schön, wenn jemand für mich da ist und für mich einsteht.
- Auch ich kann versuchen, mit meinen Freunden „durch dick und dünn" zu gehen.
- Es erfordert manchmal viel Kraft und Mut, für Freunde da zu sein und für sie einzustehen.
- Woher nimmt Jonathan die Kraft und den Mut?

Gemeindepädagogin
- David und Jonathan gehen zusammen „durch dick und dünn".
- Gott ist ein „Freund der Freunde".
- Gott ist ein „Freund von Freundschaft".
- Er möchte uns dabei helfen, zusammen „durch dick und dünn" zu gehen.
- Gott schenkt uns Freunde.

Schema einer didaktischen Begegnung: (vermutete) Anzünder der Kinder, Anzünder der Gemeindepädagogin, Begegnungsfläche

(→ III-3), geht es auch hier um eine „Absicht", eine „Richtungsnahme", mehr nicht. Die Funktion ist dieselbe: Eine Intention gibt dem Leitenden Handlungsorientierung und den Kindern, sofern mitgeteilt, Prozessorientierung. Allerdings geht es nun um eine konkrete Begegnung mit einer Sache. Ausgangs- und Endpunkte der Begegnung werden nicht festgezurrt, sondern bleiben im Detail wählbar. Diese Offenheit entspricht den Merkmalen von Lehr-Lernprozessen im Glauben.

Der Gemeindepädagoge plant also im Blick auf eine bestimmte Sache (im nebenstehenden Beispiel: „Entscheidung"). Wenn allerdings die Kinder im Laufe der Begegnung mithilfe der Erzählung von Maria und Martha eine andere Sache errichten (z. B. „das Geschlechterverhältnis"), so ist dies willkommen. Der Gemeindepädagoge hat nicht mehr auf seiner Seite als eine *„(vorläufige) Sache"*.

Die *Formulierung* einer den Prozess fokussierenden Intention ist schlicht: *Wer* (Subjekt) tut *was* (Verb) anhand *wovon* (Medium) *wozu* (Finalisierung, Zweck der Beschäftigung)? Die in einer Intention verwendeten Verben signalisieren die Art von Tätigkeit, zu der die Kinder eingeladen werden sollen. Verben, die einen *Prozess* beschreiben, passen am besten. „Offen werden für", „eigene Zugänge finden zu", „erforschen", „suchen", „erkunden". „Erfahren" wäre eine sehr anspruchsvolle Intention; „entdecken" könnte suggerieren, dass der Gemeindepädagoge etwas Bestimmtes vorher definiert, „ver-steckt" hatte – und das „abgehakt" ist, nachdem es „ent-deckt" wurde.

BEISPIEL ZUM ZUSAMMENHANG VON MEDIUM, SACHE, STATUSSÄTZEN UND INTENTION

Medium: Erzählung von Maria und Martha *(Lk 10,38-42)*
(Vorläufige) Sache: Entscheidung – wofür soll man sich entscheiden? Woher weiß ich, was „das gute Teil" ist?
Muss man sich immer entscheiden?
Statussätze:
- Die Kinder kennen es, vor einer Vielfalt von Entscheidungsmöglichkeiten zu stehen.
- Sie wissen, dass je nach Situation bestimmte Sachen besser sind als andere.
- Meist haben sie die Motivation, Gutes tun zu wollen.
- Die Tätigkeiten Hören und Handeln sind ihnen nah.
- Sie sind sich aber häufig unsicher, nach welchem Kriterium sie entscheiden sollen, und inwiefern dies auch ihre Glaubensbeziehung betrifft.

Gesamtintention: Die Kinder überlegen, was das „gute Teil" ist. Sie untersuchen anhand von Lk 10,38-42, ob Zuhören immer besser ist als Handeln, um zu überlegen, wie sie herausfinden können, was für sie persönlich in verschiedenen Situationen gut ist und welche Rolle die Glaubensbeziehung zu Jesus dabei für sie spielt.

Begegnungen planen

In Einheiten planen

Häufig empfehlen es *die begrenzte Zeit für thematische Arbeit* oder der *Umfang des Stoffes* (z. B. Josefsgeschichte, Erstabendmahl, kirchengeschichtliche Biografien), Einheiten aus mehreren Stunden zu planen. Die „Gesamtintention" der Einheit (vgl. III-3) wird dann aufgeteilt in „Stundenintentionen".

Verhältnis der Stunden zueinander

In einem Aufstufungs-Modell setzt jede Stunde die vorhergehende für die Erschließung von Sachen voraus. Umfangreichere Stoffe lassen sich aufteilen, oder die Begegnung einer Geschichte aus der Lebenswelt der Kinder heraus und in sie hinein schrittweise erweitern. Das funktioniert freilich nur bei regelmäßiger Teilnahme – was im freizeitpädagogischen Bereich der Kinderkirche häufig nicht gegeben ist.

Abhilfe schafft ein sternförmiges Planungsmodell. Darin wird ein umfangreiches Thema so aufbereitet, dass jede Stunde eine selbständige Begegnung ermöglicht. Zugangsnotwendige Anschlüsse lassen sich leicht herstellen, z. B. in visualisierender Methodik.

Formen der Begegnung

Bei der Planung einer ganzen Einheit kann die Gemeindepädagogin aus einer größeren Bandbreite von *Formen* auswählen. Unterschiedliche *Sozialformen* (Gruppe, Kleingruppen, Duos, einzeln) und *Methoden* kommen in den Blick. Verschiedene Formen der Begegnung steuern verschiedene „Ebenen von Beteiligung" an: kognitiv, emotional, sozial, pragmatisch-kreativ, spirituell.

Eine Stunde planen

Erinnerung: Prozess

In der einzelnen Stunde wird die Prozess-Charakteristik von Christenlehre, die wir in Teil II begründet und in III-1 gebündelt haben, erlebbar. Der ganze Prozess spiegelt die „Haupt-Sache", um die es geht. Jede Phase kann „Teil-Sachen" aufrufen. Unsere Interviews belegen, dass die Kinder klare Vorstellungen davon haben, was sie sich vom Prozess Christenlehre „holen" können. Wenn sie diese Zwecke einbringen dürfen, entstehen religionspädagogisch wertvolle Möglichkeiten für Aushandlung und Mitbestimmung.

Planen in Phasen

Der Prozess einer Stunde verläuft in bestimmten *Phasen*. Klassisch ist die Einteilung in *ankommen – anbahnen – entfalten – vertiefen – abschließen*. Jede Phase kann mit eigenen Orten im Raum und mit Zeiten verknüpft werden. Jede Phase kann eigene Sozialformen, Methoden und Medien verwenden.

Jede dieser Phasen verfolgt spezifische *Absichten*. Für die Selbstklärung ist es hilfreich, diese Absichten in sog. *Teil-Intentionen* zu dokumentieren. Als Hilfsmittel dafür enthält der Anhangsteil dieses Arbeitsbuches eine Tabelle, die die klassischen *Phasen* mit den verschiedenen *Ebenen von Beteiligungen* anordnet und jeweils *Verben* vorschlägt.

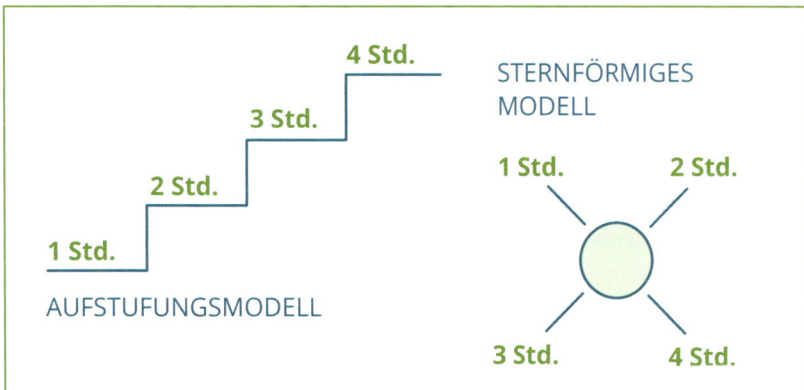

Die Sache im Prozess
Das Blockmodell
Häufig folgt eine Kinderkirche wiederkehrenden Stationen, in deren Verlauf die Gemeindepädagogin ansagt: „Heute geht es um …". Nach einer Erzählung, einem Gespräch dazu, vielleicht noch einer kreativen Gestaltung geht der Prozess wie in den anderen Wochen weiter. Die Begegnung mit einer Sache wird wie ein „Block" in den Prozess eingefügt.

Die Stärke dieses Modells liegt darin, dass es den Kindern in den anderen Stationen viel Freiheit lässt, ihre eigenen Bedürfnisse und Themen einzubringen.

Die Schwäche liegt darin, dass die Begegnung mit einer Sache wie ein Block im Prozess liegt. Dann ist die Gefahr größer, dass die Relevanz dieser Begegnung mehr von der Gemeindepädagogin behauptet und weniger von den Kindern – mit Unterstützung des Prozesses – zugeschrieben wird.

Das Modell der Wasserschale
Wie ein Tropfen Tinte das ganze Wasser in einer Schale einfärbt, so kann der Gemeindepädagoge fragen, welche Verknüpfungen sich nahelegen zwischen den wiederkehrenden Stationen und der Begegnung mit einer Sache. Das kann durch thematische Orientierungen in den Spielen, die Liedauswahl oder in der Austauschrunde erfolgen. Wichtige Stichworte können in den rituell-religiösen Stationen wiederkehren.

Die Stärke dieses Modells liegt darin, dass die Kinder die Begegnung mit einer Sache nicht als Bruch im Prozess empfinden würden. Sie können ihre Inhalte während der ganzen Stunde in verschiedensten Begegnungsformen aufbauen.

Die Schwäche liegt in der Gefahr, einzelne Prozessstationen vom Thema her zu instrumentalisieren, und damit ihren Eigenwert aus Sicht der Kinder zu mindern.

Die flexible Planung
Keines der beiden Modelle braucht absolut gesetzt zu werden. In der Balance von Geplantem und Unvorhersehbarem verändern sich Prozess und Inhalt manchmal gegenseitig. Grundlegend für die (manchmal spontane) Entwicklung im Verhältnis von Prozess und Sache ist auch hier wieder die erlebbare *Beziehungsqualität*, in der Skizze durch den dicken Boden der Prozess-Schale angedeutet.

Gelenkstellen
Leider wird die didaktische Bedeutung der Übergänge zwischen den einzelnen Phasen oft unterschätzt. Sog. „Gelenkstellen" sind die Momente, in denen am häufigsten etwas geschieht, das der eine oder die andere der Beteiligten als „Störung" empfindet.

Wenn ein Prozess stockt, Protest angemeldet oder innerlicher Rückzug wahrnehmbar wird, dann lohnt ein verlangsamender Blick auf den zuvor stattgefundenen Übergang. Meist ergibt das hilfreiche Impulse für die Klärung der Situation und Weiterentwicklung der Planung. Es lohnt sich, die Kinder in diese Analyse einzubeziehen, denn sie sind Experten ihres eigenen Lernens, ihrer Beteiligung und Motivation.

Teil III — Kinderkirche als Prozess verstehen und gestalten

Woher die Kinder kommen

Für die Praxisgestaltung ist es wichtig, sich klarzumachen, aus welcher Situation die Kinder zur Kinderkirche kommen. Denn die Eigenlogiken der Orte, Zeitrhythmen, Pflichtförmigkeiten etc. beeinflussen die Motivation. Gerade weil diese Aspekte der eigentlichen Veranstaltung ‚vorgelagert' sind, verdienen sie eine spezielle, fragende Aufmerksamkeit. Kinderkirche „fängt vor dem Anfang an".

Perspektiven der Eltern

Die Interviews machen überdeutlich, dass die Kinder ein buntes Gemisch elterlicher Interessenlagen und familienreligiöser Gepflogenheiten in die Kinderkirche mitbringen (→ vgl. auch II-9, III-16). Daraus entstehen sehr unterschiedliche Voraussetzungen der Teilnahme. Zwar klingt manchmal durch, dass die Kinder ganz von sich aus teilnehmen – z. B. weil sie von Freunden eingeladen wurden. Aber insgesamt gesehen, tragen die erzieherischen Interessen der Eltern zum verbindlichen Charakter der Kinderkirchen-Teilnahme bei. Für unsere Befragten steht es zumeist „außer Frage", ihre Kinder zur Christenlehre zu schicken.

„Das war gar keine Frage für mich. Das war logisch!"
(Mutter in Meisterfurt)

„Also ich würde mir wünschen, dass er nicht sagt: ‚Ooch ich musste da ja hingehen, ich hatte ja keine Wahl. Ihr habt mich ja da hingeschickt.'"
(Vater in Wiesenbrunn)

„Also meine Mama: Ja, weil sie ja auch an Gott glaubt, und mein Papa der glaubt nicht daran, und deswegen gehe ich hier zur Christenlehre und in der Schule zu Ethik."
(Peter in Meisterfurt)

Perspektiven der Kinder

Von zuhause

Freizeit in den heimischen vier Wänden verheißt den Kindern ein gutes Stück selbstbestimmte Zeit – zum Lesen, Computerspielen, Nichtstun etc. Gegen diese Verheißung tritt die Kinderkirche an. Aber auch gegen Verpflichtungen wie Hausaufgaben, Sportvereine etc. Kurioserweise erzählt uns Christiane in Meisterfurt, dass sie durch den Besuch der Kinderkirche Pflichten im Haushalt umgehen kann.

Der Weg mit Freunden

Kurze Entfernungen zur Kinderkirche werden sowohl von Kindern als auch von Eltern, auf den Dörfern wie in den Städten, positiv hervorgehoben. Wir haben zwar auch gehört, dass im Herbst und Winter die Aussicht auf einen Heimweg im Dunkeln die Lust schmälert, noch einmal loszugehen. Aber die Kinder legen den Weg gern gemeinsam zurück, wenn sie dabei persönliche Beziehungen pflegen können. Die Eltern sehen darin außerdem einen Beitrag zur Aneignung des Sozialraums und zur Entwicklung einer eigenständigen, gewohnheitsmäßigen Beziehung zu den kirchlichen Orten – von der Verringerung eigener Fahrdienste ganz abgesehen.

Vom Schulbus

Wo Kinder den Schulbus benutzen, ist es von Vorteil, die Anfangszeit der Kinderkirche danach zu richten. Das vereinfacht die

„Also heute hatte ich halt nicht so viel Lust, weil ich eben auch noch ganz viele Berichtigungen noch zu Hause machen musste und ich hatte dann eher mal so Lust, mich einfach mal auf die Couch zu legen und fernzusehen und jetzt nicht noch mal hier hinzufahren."
(Emilia in Meisterfurt)

Organisation des Nachmittags für Kinder und Eltern. Freilich rückt damit die Kinderkirche dichter an die Eigendynamik des Schullebens mit seinen sozialen und emotionalen Faktoren heran. Manche Kinder verbringen viel Zeit im Schulbus (in Waldhofen fast eine Stunde).

Ähnliches gilt für den direkten Anschluss zwischen Schulhort und Kinderkirche. Die Kinder haben praktisch keine Pause im Sinn von „Eigenzeit". Manche kommen erschöpft an – andere aber auch mit hohem Bewegungsdrang.

Andererseits kann die Gemeindepädagogin, wenn sie die Kinder abholt, kollegiale Kontakte zum Schulpersonal pflegen. Unterwegs fängt sie erste Stimmungsbilder von den Kindern ein. Zwanglose Gespräche unterwegs ‚ent-formalisieren' den Beginn der Kinderkirche.

Aus der Minorität

In ihren Schulklassen sind christliche Kinder in den meisten Regionen Ostdeutschlands in einer extremen Minoritätssituation. Das muss nicht zum Problem werden. Es kann sich aber durch spöttische Bemerkungen in der Peergroup oder auf dem Schulhof kritisch anschärfen.

Dann tragen die Kinder diese Erfahrung in sich, wenn sie in die Kinderkirche kommen. Es gehört zu den auffälligsten Ergebnissen unserer Interviews, dass dieser Aspekt fast immer von Eltern, aber fast nie von Kindern erwähnt wurde. Hier stellen sich konzeptionelle Fragen: Soll die Kinderkirche als ein *Schonraum unter Gleichsinnigen* konzipiert werden? Als ein Raum *apologetischer Zurüstung* für solche Situationen? Welche weiteren Modelle wären denkbar?

Bilanz

Den „Anfang vor dem Anfang" zu reflektieren, hilft der Gemeindepädagogin, den unterschiedlichen *Dispositionen* der Kinder zur Teilnahme und ihren *intrinsischen Motivationen* auf die Spur zu kommen. Die Aussichten auf Gemeinschaft, Spaß und Beteiligung – fachlich gesprochen: die erlebten oder erhofften Grade an *Selbstbestimmtheit* und *Bedürfnisaktualisierung* – erweisen sich in allen Interviews als ausschlaggebende Faktoren – noch bevor die Kinder einen Fuß über die Schwelle setzen.

> „Das ist den Jungs irgendwie ganz ganz wertvoll auch, also in einer zunehmend säkularisierten Umgebung christliche Freundschaften zu bieten über Jahre lang."
>
> (Gemeindepädagogin in Meisterfurt)

> „Also ich hab mich heute gefreut, dass ich mit Rahel und Antonia zu der Christenlehre laufen kann."
>
> (Lena in Wiesenbrunn)

> „Da das ja immer wohnortnah ist, war das auch das Erste, wo sie mit ihren Freunden dann mal gemeinsam auch den Weg alleine mal gemacht haben irgendwann."
>
> (Mutter im Elternpaar, Meisterfurt)

„WOHER ‚IHRE' KINDER KOMMEN" — RAUM FÜR NOTIZEN

> Also ich denk auch, dass es halt unseren Eltern auch einerseits wichtig ist, dass wir auch was von Gott lernen (…), aber auch nicht so wichtig, weil es ist ja unsere Freizeit."
>
> (Johanna in Waldhofen)

Der Übergang

Wenn die Kinder am Ort des Geschehens eintreffen, entsteht eine Übergangssituation. Auf lockere Weise kann sie die „Prozessmotoren" (→ II-5-9) der Kinderkirche starten: Begegnung, Beziehung, Beteiligung, Vernetzung.

Die Umgebung

Schon die äußeren Umstände der Kinderkirche senden deutliche Signale. In der Regel verfügen Kirchgemeinden über unverwechselbare und einprägsame Immobilien. Stets lohnt es zu fragen: Welche Botschaft sendet die Umgebung den ankommenden Kindern? Können die Kinder ihre Bedürfnisse zum Zug bringen – z. B. in bewegungsintensiven Spielen? Welche Möglichkeiten hat die Gemeindepädagogin, um das Signal zu verstärken: „Sei willkommen. Diese Umgebung ist für dich da. Schau, was du hier tun und sein kannst, und schau, wer hier sonst noch unterwegs ist."

„Und wenn wir merken, hier kommen Kinder, die haben schon in der Schule schon ganz viel – irgendwie sind so richtig auf Brass."
(Gemeindepädagogin in Oberstadt)

Grundbedürfnisse

Spiel und Bewegung

Die prominenteste Weise, in der die ankommenden Kinder die Umgebung einnehmen, ist ihr Spiel – zweckfrei, körperlich intensiv, manchmal mit Gewinnern und Verlierern. Das freie Spiel erlaubt ein hohes Maß an Selbstbestimmung und Binnendifferenzierung. Auch in den von uns hospitierten Stunden gab die Übergangsphase den Kindern Gelegenheit, ihrem starken und klar artikulierten Spielbedürfnis nachzugehen.

Essen und Trinken

Eine Kanne Tee, ein paar Kekse – gemeinsames Essen und Trinken steht bei den Kindern hoch im Kurs. An manchen Orten ist das ins Ankommen eingebettet. Nach einem langen Tag in Schule und Hort werden basale Bedürfnisse gewürdigt.

Die Beziehungen

Im Übergang *reaktivieren* die Beteiligten ihre Beziehungen, oder knüpfen *neue* Kontakte. Was wir im Kap. II-2 grundlegend zur Kategorie Beziehung gesagt und im Kap. III-3 als soziale Funktion von Christenlehre gewürdigt haben, gewinnt nun konkrete Gestalt.

Sortiert nach Sympathien

Die Übergangsphase ermöglicht den Kindern, Nähe und Distanz zu anderen Kindern selber zu regeln. Je nach dörflicher, städtischer und schulischer Situation hat das unterschiedliche Voraussetzungen. Ein Beispiel: Wenn die Kinder – nach jahrelanger gemeinsamer Grundschulzeit – verschiedene weiterführende Schulen besuchen (5./6. Klasse), bietet ihnen die Christenlehre einen Rahmen zur Weiterführung etablierter Beziehungen.

Zum Gemeindepädagogen

Je nach Taktung aufeinanderfolgender Stunden haben die Gemeindepädagogen im Übergang mal mehr, mal weniger Zeit. Vieles drängt gleichzeitig in die Aufmerksamkeit: Verabschiedung und Begrüßung, Wegräumen und Zurechtlegen, Anliegen von Eltern und das Mitteilungsbedürfnis einzelner Kinder. Die Übergangszeit hat etwas von „Gewusel" mit der Gefahr, Beziehungssignale zu verschlucken.

Umso wichtiger sind kleine Zeichen – ein Blick, ein Handschlag, ein begrüßendes Wort. Indem sich der Gemeindepädagoge als zugewandt, hörbereit, hinspürend zeigt, öffnet er den Kindern einen Raum, sich in ihrem So-Sein angenommen zu fühlen.

In der Gruppe

Über individuelle Beziehungen der Sympathie oder Antipathie hinaus formt sich

die ankommende Schar als Gruppe. Der Gemeindepädagoge kann dafür gruppendynamisches Material bereitstellen, ob nun Magnetmurmeln, Schwungtuch, Fröbelturm oder andere, vorzugsweise kooperative Spiele. Das „Wir-Gefühl" greift Raum. Es beginnt jenes „miteinander" und „gemeinsam", von dem die Kinder in den Interviews so nachdrücklich positiv erzählten.

Der Übergang als Kontaktzone
Zu Eltern

Jüngere Kinder werden meist von Elternteilen zur Kinderkirche gebracht oder von dort abgeholt. Außerdem sind im ländlichen Raum ohnehin oft elterliche Fahrdienste erforderlich. Dann bieten die Übergangszeiten vor oder nach einer Kinderkirche gute Gelegenheit, um Kontakte zwischen Gemeindepädagogen und den Familien der Kinder zu pflegen.

In Kap. II-5 hatten wir, auf der Basis der Praxisbeschreibungen in Teil I, die konzeptionelle Wichtigkeit *lebendiger Beziehungen zwischen Gemeinde und Familien* betont. Deshalb geht es in solchen Übergangszeiten zwar auch darum, Informationen weiterzugeben und Absprachen zu treffen. Aber gerade der zwanglose Charakter solcher kurzen Begegnungen hilft, um schrittweise persönliches Vertrauen aufzubauen. Dies ist nötig, um später bei gegebenen Anlässen auch über religionspädagogische Themen oder persönliche Anliegen ins Gespräch kommen zu können, vielleicht auch als „Seelsorge zwischen Tür und Angel".

Zu vorbeikommenden Kindern

Das Praxisbeispiel von Waldhofen ist bemerkenswert, was die äußere Umgebung betrifft. Zum einen veranlasst ein zur Straße hin offenes Gelände und das in diesem Sinne öffentliche Spiel vorbeikommende Kinder zur Frage, ob sie bei der Christenlehre „mitmachen" dürfen.

Zum anderen zeigt Waldhofen, dass sich Gemeinschaftsbewusstsein und Beteiligungschancen auch unter *ungünstigen räumlichen Umständen* (trister Betonplatz als Freispielfläche; ungeheizter, neutraler Versammlungsraum im Vereinshaus) manifestieren können. Offenkundig hängt das Gefühl, willkommen zu sein und sich einbringen zu können, letztlich stärker von Beziehungs- und Beteiligungssignalen als von großartigen äußeren Umständen ab. Diese Einsicht stellt freilich das Bemühen, die räumliche Umgebung *freundlich-einladend* zu gestalten, keineswegs in Frage.

Wir „wollten nur irgendwas mit einem Termin klären und [sie] hat sich aber mit mir länger über so allgemeine Dinge unterhalten oder so dachte ich: ‚Mensch toll – sie ist aber freundlich.' Und so ist sie auch mit den Kindern umgegangen."

(Mutter in Meisterfurt)

Der Raum

Die Räume, in denen sich Christenlehre-Gruppen versammeln, unterscheiden sich von Gemeinde zu Gemeinde. Alle aber sind sie beachtenswerte „Partner" im Bildungsprozess. Es lohnt zu fragen: Welche Merkmale des Faktors „Raum" nehmen Einfluss auf die Prozessgestaltung?

Der wirksame Raum
Die sinnesbezogene Prägekraft
Mit ihren Farben und Lichtverhältnissen, mit Ausstattung und Gerüchen, mit Aktionsmöglichkeiten und Wandschmuck üben Räume *prägenden Einfluss* aus. Manchmal erzeugen sie *Erinnerungen*, die lebenslang abrufbar bleiben. Dessen sollte man sich bewusst sein – gerade wenn sich architektonische Besonderheiten mit erlebter *religiöser Bildung* verknüpfen. Denn die sinnesbezogene Anmutung kirchlicher Gebäude trägt dazu bei, wie die Kinder den dort „verräumlichten" Traditionen, sozusagen der „Einhausung des Glaubens", begegnen.

Der Raum als erster Erzieher
Verschiedene reformpädagogische Traditionen betonen die hohe Bedeutung des Raumes. Er wirke als „erster Erzieher", weil er auch dann da sei, wenn kein Personal anwesend sei, wenn das Kind *selbsttätig* aktiv sei.[1]

Dies lässt sich leicht als Frage an die Räume für Kinderkirche übertragen: Angesichts ambitionierter Intentionen wie „Mündigkeit im Glauben" und „Entwicklung von Zugehörigkeit" – welche Aktivitätspotentiale bieten die Räume außerhalb gesteuerter pädagogischer Prozesse?

Der hermeneutische Raum
Äußerliche Faktoren der Gestaltung bestimmen allerdings nur einen Teil der Wirksamkeit eines Raumes. Was wir hinsichtlich der „Umgebung" gesagt haben (→ III-10), gilt auch innerhalb der Mauern: Letztlich ausschlaggebend für Beteiligung und Bedeutungszuweisung sind *Beziehungen* und *Erfahrungen*, sind Chancen auf aktive *Mitwirkung* am Geschehen. Die Kategorie „Raum" bekommt dann metaphorische Qualität: *Ein Raum entsteht durch das, was in ihm geschieht.*

Wer oder was definiert die *Grenzen*, die den Christenlehre-Raum erst zum Raum machen? In gewisser Weise erscheint die Christenlehre als ein *geschützter Raum*, eine *Welt in sich,* mit eigenen Themen und Prozessmerkmalen. Die Frage nach den Grenzen dieses Raumes führt zur Frage nach ihrem Bezug zum *Alltag*, aus dem die Kinder kommen und in den sie anschließend zurückkehren. Was im Raum geschieht, darf nicht „unverbunden" bleiben, kein Sprachspiel, das nur binnenkirchlich funktioniert. Wenn Christenlehre Relevanz entfalten will (→ II-11), muss sie *Lebenshermeneutik* sein. Das kann sie nur leisten, wenn sie einerseits den Alltag der Kinder im Raum willkommen heißt und andererseits als Deute-Raum diesem Alltag gegenübertritt (ein „Ander-Ort").

> „Es ist irgendwie so bisschen so ein kleiner Hort sozusagen ja, des Glücks oder so, also eigentlich ist [das] auch schon fast unwirklich. Ja, aber deswegen denken wir, dass das schön für die ist, dorthin zu gehen."
> (Mutter im Elternpaar in Meisterfurt)

Der gestaltete Raum

Orte im Raum

Manchmal verfügt die gemeindliche Arbeit mit Kindern über eigens gewidmete Räume. Diese sind manchmal sogar groß genug für verschiedene Aktionsbereiche. Da mag es eine Ecke mit Sitzkissen zum Erzählen oder als Rückzugsort geben. Ein paar Tische werden bei kreativen Tätigkeiten gebraucht. Ein Stuhlkreis schließt an ein Regal an, das wie ein Altar geschmückt ist. Eine freie Fläche unterstützt Bewegungsspiele. Nahe einer Garderoben-Leiste hängt vielleicht ein kreatives Plakat mit Anwesenheits-Aufklebern. Landkarten und Kinderbilder schmücken die Wände.

Eine solche Einrichtung in *Aktivitäts-Zonen* kommt nicht nur dem Abwechslungsbedürfnis der Kinder im Verlauf einer Stunde entgegen. Sie trägt außerdem dazu bei, die Grundfunktionen einer Stunde (→ III-2) sinnlich erfahrbar zu machen, indem diese mit „Orten im Raum" verknüpft werden.

Der multifunktionale Raum

Allerdings muss sich die Kinderkirche den Raum, den sie in einer Kirchgemeinde nutzt, häufig mit anderen Gruppen teilen. Dann sind die Räume multifunktional eingerichtet. Die Mitnutzung durch die Kinderkirche erfordert Kompromisse. Das führt zu beweglichem Mobiliar, wie Stapelstühlen, Klapptischen, einer Teppichrolle oder Materialkisten in den Wandschränken.

Das Ziel ist, mit wenigen Handgriffen und zweckbezogen verschiedene, wiedererkennbare Orte im Raum schaffen zu können. Textile Wandgestaltungen können die Anmutung des Raumes rasch verändern. Selbst dort, wo der verfügbare Platz zu klein für mehrere Orte im Raum ist, lohnt es nach Möglichkeiten zu suchen, wie sich die Funktionsweisen der Kinderkirche in der Raumgestaltung abbilden lassen.

Kinder gestalten ihren Raum

In der Erschließung und Aneignung von Welt durch Kinder spielt die Aneignung von Räumen eine wichtige Rolle. Manche dieser Räume gewinnen durch pädagogische Beziehung und Interaktion intentional Bedeutung. Daher legt sich folgende Frage nahe: Welche Möglichkeiten der Mitwirkung gibt es, damit der Raum nicht nur *Bildungsort* bleibt, sondern auch *Bildungsgegenstand* wird? In den Blick kommen dann:

- die offene Zugänglichkeit von Materialien und die Sichtbarkeit von Kreativprodukten
- die Mitwirkung beim Umräumen sowie in der Raumpflege – aufräumen, reinigen, Blumenpflege etc.
- die gelegentliche Thematisierung mit den Kindern, die Raumgestaltung also zur „Sache" einer Stunde oder zu einem „Projekt" zu machen.

Es könnte sein, dass bei solchen Gelegenheiten deutlich wird, dass den Kindern die Wiedererkennbarkeit ihres Raumes und ihre Mitwirkung darin wichtiger ist als eine großartige, womöglich kostspielige Ausstattung.

> „Dass das ihr Gemeindehaus ist, ihre Kirche und sie sich auch heimisch fühlen können. Also die erobern sich zum Teil die Räume und das finde ich schön."
>
> (Gemeindepädagogin In Wiesenbrunn)

---

[1] Schäfer, Gerd E.: Der Raum als erster Erzieher. In: Praxis Gemeindepädagogik (PGP) 59 (2006), H. 3, 8-10. Vgl. auch Spenn, Matthias: Räume als Pädagogen und Erzieher. In: PGP 70 (2017), H. 4, 48-50.

 RAUM FÜR NOTIZEN: WELCHE MÖGLICHKEITEN BIETET „IHR" RAUM, DIE VERSCHIEDENEN FUNKTIONEN EINER KINDERKIRCHE SINNENFÄLLIG ABZUBILDEN?

Liturgisch-rituelle Elemente

> „Also Erzählrunde würde ich schon da lassen, man kann von sich berichten, man kann was loswerden, was man unbedingt erzählen will. Und man kann da gleich das Gott sagen oder danken oder bitten."
> (Matthias in Wiesenbrunn)

Phasenspezifische Formen
Anfangsphase

In einer *Austauschrunde* erzählen die Kinder zu Beginn reihum, was für sie persönlich schön und was schwer war in der letzten Woche. Häufig nutzen sie dafür Symbole, z. B. einen Stimmungswürfel oder Federn und Steine, die sie in die Mitte legen. Manchmal äußern die Kinder erst in einer zweiten Runde, nachdem sie den anderen zugehört haben, was sie unter der Oberfläche schulischer oder anderer Erlebnisse innerlich beschäftigt.

Häufig ist diese Anfangsrunde mit Elementen *religiöser* Kommunikation verbunden – eine Kerze wird in der Mitte entzündet, manchmal explizit als Symbol der Gegenwart Christi gedeutet. Liedstrophen oder Kehrverse können eingeflochten werden. Vielleicht verwandeln die Kinder ein Regal schrittweise in einen kleinen Altar. Eventuell fasst ein Gebet zusammen, was die Kinder mitgeteilt haben.

Auch gemeinsames Singen gehört zur Anfangsphase – manchmal mit freier Liedwahl, manchmal themenbezogen.

Schlussphase

Der Übergang zum Freispiel oder Schluss der Stunde wird ebenfalls häufig liturgisch-rituell gestaltet. Meist stellen sich die Kinder im Kreis auf, kennen einen verabschiedenden Spruch, vielleicht unterstützt von Gesten. Manchmal können sie vorher noch gemeinsam eine Kleinigkeit essen und trinken. Auch diese Elemente können explizit religiösen Bezug nehmen, durch ein Gebet vor dem Essen, eine Segensformel im Kreis.

Bedeutungsvolle Funktionen
Verdichtung der Gruppe

Die Austauschrunde sorgt in strukturierter Weise dafür, dass sich die Kinder wahrnehmen und regelmäßig Alltagserfahrungen einbringen können. Dabei geht es ihnen nicht

III-12 Liturgisch-rituelle Elemente

nur um Geschehnisse, sondern auch um die damit verbundenen Gefühle. Im gegenseitigen Anvertrauen und Zuhören verdichtet sich die Selbstwahrnehmung als Gruppe, die im Ankommen evtl. spielerisch begonnen hatte. Auch die relative Verbindlichkeit der *wöchentlichen* Teilnahme trägt zu Verlässlichkeit und zur vorsichtigen Entwicklung des nötigen Vertrauens bei. Gemeinsame Mahlzeiten, und seien sie auch nur symbolisch verknappt, unterstützen das aktuelle und sich verstetigende Gruppengefühl. Es entsteht ein Raum für Bejahung: „Gut, dass wir einander haben." Dieses Lied bringt den Grundgestus der Christenlehre auf den Punkt.[1]

Vielfältige Expression

Die liturgisch-rituellen Elemente bieten eine breite Palette von Ausdrucksmöglichkeiten. Nicht alle Kinder müssen reden. Manche sind bei den Gesten oder im Hören der Segensformel stark beteiligt. Manche Kinder singen ausgesprochen gern, manche beten kaum hörbar oder still für sich. Selber einen Gebets- oder Segenstext auswählen oder die Kerze anzünden zu dürfen, schafft Beteiligungsfreude und Vertiefung in der Sache. Solche Expressionsvarianten mit ihren jeweiligen Besonderheiten tragen dazu bei, einen eigenen Raum zu schaffen (→ III-11) und Distanz zu all dem einzunehmen, was als Alltag in die Stunde hineinragt und nach ihr draußen wieder wartet.

Repräsentanz der Haupt-Sache

Die liturgisch-rituellen Elemente tragen in grundlegender Weise dazu bei, dass die *Haupt-Sache* einer Kinderkirche („Kommunikation des Evangeliums") erlebbar wird. Sie tun dies zum einen, indem sie dem *individuellen religiösen Ausdrucksbedürfnis* eine Struktur geben. Zum anderen repräsentieren sie das *institutionell verbürgte Profil dieser Religion*, d. h. Glauben als Praxis im Kontext evangelischer Kirchgemeinde.

Auf diese Weise stellen liturgisch-rituelle Elemente ein Bindeglied zwischen freizeitlichen Bedürfnissen (z. B. dem Freispiel in der Ankommensphase) und bildungsorientierten Begegnungen mit bestimmten, thematisch wechselnden „Repräsentationen" dar. Mit ihren spezifischen Mitteln symbolisieren sie den religiösen Charakter einer Christenlehre: Eine Stunde, die auf den Alltag in der Form einer „Unterbrechung" bezogen ist.[2]

Achtsame Gestaltung

Damit sie einen eigenständigen Beitrag zum Gesamtunternehmen Christenlehre leisten können, brauchen liturgisch-rituelle Elemente innere Bereitschaft, verlässliche Beziehung, Übung und Freiheit in der Teilhabe und ggf. zur Umgestaltung. Keines dieser Elemente kann als gegeben vorausgesetzt werden. Sie werden vielmehr schrittweise aufgebaut und durch die Leitenden fachlich und regelgeleitet stabilisiert. Die Basis ernsthafter Beteiligung durch die Kinder liegt darin, dass die Leitenden diese Formen selbst ernstnehmen.

Es würde z. B. das Symbol beschädigen, wenn jemand die Christus-Kerze nach dem Anfangsritual löscht. Ein Ritual könnte „verkrusten", wenn die Kinder seine Sinnhaftigkeit nicht in Frage stellen dürften. Es würde das Vertrauen untergraben, wenn Kinder einander aus Anlass erzählter Episoden auslachten. Liturgisch-rituelle Elemente dürfen nicht als „rascher Übergang" angesehen, nicht als „Hinführung zum Thema der Stunde" instrumentalisiert oder gar als „Mittel zur Beruhigung der Gruppe" missbraucht werden.

Stattdessen lohnt es sich, gemeinsam mit den Kindern nach solchen glaubensbezogenen Ausdrucksformen des Eigenen (des Lebens in all seinen Schattierungen) zu suchen, die ihren Bedürfnissen entsprechen. Einzelne Elemente und Formen können von Zeit zu Zeit zum Thema gemacht und auf die Chancen aktiver Beteiligung geprüft werden. Neue Rituale zu erfinden und zu erproben, gehört ebenso zur „Sache" von Kinderkirche, wie überlieferte Lieder und Formen einzuüben und in ihrem Gehalt zu reflektieren.

Friederike: „Na, beten – es passt eigentlich, aber irgendwie ist es manchmal ganz schön langweilig, dann, beten."
Christina: „Also das muss bleiben, weil, das machen wir so oft."
Friederike: „Ja, es gehört dazu, aber es ist manchmal ganz schön langweilig."
Christina: „Ja aber – also ich würde es nicht raus tun."

(Kinder in Meisterfurt)

---

[1] Singt von Hoffnung. Neue Lieder für die Gemeinde. Hg. v. d. Ev.-Luth. Landeskirche Sachsens, Leipzig ⁸2008, 118 (Text und Melodie Manfred Siebald).
[2] Vgl. die „wahrscheinlich kürzeste Definition von Religion" von Johann Baptist Metz: „Unterbrechung" – von Denk- und Handlungsroutinen, von Determinationen und Obligationen. (Ders.: Glaube in Geschichte und Gesellschaft, Mainz ⁴1992, 150)

Erzählen

Eine privilegierte Form

Das Erzählen von Geschichten spielt in der Arbeit mit Kindern in Kirchgemeinden eine prominente Rolle. Es ist keineswegs die einzige, aber doch eine dem pädagogischen und theologischen Sinn *besonders entsprechende* Form, wenn es darum geht, Themen zwischen Institution und Person zu vermitteln und Sachen in eine Begegnung zu bringen. Ob als kurze Problemeröffnung wie in Wiesenbrunn, als biografisches Exempel wie in Meisterfurt oder als Bibelkatechese wie in Waldhofen – der christliche Glaube erzählt sich vorzugsweise in Geschichten durch die Zeit.

„Also es gibt so wunderbare Geschichten in der Bibel, [mit denen man] in die in die Tiefe gehen kann."
(Kirchvorsteherin in Wiesenbrunn)

Die Kinder

Geschichten punkten für Kinder mit ihrer sozial eingebetteten Selbst- und Sinnerfahrung, mit Empathie-Ankern, die das von außen Erzählte zu einem inneren Vollzug werden lassen: „Geschichten, die wir (!) erzählt haben". Das Attribut „spannend" bringt für sie auf den Punkt, worum es geht. Die Altersspanne zwischen 6 und 12 Jahren erweist sich als privilegiert, um vom *Hören* von Geschichten voranzuschreiten zum *eigenen Erzählen* und damit selbst einzutreten in den Prozess des Tradierens (→ II-1).

Zugänge zur Sache

Geschichten sind eine bevorzugte Weise, um hermeneutisch interessierte Zugänge zu Sachen zu gewinnen – so sehr, dass die Kinder (übrigens auch Erwachsene) Geschichten in den Interviews wie eine Chiffre für die Inhaltlichkeit verwenden. Didaktisch gesehen, ist das richtig: Nicht „Gott" ist „Gegenstand" der Christenlehre, sondern die Geschichten von Gott, die sich Menschen weitererzählt haben.

Ein konzeptioneller Impuls

Martina Steinkühler hat ein Konzept ausgearbeitet, das sowohl hermeneutisch als auch didaktisch neue Wege wagt und mit einer klaren Struktur gut handhabbar ist. Deshalb soll es hier unter drei Schlagworten skizziert werden.[1]

Subjektiv

Biblische Überlieferungen werden nicht als vermeintliche Tatsachenberichte, sondern als Niederschläge von Glaubenserfahrungen erzählt. Dem dienen hermeneutische Rahmen-Sätze. Sie suchen erzählerisch einen möglichen „Sitz im Leben" des Textes und schließen mit der deutlichen Markierung der Subjektivität der religiösen Interpretation: „Und die Leute sagten: Das war Gott."

Deutlich

Erzählungen werden aus dem theologisch gebildeten Wissen heraus konzipiert, dass eine bestimmte Geschichte stets im Gesamtzusammenhang des biblischen Gottesbildes und Zeugnisses von Jesus Christus steht. Diese Einbettung soll, in Weiterführung der

---

Subjektiv: „Damals, als die Menschen ... und sie dachten sich ... Und als Antwort auf ihre Fragen erzählten sie folgende Geschichte ..."

Deutlich: „Nicht: ‚Warum hat Gott ...?', sondern: ‚Warum erzählen Menschen, dass Gott ... hat? Was haben sie erlebt, erfahren ...?' Nicht: ‚Jesus ist im Stall geboren und die Engel sangen ...', sondern: ‚Erfüllt von Ostererfahrungen, fragten die Menschen zurück: Wer war dieser Jesus, wo kam er her ...?'"

Offen: „Erklären Sie nichts mehr, wenn Sie an dem Punkt angekommen sind, wo das Wundern beginnt. Erzählen Sie meinetwegen weiter, was in der Geschichte noch geschah. Wie sich dort die Menschen wunderten. Aber diesen Moment des Wunderbaren, den lassen Sie unbedingt offen."

Erfahrungsperspektive (s. o.: subjektiv), deutlich gemacht werden. Dann können sich Erzähler und Hörer gemeinsam auf die Suche nach den Spuren dieser Erfahrung in den Texten machen.

Offen

Die Erzählung läuft auf ein staunendes Fragen hinaus. Sie schließt die Geschichte nicht ab, weder erklärend noch logisch noch berichtend, sondern sucht jene Momente im Stoff, die Menschen veranlassen könnten, *sich zu wundern*, damals wie heute. Steinkühler empfiehlt, sich an jene Stellen „heran zu erzählen", an denen ein „Mehr", ein „Geheimnis" spürbar wird, genau dies dann aber *offen* zu lassen und fragend ins Gespräch überzuleiten: „Das hatten sie sich anders vorgestellt. Da frage ich mich …"

Methodik

Nur für wenige methodische Impulse ist hier Platz.[2]

Einhausung

Vielleicht nutzen Sie eine Schachtel, um die Erzählung zu Beginn symbolisch herauszuholen und abschließend wieder hineinzulegen. Oder Sie holen nach und nach verschiedene Objekte aus einem sogenannten „story bag" und halten dadurch eine gewisse materialbezogene Dramaturgie aufrecht. Solche Mittel helfen, eine Geschichte zu öffnen und auch wieder zu schließen, in sie einzutreten und auch wieder aus ihr heraustreten zu können.

Visualisieren

Mit symbolischen bzw. konkreten Objekten lässt sich der Inhalt des Erzählten *ver-sinn-bildlichen*. Bilder, Figuren, Seile, eine Wüstenkiste – die Bandbreite ist endlos. Den Kindern bieten sich dadurch sinnliche Anhaltspunkte – sowohl für die Imagination während der Erzählung als auch für ein eventuell anschließendes Gespräch. Wird die Visualisierung in der Mitte des Erzählkreises ausgebreitet, bewegt dies das Erzählte (die Sache) von der hoheitlichen Verwaltung durch die Erzählperson weg, hin zur Gruppe.

Kinder bauen die Szenerie

Auf dem untenstehenden Foto haben die Kinder zu Beginn etwas darüber gehört, wo die folgende Geschichte spielt. Dann dürfen sie auf einer erhöhten Fläche mithilfe von grobem Sand, Hölzern, Steinen, Pflanzen, Stoffresten etc. eine mögliche Szenerie gestalten. Sie tauschen sich dabei aus. Sie begeben sich gleichsam sinnlich in den Stoff hinein. Anschließend erzählt die Gemeindepädagogin mithilfe von Kegelfiguren in der Szenerie. Religionsdidaktisch erscheint dies überaus schlüssig: Die Kinder sind am *Aufbau* der Geschichte, die vielleicht ihre Geschichte wird, unmittelbar beteiligt.

Vorlesen oder erzählen?

Wer *frei* erzählt, akzentuiert den Modus der *personalen* Überlieferung. Wer eine Geschichte *vorliest*, holt einen *anderen Erzähler* in den Raum. Das verlangt, didaktisch gesehen, eine andere Dramaturgie. Auch methodisch beinhalten beide Varianten sowohl Chancen als auch Risiken – z. B. stärkere Formulierungsgenauigkeit und Distanz durch ein zwischengeschaltetes Papier gegenüber größerer Emotionalität und Flexibilität im spontanen Aufgreifen gruppenspezifischer Faktoren beim freien Erzählen. Beides muss zur Person ebenso wie zur Gruppe und zur Sache passen.

Johanna: „Nächste Woche erzähle ich ja die Geschichte."

Felina: „Genau!"

Nora Boden: „Ach so?"

Mädchen durcheinander: „Ja, stimmt, da wird sie länger."

Johanna: „Aber dann erzähl ich die ganze Geschichte. Bei mir geht es deutlich länger."

(Stundenbeschreibung aus Oberstadt)

---

[1] Steinkühler, Martina: Bibelgeschichten sind Lebensgeschichten. Erzählen in Familie, Gemeinde und Schule, Kassel 2017 (Göttingen ¹2011), speziell 19-33.

[2] Eine Fülle von Anregungen und Beispielen enthält das Buch „Erzählen mit allen Sinnen", hg. v. Brigitte Messerschmidt u. a. im Auftrag des Rheinischen Verbandes für Kindergottesdienst, Stuttgart ⁸2021.

Gespräche führen

> „Dass eben die Gemeindepädagogen da geschult sind, dass sie nicht fertige Antworten geben, sondern den Raum dafür öffnen"; „dass er mit anderen Kindern eine Möglichkeit des Austausches hat."
> (Kirchvorsteherin in Wiesenbrunn)

> „Und wir haben ja jetzt auch diskutiert: ‚Ist das Gottesreich schon da, oder ist es nicht da?', und wir beide haben ja jetzt auch wegen Beten diskutiert: ‚Gehört beten dazu oder gehört es nicht dazu."
> (Kind in Meisterfurt)

Sprachfähigkeit im Glauben

Eng verknüpft mit der *Eröffnung* bzw. *Darbietung* einer Sache, z. B. durch eine Erzählung, ist das *Gespräch* zu dieser Sache.

Sprache ist ein zentrales *Medium der Konstruktion und Aneignung von Wirklichkeit*. Deshalb kommt ihr hohe Bedeutung in Bildungsprozessen zu. Im gemeindepädagogischen Kontext verstärkt sich das durch die *Sache*, um die es geht. Die Leitformel „Kommunikation des Evangeliums" (→ Einleitung) signalisiert: Was die „Gute Nachricht" an dieser oder jener Sache sein könnte, steht nicht von vornherein fest, sondern erschließt sich in der Begegnung. Der mündliche Austausch, die kontroverse Diskussion, die Verbalisierung emotionaler Erlebnisinhalte – all das dient letztlich dem sog. assensus-Glauben (→ vgl. II-3). Auf der Basis vertrauensvoller Beziehungen bekommen die Kinder Gelegenheit, sich selbst und die Dinge des Glaubens verstehen zu lernen und dazu sprachfähig zu werden.

Gespräche führen

Nicht umsonst gilt die Gesprächsführung als eine der anspruchsvollsten Methoden im pädagogischen Alltag. Vielleicht helfen folgende Hinweise.

Vermeidbare Engführungen

Es gibt Frageformen, die wenig förderlich sind, um ein *offenes, solidarisches, erkundendes* Gespräch in Gang zu bringen (z. B. suggestive oder rhetorische Fragen, Kettenfragen oder Echo-Fragen).

Engführende Fragen lenken meist nur auf kurze, definitionsartige Antworten

> **Tipp:** Wenn Sie mit „genau" auf eine Antwort eines Kindes reagieren, haben Sie zuvor meist eine geschlossene Frage gestellt.

(z. B. „Wohin gingen die Jünger?" „Was ist ein Pharisäer?"). Offener, weil auf das Wesentliche hinlenkend, wäre z. B. „Was ist eigentlich ein Pharisäer?".

Orientierende Struktur

Die Suche nach öffnenden Fragen lässt sich von der *Struktur des Begegnungsgeschehens* her differenzieren:

- Ich und du: *„Ich höre dir aktiv zu; ich möchte verstehen, was du meinst."*
- Ich und ihr: *„Ich möchte euch etwas zeigen und bin gespannt, was ihr dazu sagen werdet."*
- Ihr und ihr: *„Eure Ideen sind so verschieden – hört einander zu – was würdest du, N.N., zu M.M.s Meinung sagen?"*

Gespräche initiieren

Folgende Impulse haben sich als gliedernde Gesprächseröffnungen bewährt. Sie setzen ein authentisches Interesse der fragenden Person an der Sache, vor allem aber an den Ideen der Kinder voraus:[1]

- *Ich frage mich, was dir an dieser Geschichte am liebsten ist?* (Diese Frage zielt auf eine individuelle, spontane, emotionale Reaktion.)
- *Was meinst du, könnte wohl das wichtigste an dieser Geschichte sein?* (Diese Frage wechselt auf eine kognitive Ebene, sie verlangt eine Entscheidung – für verschiedene Kinder könnte Verschiedenes am wichtigsten sein!)

- *Ich frage mich, ob es einen Teil dieser Geschichte gibt, der von dir erzählt?* (Dieser Impuls fragt nach der individuellen Identifikation, nach möglichen Bezügen zur persönlichen Lebenserfahrung.)
- *Ob wir wohl etwas an dieser Geschichte weglassen könnten, und hätten immer noch alles, was wir an der Geschichte brauchen?* (Diese Frage öffnet einen Diskurs, weil sich Meinungen der Kinder differenzieren oder sogar gegenseitig ausschließen werden.)
- *Ich frage mich, was du dich noch fragst?* (Diese Frage öffnet gesprächsgeübten Kindern einen Raum für weiterführende Ideen.)
- Inhaltlich *konkretere* Frage-Impulse lassen sich aus den „Anzündern" gewinnen, aus „frag-würdigen" und „streit-werten" Aspekten, die Wahrheiten und Überzeugungen aufrufen. Auf solche Impulse stößt man in der didaktischen Elementarisierung. (→ III-6) In der Regel ergeben sich aus solchen sachbezogen offenen Impulsen verschiedene Perspektiven auf die in Frage stehende Sache, die im entstehenden Gespräch gemeinsam bedacht werden können.

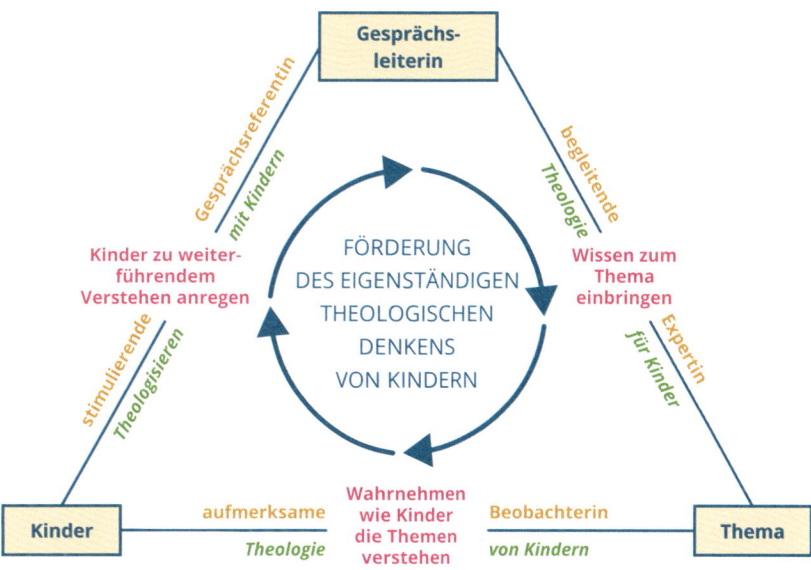

Theologisieren

Seit ca. 20 Jahren gibt es vielfältige Versuche, unter dem Leitbegriff „Kindertheologie" die religiösen Vorstellungen und Reflexionen von Kindern zu erforschen, konzeptionell wertzuschätzen und ihnen religionspädagogisch Raum zu geben.

Dabei hat sich die Unterscheidung zwischen einer Theologie *für* Kinder (aus der heraus zum Beispiel eine Kinderbibel verfasst wird), einer Theologie *von* Kindern (die wahrnimmt, dass Kinder in ihrer Weise über ihren Glauben reflektieren können) und einer Theologie *mit* Kindern – dem Theologisieren – eingebürgert.

Von „Theologie" lässt sich dabei insofern sprechen, als die Kinder Fragestellungen des Glaubens gedanklich durchdringen, eigene Ansichten formulieren und im Gespräch überprüfen. Es geht also beim Theologisieren nicht darum, Kinder zu einer bestimmten theologischen Einsicht oder moralischen Problemlösung zu bewegen, sondern ihre Sichtweisen wahrzunehmen und ihnen zu Verbalisierung zu verhelfen. Des Weiteren geht es um die Begegnung mit Perspektiven anderer Kinder oder Erwachsener und auch mit der kirchlichen Tradition. Solche Gespräche stärken das Eigene, indem sie für das Andere öffnen.

Rolle und Haltung der Gesprächsleiterin

Um die Aufgaben der Gesprächsleiterin in einem theologischen Gespräch mit Kindern genauer zu verstehen, hat Petra Freudenberger-Lötz die genannten drei Dimensionen von Kindertheologie mit dem klassischen didaktischen Dreieck verknüpft.[2]

Dabei werden drei Rollen des Leitenden sichtbar. Auch wenn diese in der Praxis eines engagierten Gesprächs manchmal ineinander fließen – ihre Unterscheidung hilft, um sich klarzuwerden, wie man die theologische Produktivität und Sprachfähigkeit der Kinder jeweils angemessen unterstützen kann.

Alle drei Rollen sind von einer *Haltung des persönlichen Interesses* an den Sichtweisen der Kinder getragen, von Empathie, Geduld und der Bereitschaft, eigene oder traditionelle Auffassungen durch die Kinder überraschen und auch hinterfragen zu lassen.

„Gespräche über die Geschichte, weil da kann man viel lernen über Gott."

(Emil in Wiesenbrunn)

---

[1] Die Impuls-Reihe entstammt dem Godly Play-Konzept, näherhin der Gattung der „Glaubensgeschichten", vgl. Kaiser, Ursula Ulrike u. a.: Gott im Spiel. Godly Play weiterentwickelt. Handbuch für die Praxis, Leipzig 2018, speziell Kapitel 3: Ergründen [Evamaria Simon], 93-127.

[2] Freudenberger-Lötz, Petra: Theologische Gespräche führen. In: Büttner, Gerhard u. a. (Hg.): Handbuch Theologisieren mit Kindern, Stuttgart/München ²2019, 69–75.

Einen eigenen Ausdruck gestalten

Die Kinder in Wiesenbrunn diskutieren:

Matthias: „Ich würde das Basteln wegmachen, weil das macht mir meistens nicht ganz so viel Spaß."

Lena: „Basteln macht Spaß."

Jonas: „Ich würde auch das Basteln weglassen, weil es mir auch meistens nicht so Spaß macht."

Antonia: „Aber basteln macht doch genauso Spaß!"

Freude und Zweck

Kinder lassen sich im Laufe einer Christenlehre-Stunde meist gern zu einer kreativen, interaktiven oder thematisch bezogenen spielerischen Aktivität einladen. Sie erwarten gesteigerte Chancen für Bewegung, für Abwechslung im Raum, Erprobungen und mehr Selbststeuerung im Tun und Lassen.

Die Gemeindepädagogin ihrerseits erwartet erweiterte und freudbetonte Möglichkeiten der Beteiligung der Kinder an der Sache, neue Verknüpfungen aus der Lebensweltlichkeit der Kinder heraus ins Thema des Tages – kurz gesagt: individuell vertiefende Begegnungen von Person und Sache.

Vertiefende Begegnung

Was meint hier „Vertiefung"? Es geht darum, dass jedes einzelne beteiligte Kind mehr Möglichkeiten bekommt, einen für es selbst relevanten *Inhalt zu errichten* (s. o. III-5). In ihrer Kreativität re-agieren die Kinder ja nicht *linear* auf bestimmte thematische Aspekte oder Herausforderungen. Die Dramaturgie einer Stunde kann bestimmte inhaltliche Richtungen anbieten. Das ist nicht gering zu achten und verlangt nach guter Planung. Die subjektive Anverwandlung erfolgt aber im Kind, auf dem Hintergrund seiner lebensweltlichen Situation, Erfahrungen und Fragen. In unseren Interviews nutzen Kinder wie Erwachsene durchgängig den Begriff „Spaß", wenn sie genau diesen Zusammenhang zwischen intrinsischer Teilnahmemotivation und Sachbegegnung beschreiben wollen. Eine Phase kreativer Vertiefung bietet diesem Vorgang einen differenzierenden, ergebnisoffenen Rahmen.

Was gemeint ist, lässt sich z. B. am *Rollenspiel* verdeutlichen: Werden die Kinder eingeladen, eine Szenerie *nach*zuspielen, oder *weiter*zuspielen, oder in einem selbst gewählten Zusammenhang *neu* zu spielen? Diese Frage lässt sich leicht auf andere kreative Formen übertragen. Sie verweist zurück auf die Intentionen. Worum geht es der Gemeindepädagogin?

Förderung der Selbsttätigkeit

Je größer das Interesse des Gemeindepädagogen ist, dass die Kinder eigene Bezüge zur Sache entwickeln, umso breiter angelegt wird seine Eröffnung und Steuerung einer kreativen Aktion sein.

Es kann durchaus sein, dass er den Kindern absichtsvoll Raum gibt, sich von der zuvor thematisierten Sache zu lösen. Der Zweck der Vertiefung liegt dann ganz im Kind selbst – z. B. im Arbeiten mit Ton *zur Ruhe zu kommen*. Häufig genießen die Kinder auch die Möglichkeit, sich gleichsam parallel zur kreativen Tätigkeit über Themen ihres Alltags auszutauschen und ihre Beziehungen zu pflegen. Oder die Gemeindepädagogin für ein persönliches Gespräch beanspruchen zu können, während alle anderen basteln.

III-15 Einen eigenen Ausdruck gestalten

Das bedeutet: Im Regelfall rückt das einzelne Kind in einer spielerisch-kreativen Beschäftigung weiter weg vom Gemeindepädagogen – räumlich, v. a. aber didaktisch gesehen. Die Kinder werden individuell aktiv, dürfen sich zurückziehen, können in Grüppchen etwas ausprobieren. Sie bekommen Gelegenheit, Selbstwirksamkeitserfahrungen zu sammeln, Sehnsüchte gestalterisch umzusetzen, unerhörte Gedanken zu wagen oder sich an gefährliche Erlebnisse zu erinnern.

Vielfalt und Ambivalenz

Basteln, Malen, Gestalten, Rollenspiele; zweidimensional-zeichnerische oder dreidimensional-konstruktive Techniken, erlebnisorientierte Aktionen oder Spielentwicklungen – keine andere Station im Verlauf einer Stunde bietet eine solche methodische Breite. Die Qualität der vorgehaltenen Kreativmaterialien spiegelt die Wertschätzung für die erwartete Tätigkeit der Kinder. Im Rahmen dieses Arbeitsbuches kann es nur um einige prinzipielle Linien gehen.

Neigungen und Ansprüche

Bei aller grundsätzlichen Freude der Kinder gilt es anzuerkennen, dass ihre Beteiligungsbereitschaft in hohem Maße von ihrer Selbsteinschätzung bezüglich bestimmter Fähigkeiten und Fertigkeiten abhängt. Keine andere Station im Prozess einer Christenlehre fordert die Kinder mehr heraus, sich aktiv einzubringen, Ideen zu entwickeln, individuelle Geschicklichkeit und körperlichen Ausdruck zu zeigen. Das braucht Zeit zum Hineinfinden. Individuelle Begabungen, aber auch Hemmschwellen werden sichtbar. Der nebenstehende Disput der Kinder in Wiesenbrunn zeigt ein Beispiel, dass manche kreativ-handwerkliche Tätigkeiten (Überschrift „basteln") auch *geschlechtsspezifische* Bewertungs-Ambivalenzen auslösen können.

Deshalb sollten die Vorschläge der Gemeindepädagogin auf ihren Beobachtungen der Kinder basieren. Zu ihren allgemeinfachlichen Kenntnissen der altersmäßigen Entwicklungsstände in der Gruppe (moto-

risch, psychisch, sozial, kognitiv) gesellen sich ihre individuellen Wahrnehmungen und Erfahrungen, um Angebote letztlich *spezifisch und inklusiv* anlegen zu können.

Wahl und Konsekution

Die Möglichkeit der *Mitbestimmung* durch die Kinder, was die Art der kreativen Betätigung betrifft, spielt mit steigendem Alter eine immer größere Rolle für die intrinsische Motivation, sich zu beteiligen. Dies kann sich auf verschiedene Weise entfalten – zwei seien genannt:

Wo es die Möglichkeit gibt, eine Spiel- und Kreativphase im *Stationen-Betrieb* zu organisieren, eventuell sogar mit Präferenz-Stationen, können *unterschiedliche* Neigungen *zeitgleich* zum Zug kommen. Je nach örtlichen Voraussetzungen führt dies vielleicht zu einer dauerhaften Raum-Einrichtung.

Wenn sich die Arbeit an bestimmten, thematisch bezogenen Werken über *mehrere Stunden* erstreckt, kann dies zum inhaltlichen Zusammenhang der ganzen Einheit beitragen. Jede vorhergehende Gestaltung bildet dabei den Auftakt für die nächste Etappe. Am Ende einer Beschäftigung steht vielleicht eine Galerie von Kreativprodukten. Sie erleichtert eine Rückschau und Zusammenfassung – und kann über die Gruppe hinaus auch anderen als Anschauung und Erzähl-Hilfe dienen.

„Also das Spielen macht denen ganz großen Spaß, die Geschichten nachspielen oder so, da haben die richtig Freude dran."

(Gemeindepädagogin in Meisterfurt)

Vernetzungen entwickeln

> „So eine Gemeindepädagogin schafft die Möglichkeit, Kinder und Familien zu integrieren."
> (Kirchvorsteherin in Wiesenbrunn)

> Sie „fahren von der Schule hier her, gehen zur Kurrende und dann noch zum Kindertreff."
> (Kirchvorsteher in Oberstadt)

In Teil I und Teil II dieses Arbeitsbuches habe ich „Vernetzung" als einen *empirisch prägenden* und *konzeptionell prozesssteuernden* Faktor herausgearbeitet. Welche praktischen Konsequenzen ergeben sich daraus?

Im Blick auf Kinder
Vernetzung im Querschnitt

Nimmt man die Perspektive von Kindern ein, stellt sich die Frage: Woran können sie erkennen, ob und wie die unterschiedlichen religionspädagogischen Angebote im Grundschulalter zusammenhängen?

■ Wo es möglich ist, Kinderkirche und *Kurrende* zu verknüpfen (→ vgl. I-2), erleichtert das die Nachmittagsorganisation der Familien und die kooperative Erarbeitung von Projekten.

■ *Kinderbibelwochen* und *Ferienfahrten / Rüstzeiten* erweitern die Kontaktflächen der Kinderkirche. Sie bieten mehr Raum für Gemeinschaft, Abwechslung und Erlebnis und weiten den Kreis der Teilnehmenden.

■ Vielerorts, vor allem in westdeutschen Kirchgemeinden, wird der Begriff „Kinderkirche" synonym für *Kindergottesdienst* verwendet. Das kann auch eine Verselbständigung und bildungsorientierte Erweiterung des liturgisch geprägten Ausgangsformates meinen (→ vgl. Einleitung). Anderenorts existieren Christenlehre und Kindergottesdienst nebeneinander. Dann folgen sie, ähnlich dem *Religionsunterricht,* eigenen Logiken. Aber die breiten inhaltlichen Schnittflächen legen es nahe, dass sich die ehren- und hauptamtlich Leitenden wenigstens informiert halten, wenn nicht sogar punktuell ergänzen.

Vernetzung im Längsschnitt

■ Bildungsbiografien verlaufen auch im Bereich der Religion häufig fragmentiert, gelegenheitsbezogen und keineswegs linear. Dies anzuerkennen, sorgt für Bescheidenheit in den gemeindepädagogischen Ambitionen. Das schließt aber nicht aus, nach Realisierungen des lebensbegleitenden Lernens und nach Verknüpfungen zwischen unterschiedlichen Lerngelegenheiten im Längsschnitt zu fragen. Auf die Kinderkirche angewendet, legen sich zwei Fragen nahe. Wie kommen Kinder *vor Erreichen des Grundschulalters* in Kontakt zur Kinderkirche? Geschwister, Familiengottesdienste oder Kooperationen der Gemeindepädagogin mit der Kindertagesstätte (vgl. die Erzählung des Elternpaares in Meisterfurt) bieten dafür Gelegenheiten.

■ Wie ist die Kinderkirche mit den Angeboten für *Jugendliche* verknüpft? Chancen zur Vernetzung bieten z. B. der Einstieg ins ehrenamtliche Engagement, unterstützt durch KiLeiCa-Schulungen, oder die Zusammenarbeit von Gemeindepädagogen und Pfarrerinnen in der Arbeit mit Konfirmanden.

Im Blick auf Familien

Die Herkunftsfamilien, so hatten wir gesehen, sind eine maßgebliche Bezugsgröße der Kinderkirche. Allerdings fordert die Bandbreite der familienreligiösen Praxis und die Unterschiedlichkeit der Erwartungen an die Kinderkirche die Gemeindepädagogin heraus, *situationsvariable Vernetzungsformen* zu entwickeln.

Klassiker

Einige Formen haben sich in den letzten Jahrzehnten fest etabliert (auch wenn es dafür mancherorts langen Atem braucht): *Familiengottesdienste, -nachmittage, -rüstzeiten.* Die Kinderkirche kann hier als ein Motor wirken. Beziehungen werden aufgebaut, Verbindungen vertieft, Inhalte verbreitert.

Eltern einbeziehen

Andere Formen konzentrieren sich auf die *Eltern.* Dafür braucht es meist individuelle Initiativen, innovative Ideen und gezielte Suche von Anlässen durch den Gemeindepädagogen. *Kleine Zeitfenster für einen Schwatz beim Hinbringen und Abholen der Kinder, Elternabende, individuelle Erziehungsberatung, Hausbesuche.* So können neue systemische Verankerungen ins Leben der Kirchgemeinde entstehen.

Im Blick auf die Kirchgemeinde insgesamt

Wie sind die Kinderkirche und die Wahrnehmung von Kindern überhaupt im breiteren Alltag kirchgemeindlichen Lebens vernetzt? Welche Rolle spielt sie in der Perspektive der Gemeindeleitung? Es geht z. B. um:

- die Präsenz der Kinder(kirche) auf der Website, in den Schaukästen, im Gemeindebrief;
- die proaktive Unterstützung von Anliegen der Kinderkirche im Kirchenvorstand durch den „Ausschuss für Kinder, Jugend und Familie";
- die Bereitschaft zur konzeptionellen Reflexion im Jahresgespräch mit den gemeindepädagogischen Fachkräften.

Im Blick auf die Kommune

Die bildungsorientierte Arbeit mit Kindern in Kirchgemeinden verfügt über viele Möglichkeiten, in die gesellschaftlichen Kontexte auszustrahlen. Das belegt schon ein kurzer Blick in die hospitierten Praxisfelder unseres Forschungsprojektes:

- Die Kirchgemeinde stellt ein Grundstück für die Errichtung eines öffentlichen Spielplatzes zur Verfügung, wie im Nachbardorf von Wiesenbrunn.
- Aus der Elternschaft kommt eine Initiative zum Stolperstein-Putzen durch die gemeindliche Kindergruppe, wie in Oberstadt.
- Die Christenlehre-Kinder steuern eine Aufführung zum Dorffest bei, wie in Waldhofen.

Immer wieder wird es nötig sein zu gewichten. In welche Richtung sollen Vernetzungen gesucht und entwickelt werden? Was hat Priorität? Die Gefahr ist nicht von der Hand zu weisen, dass sich Kirchgemeinden angesichts knapper werdender Ressourcen auf ihr Binnenleben beschränken und dies auch von gemeindepädagogischen Aktivitäten erwarten. In einem Prozess zur Profilentwicklung können Gewichtungen und neue, mutmachende Initiativen gut *gemeinsam* entwickelt werden.

„Dass wir in B-Dorf diesen Spielplatz haben bauen lassen, da habe ich mich sehr dafür stark gemacht. Weil das ermöglicht ja auch aus Kindersicht eine Welt, wo sie sich wohlfühlen können."
(Kirchvorsteherin in Wiesenbrunn)

„Das ist eine ganz normale Rentner-Weihnachtsfeier im Ort, und da treten wir als Christenlehre-Gruppe auf."
(Gemeindepädagogin in Waldhofen)

„... die Junge Gemeinde ist in der Gemeinde aktiv. Das sind Christenlehrekinder. Die also irgendwie durch diese Arbeit gemerkt haben, dass sie da auch wichtig sind, wahrgenommen werden, dass die dort auch eine Aufgabe haben, dass es auch auf sie ankommt."
(Gemeindepädagogin in Meisterfurt)

Teil IV

Schritte zur Profilentwicklung

Selbstklärung und Kommunikation tragen zur Zukunftsfähigkeit der gemeindlichen Arbeit mit Kindern bei. Ein Prozess zur Profilentwicklung unterstützt dieses Ziel – vor Ort und in der Region.

Teil IV — Schritte zur Profilentwicklung

Wie dieser Teil funktioniert

Bisher sind wir in diesem Arbeitsbuch
- von einzelnen Praxissituationen ausgegangen (Teil I),
- haben diese auf ihre grundlegenden Kategorien hin reflektiert (Teil II)
- und in Leitlinien zur Praxisplanung überführt (Teil III).

Im Mittelpunkt der Aufmerksamkeit standen dabei Praxis und Prinzipien *konkreter bildungsorientierter Veranstaltungen* mit Kindern in einer Gemeinde, ob nun Christenlehre, Kinderkirche oder anders benannt.

Im folgenden Teil ändern wir die Fragerichtung: Wie kann man Profil und Struktur der Arbeit mit Kindern *insgesamt* reflektieren und ggf. weiterentwickeln – *lokal, in Teams, regional*? Diese Fragestellung führt über das Forschungsprojekt, welches den Teilen I bis III zugrundeliegt, hinaus.

Gliederung

Lokal, in Teams, regional – auf jeder Ebene funktioniert Profilentwicklung etwas anders. Die Grundschritte jedoch sind überall ähnlich. Der folgende Teil des Arbeitsbuches ist nach einer solchen grundlegenden Schrittfolge gegliedert. Als Leserinnen und Leser werden Sie Konkretisierungen und Varianten je nach Anwendungssituation selbst vornehmen.[1]

Es lohnt sich

Im beruflichen Alltag von Gemeindepädagoginnen liegt das Hauptaugenmerk meist auf der gruppenbezogenen Arbeit. Dagegen gehört ein Prozess zur Profilentwicklung wohl eher zu den sekundären, vielleicht auch ungeliebten Aufgaben. Zumal die dafür notwendige Zeit häufig anderweitig freigeschaufelt werden muss.

Gerade deshalb ist es wichtig, den Prozess von Anfang an sorgfältig zu planen und Verbündete zu gewinnen. Es lohnt sich! Ein vorausschauender Anstellungsträger wird den Wert dieses Aufwandes schätzen und dafür (befristet) Arbeitszeit bereitstellen.

Die Fotos

So ein Prozess soll neue Perspektiven zutage fördern. Das braucht Kreativität, frische Ideen, ungewöhnliche Arbeitsweisen. Dazu sollen die Fotos in diesem Teil animieren. Sie zeigen eine spielerische, „handgreifliche" Schrittfolge.[2] (Die Anordnung der Fotos folgt nicht den Themen der Kapitel, sondern einer eigenen Logik, die im Kap. → IV-4 erläutert wird.) Bitte beachten Sie: Die abgebildete Lego-Methodik ist lediglich ein Beispiel!

---

[1] Vgl. zu diesem Teil des Arbeitsbuches: Praxis entwickeln – konzeptionell arbeiten. Themenheft der Praxis Gemeindepädagogik 64 (2011), H. 1; von Spiegel, Hiltrud: So macht man Konzeptionsentwicklung – eine praktische Anleitung. In: Sturzenhecker, Benedikt/Deinet, Ulrich (Hg.): Konzeptentwicklung in der Kinder- und Jugendarbeit. Reflexionen und Arbeitshilfen für die Praxis, Weinheim/München ²2009, 51-95; Ev. Kirche von Westfalen: Konzeptionen im Bereich der Gemeindepädagogik – eine Arbeitshilfe; http://www.gemeindepaedagogik-westfalen.de/konzept-bausteine.html (Abruf 19.12.2022); viele weitere Anregungen für die folgenden Abschnitte verdanke ich Thomas Aßmann, Konzeptionsberater im Kinder- und Jugendpfarramt der Ev. Kirche in Mitteldeutschland (https://www.kinder-jugend-konzeptionen.de/, Abruf 19.12.2022).

[2] Eine Gruppe aus Eltern, Gemeindepädagogin, Kindern und einem Kirchvorsteher der Ev.-Luth. Michaelis-Friedens-Kirchgemeinde Leipzig arbeitete einen Vormittag lang am Thema „Profilentwicklung für die Kinderkirche".

Profilentwicklung im Überblick

Begriffsklärung
Leider werden sowohl in der Praxis als auch in der Literatur wichtige Begriffe unterschiedlich verstanden. Deshalb halte ich kurz fest, was womit im Folgenden gemeint ist.

Konzept
Von einem „Konzept" spricht man am besten im *Blick auf eine konkrete Handlungsherausforderung.* Da geht es um aufeinander aufbauende, begründete Maßnahmen. Die Effektivität kann anschließend evaluiert werden (z. B. projektbezogen).

Konzeption
Wer hingegen die *Grundsätze und Wirkweisen eines Arbeitszweiges* zusammenfassend darstellen will, schreibt eine Konzeption. So ein Papier enthält Richtlinien und Leitideen für konkrete Planungen und Entscheidungen. Eine Konzeption in diesem Sinn gab es in keinem der vier hospitierten Praxisfelder.

Profil
Ein „Profil" verdeutlicht *das Besondere* eines bestimmten Arbeitszweiges. Es handelt sich um die geordnete Ansammlung von Merkmalen mit dem Zweck, das *Unterscheidende* herauszustellen.

Die Überschriften zu den vier Praxisfeldern im Teil I dieses Arbeitsbuches versuchen genau das: Das Profil kurz und bündig zusammenzufassen, z. B. Meisterfurt: „Gewährleistung von Glauben und Zugehörigkeit im großstädtischen Kontext".

„Vor, zwischen und nach den beiden Teilstunden des Kindertreffs bzw. Kinderchors gibt es Freispielphasen. Sie gehören zum Konzept dazu."

(→ Teil I, Oberstadt, Annäherungen)

Konzeptionelles Arbeiten
Ob nun schriftlich dokumentiert oder in den Alltag eingesunken – „konzeptionelles Arbeiten" heißt, Gestaltungsmöglichkeiten im Rahmen leitender Ideen auszuloten und fortwährend für Überprüfung und Weiterentwicklung aufzubereiten.

Von diesen Definitionen her ordne ich einen „Prozess zur Profilentwicklung" als Teil „konzeptionellen Arbeitens" ein.

> ### Ziele einer Profilentwicklung
> Ein Prozess zur Profilentwicklung unterstützt verschiedenartige Ziele:
> - Klärung von *Alleinstellungsmerkmalen* (Visitenkarte nach innen und außen)
> - *Reflexionshilfe* für konkrete Praxis intern und extern, bezogen auf vereinbarte Ideen, Handlungen und Haltungen, ggf. turnusmäßig
> - spezielle Hilfestellung für den Umgang mit *ambivalenten* Praxissituationen und *Zielkonflikten*
> - Verständigung über erkennbare *Bedarfe*
> - Prioritätensetzung und Schaffung von Verbindlichkeit in *Aufgabenverteilung*, speziell durch die Verschriftlichung
> - Teamentwicklung

Teil IV — Schritte zur Profilentwicklung

Allgemeine Schrittfolge

Die Hauptschritte einer Profilentwicklung erklären sich fast von allein. Sie ähneln den Prinzipien pädagogischer Projektarbeit:

1 | Was oder wer fordert eine Profilentwicklung heraus? (Motivationsklärungen, Auftrag)
2 | Wer zieht mit? (Beteiligte)
3 | Welche Idee ist leitend? (Vision)
4 | Was gilt es zu wissen? (Analyse, Datensammlung)
5 | Wo soll es hingehen? (Fokussierung, Zielbestimmung)
6 | Wie kommen wir dorthin? (Schrittfolge, Umsetzung)
7 | Ist das Gewünschte geschehen? (Evaluation, Nachjustierung)

Diese sieben Fragen lassen sich ohne Weiteres adaptieren – je nachdem, worum es geht: z. B. die *Reflexion eines bestehenden Formates* von Kinderkirche, oder eine *gründliche Revision der ganzen Struktur* der Arbeit mit Kindern in einer Region und die *Erfindung von etwas Neuem*. Jede Frage gleicht einer „Überschrift". Diese fächert sich dann in genauere, situationsspezifischere Fragen auf. Die folgenden Kapitel beinhalten Vorschläge für solche Konkretisierungen. *Nur was jeweils wirklich relevant ist, braucht genauer ausgeleuchtet zu werden.*

Grafik im Großformat siehe Anhangsteil dieses Arbeitsbuches

Zeitplanung

Zeit ist kostbar – ob nun als Arbeitszeit für hauptamtlich Beschäftigte oder Freizeit für ehrenamtlich Engagierte. Wie kann diese Ressource am effektivsten eingesetzt werden?

Zeitstrukturen

Ein Prozess zur Profilentwicklung kann in verschiedenen zeitlichen Strukturen realisiert werden, wie z. B.:
- ein Kompaktformat, etwa eine Jahrestagung oder Kirchvorsteher-Rüste
- ein Sandwich-Format, mit wenigen größeren und mehreren zwischengeschalteten kleineren Treffen
- eine kontinuierlich tätige Arbeitsgruppe.

> „Die Kinder kommen, weil sie in altersgerechter Sozialform erleben und entwickeln können, was ihnen wichtig ist: Zugehörigkeit zur Glaubensgemeinschaft. Dazu gehören intensive Gruppenerfahrungen, religiöse Praxis, thematischer Gewinn (Verstehen, Lernen) und handlungsorientierte Beteiligung." (→ I-3-3)

Je nach Umfang der Aufgabenstellung wird der Zeitaufwand variieren. Um der Motivation der Beteiligten und der Prozessdynamik (Spannungsbogen in der Sache) willen ist es empfehlenswert, die Dauer von *ca. einem Jahr* nicht zu überschreiten. Eine begleitende *Dokumentation* (→ IV-8) hilft, Zeiträume zwischen den Schritten zu überbrücken und bereits Erreichtes zu sichern.

Meilensteine

Ein effektives Hilfsmittel der Prozessplanung besteht in der Verabredung von sog. „Meilensteinen". Auf lokaler Ebene könnte das z. B. heißen:
- bis 1. März habe ich mit einigen Leuten über meine Ideen gesprochen
- bis 1. April habe ich meine Absicht im zuständigen Gremium kommuniziert und mir einen Sondierungs-Auftrag abgeholt
- bis 1. Mai habe ich eine kleine Gruppe von Beteiligten zusammengestellt, die den Weg mit mir gemeinsam gehen und auch bereit sind, dafür Zeit und Energie einzusetzen.

IV-1 Profilentwicklung im Überblick

Solche „Meilensteine" können kleinschrittig gesetzt werden, oder sich auf die Hauptschritte beschränken. In jedem Fall tragen sie zur Überschaubarkeit bei und unterstützen Zwischenevaluationen und Nachsteuerungen, damit der Prozess tatsächlich vorwärtskommt.

Praktikerinnen entwickeln Praxis
Praxis und Theorie im Konflikt
Hin und wieder haben Gemeindepädagoginnen den Eindruck: „Was in gemeindepädagogischen Aus- und Weiterbildungen gelehrt wird, was in Büchern steht oder was überregionale Bildungskonzeptionen fordern, passt nicht zu meinem Alltag." In der Praxis scheint es auf etwas anderes anzukommen, als was Theorie oder Verlautbarungen besagen. In der subjektiven Wahrnehmung kann das zu einer sog. „Entkopplung" zwischen Praxis und Theorie führen.

Die Würde der Praxis
Dieser Konflikt weist auf mehrere Herausforderungen hin.

Zunächst gilt es anzuerkennen, dass die gemeindliche Arbeit mit Kindern (wie jede pädagogische Praxis) der Theorie *vorauseilt*, und dass dieser Vorsprung einen Teil ihrer *Würde*, ihrer *Dignität* ausmacht. *In der Praxis selbst liegt Wesentliches dafür verborgen, diese Praxis weiterzuentwickeln.*

Diese Weiterentwicklung setzt aber voraus, dass die Praktiker die *implizite Theorie ihrer Praxis* verstehen lernen. Denn ihre Praxis folgt ja bestimmten Ideen und geschieht in einem Orientierungsrahmen. Dies zeigt Teil I dieses Arbeitsbuches an vielen Beispielen.

Dies wiederum nötigt die Theorie dazu, Schrittfolgen zu entwickeln, empirisch zu überprüfen und theoretisch einzuordnen, in denen Praktikerinnen dann selbst die konzeptionelle Reflexion ihres Tuns steuern können. Hier helfen Fortbildungen; deshalb ist auch dieses Arbeitsbuch so konzipiert, wie es vor Ihnen liegt.

Gemeindepädagogische Fachkräfte als Schlüsselpersonen
Gemeindepädagogische Fachkräfte verfügen über die genaueste Situationskenntnis und die berufstypische pädagogische Professionalität, um Entwicklungsbedarfe in der gemeindlichen Arbeit mit Kindern vor Ort zu erkennen. Im glücklicheren Fall wird dies dadurch unterstützt, dass sie im Team arbeiten, mit Gelegenheit zu regelmäßigem Austausch. Meist jedoch kommt es auf den einzelnen Gemeindepädagogen selbst an, ob seine Diagnosen in Kommunikation treten oder nicht.

Wer moderiert?
Machen sich Prozesse zur Profilentwicklung durch Anstöße von außen nötig, zum Beispiel durch Strukturreformen auf Kirchenkreis-Ebene, taucht eine wichtige Spannung auf: Die Zuständigkeit dafür, den Prozess *in Gang zu setzen* und zu moderieren, liegt auf *Kirchenkreisebene*. Die Zuständigkeit, die Folgen *vor Ort umzusetzen*, liegt bei den einzelnen *Gemeindepädagogen*. Daraus folgt ein hoher Anspruch an die regionale Moderation und Begleitung der lokalen Umsetzung (→ vgl. IV-7), um die oben skizzierte „Entkopplung" zu vermeiden.

Profilentwicklung als Chance
Eine Profilentwicklung lässt sich als gute Chance ansehen, die Rede von der Würde der Praxis und die Anerkennung der „lokalen Primärkompetenz" der Gemeindepädagogin ernst zu nehmen und in den Dienst der Zukunft zu stellen.

So ein Prozess hilft, in Ruhe der eigenen Praxis gegenüberzutreten und zum Austausch über diese Praxis zu kommen. Ideen und Alleinstellungsmerkmale können bewusst gemacht, diskutiert und erprobt werden. Die vorgeschlagene, beteiligungsorientierte Schrittfolge will ein solches Wechselmodell von Aktion und Reflexion unterstützen.

> „…. das Konzept ist sicherlich da, das wird gelebt, aber es ist jetzt nicht irgendwie verschriftlicht."
> (Kirchvorsteherin in Wiesenbrunn)

→ Wenn Sie Ihre Praxis mit den vier Beispielen aus Teil I vergleichen – was wären Ihre Profilmerkmale?
Womit würden Sie öffentlich werben?

Den Auftrag klären

Wie kommt ein Prozess zur Profilentwicklung überhaupt in Gang? Der Anstoß kann z. B. aus einer *beruflichen* Unzufriedenheit kommen, durch Veränderungen in den *Rahmenbedingungen* oder auch beim Antritt einer *neuen Stelle*.

Verschiedene Impulsgeber

Im Bereich von Kinderkirche kann ein Impuls zur Profilentwicklung von (mindestens) fünf Ebenen ausgehen:

- den Kindern, insofern sie signalisieren, was sie an der Kinderkirche brauchen
- den Eltern, weil sie mit dem Schicken ihrer Kinder Erwartungen verknüpfen
- der Gemeindepädagogin selbst, anhand ihrer Innenansichten und ihrer fachlichen Expertise
- der regionalen Fachaufsicht, z. B. in der Umsetzung von Strukturänderungen
- dem lokal zuständigen Gremium, insofern es im juristischen Sinn die leitende Instanz des Trägersystems „Kirchgemeinde" ist.[1]

Zuständigkeit und fachliche Kompetenz

Der erste Schritt besteht darin, den Anfangs-Impuls in einen förmlichen Auftrag umzuwandeln. Das geschieht durch das zuständige Leitungsgremium. Dabei lässt sich z. B. ein örtlicher Gemeindekirchenrat von einem Ausschuss für die Arbeit mit Kindern, Jugendlichen und Familien unterstützen.

> „Das ist noch so eine Tradition, auch für viele ältere Kirchvorsteher, (...) dass da Werte und Inhalte vermittelt werden. ‚Die dürfen ja nicht nur ein Musikprojekt machen.' Über sowas haben wir uns auch schon auseinandergesetzt im Kirchenvorstand."
>
> (Kirchvorsteherin in Wiesenbrunn)

Die Legitimität hängt an der durch Ordnungen geregelten Zuständigkeit und ist letztlich eine Frage der Verantwortlichkeit für Prozess und Ergebnisse. Im Rahmen dieser Zuständigkeit nimmt zum Beispiel der Kirchenvorstand die Dienstaufsicht für den Gemeindepädagogen wahr. Je nach Ordnungslage bedarf es der Zusammenarbeit mit der regionalen Fachberatung.

Da die *Gemeindepädagogin* den betreffenden Bereich am besten kennt, sollte sie eine Schlüsselrolle spielen. Sie kann die Notwendigkeit für einen Profilentwicklungs-Prozess gegenüber Ausschuss und Kirchenvorstand fachlich gut begründen. Sie *holt sich* den Auftrag.

Der Sinn eines Auftrags
Prozess und Ergebnisse

Im Prozess Engagierte müssen sich darauf verlassen können, dass die Ergebnisse tatsächlich wahrgenommen und ggf. umgesetzt werden. Wird lediglich ein Sondierungsauftrag erteilt (was häufig sinnvoll ist, um starten zu können), ist die Verbindlichkeit niedrig. Wird jedoch ein Auftrag zur profilverstärkenden Neuordnung verschiedener Angebotsformate erteilt, setzt dies einen längerfristigen Prozess in Gang. Ein klarer Beschluss sichert die allseitige Überschaubarkeit des Prozesses und vermeidet spätere Frustrationen.

Klarheit in der Sache

Eine Auftragserteilung zwingt zu Klarheit. Denn oft bleiben Erwartungen *unausgesprochen* und beeinflussen den Prozess „heimlich". Manchmal gibt es *Zielkonflikte* zwischen auftraggebendem Gremium und Gemeindepädagogin. Beides braucht Beachtung im Gespräch. Manchmal hilft eine Aufteilung des Auftrags in kleinere Schritte.

> „Wenn ich anderen einen Rat geben sollte, dann den, den ich mir als Erstes selbst gebe: Auftragsklärung, Auftragsklärung, Auftragsklärung. Das ist das A und O. Wie generell in der Kommunikation, ist es auch hier wie bei einem Eisberg: Nur der siebente Teil ist sichtbar bzw. wird ausgesprochen. Den Rest muss man gewissermaßen mit ‚Sonar' erkunden, er bleibt als unausgesprochene Erwartung unter der Oberfläche und bietet reichlich Gelegenheit für Kollisionen."[2]

Was ein Auftrag beinhaltet
Bereich und Gegenstand
Ein Auftrag sollte möglichst genau benennen, worauf er sich bezieht. Dazu kann es im Bereich der bildungsorientierten Arbeit mit Kindern gehören, das Verhältnis zum Kindergottesdienst oder zu anderen Formaten neu zu klären. Unter Umständen treten profilierende Merkmale durch solche Verhältnisbestimmungen besser ins Licht.

Ziele
Häufig kann ein Auftrag erst dann erteilt werden, wenn geklärt ist, welche Ziele die Gemeinde mit ihrer Arbeit mit Kindern insgesamt verfolgt. Das ist für die Präzisierung des zu erteilenden Auftrags hilfreich. Die entstehende Verzögerung (s. o.: Zielkonflikte) zahlt sich als einvernehmliche Basis der weiteren Entwicklung aus.

Vorläufiger Plan
Gerade wenn es Unsicherheiten oder Uneinigkeit darüber gibt, *was* eigentlich erreicht werden soll, kann es sinnvoll sein, erstmal nur die Erwartungen an den Prozess zu klären. Man kann eine geplante Schrittfolge als *Experiment* ansehen, vereinbart in aller Vorläufigkeit, und sich dem *Was* über das *Wie* annähern.

Ressourcen und Personen
Ein Prozess zur Profilentwicklung braucht eine realistische Ressourcenplanung (Zeit, Räume, Beteiligungen, manchmal auch Geld). Gerade weil man nicht jedes Jahr ein neues Profil entwickelt, sind klare Verabredungen mit dem Auftraggeber wichtig.

Hilfsfragen zur Prüfung
Ob ein Auftrag nun auf Initiative der Gemeindepädagogin zustande kommt, oder durch ein Trägerinteresse – letztlich ist er das Nadelöhr, durch das ein Prozessbeginn hindurch muss. Vielleicht helfen einige Fragen, um die Aussichten auf Erfolg realistisch einschätzen zu können:

■ Hat das Ansinnen einer Profilentwicklung eine *Vorgeschichte*? Der wievielte Versuch ist es, und wie sind die anderen Versuche gelaufen?

■ Welche Personen haben das stärkste *Interesse* daran, dass eine Beauftragung zustande kommt? Woran messen Sie die Echtheit eines Interesses im Kirchenvorstand – oder ob er einen Auftrag zur Profilentwicklung wie eine lästige Pflicht behandelt?

■ Soll der Auftrag eine *Vergrößerung* der Kindergruppen einschließen? Dann ist Vorsicht geboten. Zwar ist dieser Wunsch nachvollziehbar. Doch die Gelingensbedingungen überschreiten zumeist den Horizont des Planbaren.

Vielleicht führt die Kommunikation dazu, dass eine Profilentwicklung *nicht* in Gang kommt, weil es an Konsens über den Auftrag mangelt. Das mag bedauerlich sein – und ist doch immer noch besser als ein späteres Scheitern des Prozesses aufgrund eines unklaren Auftrags.

---

[1] Die gemeindlichen und regionalen Leitungsstrukturen unterscheiden sich je nach Landeskirche. Die nötigen Adaptionen mögen die Leser und Leserinnen bitte dem Sinne nach selbst vornehmen.

[2] Aßmann, Thomas: Konzeptionsentwicklung beraten. Erfahrungen als Konzeptionsberater für die Arbeit mit Kindern, Familien und Jugendlichen. In: PGP 64 (2011), H. 1, 42-44, 44.

Teil IV — Schritte zur Profilentwicklung

Beteiligung ermöglichen

Profilentwicklung als Beteiligungschance

Die gemeindepädagogische Wertschätzung für „Beteiligung" bezieht sich nicht nur auf *Gruppen* und *Veranstaltungen*, wie etwa eine Kinderkirchen-Stunde. Sie umfasst auch die *strukturelle* Ebene des Gemeindelebens. Mehrere Aspekte fließen hier zusammen:

1 | Die Idee von Kinderkirche als einer *Schnittfläche mit Ausstrahlung* (→ II-9, III-16);
2 | das Verständnis von Kirche als „engagierte Gruppe" und „Netzwerk" (→ II-4);
3 | die Suche nach Möglichkeiten zur „Mitbestimmung" (→ II-7);
4 | die berufstypischen Kompetenzen gemeindepädagogischer Fachkräfte, wenn es um Kommunikation, Prozessverständnis, Ressourcenmanagement, Didaktik und Vernetzung mit unterschiedlichsten Personengruppen in der Gemeinde geht (→ Abschluss).

In diesem Sinn lässt sich ein Prozess zur Profilentwicklung in der gemeindlichen Arbeit mit Kindern als exzellente *Beteiligungschance ansehen.* Die Entwicklung der Gemeinde kann dadurch insgesamt vorangebracht werden.

Aufgabe einer Beteiligten-Gruppe
Entfaltung der Sache

Eine Beteiligten-Gruppe *erweitert die Perspektiven* auf das Format Kinderkirche. Sie *verkörpert* gleichsam die *Komplexität* der Sache, um die es geht – bis hin zur Einbettung in die nachmittägliche Alltagsorganisation der Kinder. Eine Beteiligten-Gruppe verbessert das Fundament und die Qualität der Profilentwicklung durch *Umsicht*.

Wertschätzung der Person

Eine Beteiligten-Gruppe gibt Raum, um die *lebensgeschichtliche* Dimension einzubeziehen. Viele Erwachsene verbinden positive oder negative Gefühle mit der religiösen Sozialisation, die sie früher selbst erlebt haben. In solchen Erinnerungen steckt konkretes „Material" auch für aktuelle Profilentwicklung. Persönliche „Vorgeschichten" aufzurufen, ist auch ein Zeichen von Wertschätzung für die Person, mithin für die *Beziehungsqualität*.

Verknüpfung ins System

Eine Beteiligten-Gruppe hilft dem Gemeindepädagogen, seine „Innenansichten" zur Kinderkirche ins Gespräch mit den „Außensichten" von Eltern und Kirchenvorstand zu bringen. Das unterstützt das *Zusammenspiel mit anderen Formaten* und die *Lobby-Arbeit* für die gemeindliche Arbeit mit Kindern insgesamt.

Außerdem bietet eine Beteiligten-Gruppe eine gute Struktur für die *Zusammenarbeit*

„Ich habe mein Hochbett gebaut, weil ich an einem freien Wochenende am liebsten im Bett liegen würde."

von haupt- und ehrenamtlich Mitwirkenden. Ehrenamtliche können Verantwortung übernehmen, also nicht nur punktuell eine „Betroffenen-Perspektive" einbringen. Vielmehr können sie den ganzen Weg bis zu Entscheidungen und Evaluation mitgehen.

Personelle Zusammensetzung

Ein Prozess der Profilentwicklung zieht unterschiedlich große Kreise. Nahe Beteiligte sollten auf jeden Fall in der Gruppe vertreten sein. Nach dieser Logik waren auch die Gesprächspartner im Forschungsprojekt (vgl. Teil I dieses Arbeitsbuches) ausgewählt. Generell gilt:

1 | Jede Situation verlangt eigenständige Überlegungen zur Zusammensetzung.
2 | Im Zuge der Einladung zur Mitwirkung müssen Absprachen über Erwartungen, wie z. B. Zeitaufwendungen, getroffen werden.

Die Kerngruppe

Empfehlenswert ist es, dass eine kleine Gruppe den gesamten Prozess steuert und begleitet. Sie könnte beispielsweise aus der Gemeindepädagogin, einem Vertreter des Auftraggebers (Kirchenvorstand), einer Elternvertreterin und einer weiteren inhaltlich motivierten Person bestehen.

Erweiterungen

Diese Kerngruppe könnte sich punktuell erweitern. Es scheint z. B. wichtig, für die Beteiligung von *Kindern* solche Punkte im Prozess auszuwählen, die ihren altersspezifischen Zugängen zur Sache entgegenkommen, auch methodisch (→ IV-4).

Weitere gelegentliche Beteiligungen könnten sich beziehen auf:
1 | die Gemeinde – wenn z. B. ein Format mit dem Kinderchor abgestimmt werden soll,
2 | Vertreter anderer Profile kirchlicher Arbeit mit Kindern in der Region,
3 | KiTa, Schule und Hort als prägende Lebensorte der Kinder,
4 | die Kommune und andere Akteure des Gemeinwesens – wenn eine sozialräumliche Perspektive gefragt ist.

Hilfsfragen

Wenn man die Zusammensetzung einer Beteiligten-Gruppe durchdenkt, können folgende Fragen helfen: Ist diese oder jene Person
1 | zuständig?
2 | willig?
3 | fähig?

Die „Zuständigkeit" kann formaler, aber auch inhaltlicher Natur sein – in diesem Sinn sind z. B. die Kinder „zuständig". „Willig" bezieht sich auf die persönliche Motivation, Zeit und Energie zu investieren. „Fähig" fragt nach fachlichen und kommunikativen Kompetenzen, um den Prozess voranzubringen – je nach konkreten Schritten und gewählten Methoden im Prozess. Nicht alle Beteiligten werden alle Kriterien in gleicher Weise erfüllen! Aber im Sinne von „Ausgleichsgewichten" wird die Gruppe in ihrer Unterschiedlichkeit „effektiv".

Auch die (punktuelle) Einbeziehung explizit kritischer Stimmen zum ganzen Unterfangen kann sich als hilfreich erweisen – nicht nur strategisch (um die zukünftige Akzeptanz der Ergebnisse abzusichern), sondern auch zur Ausweitung inhaltlicher Perspektiven. Ihr Widerspruch könnte wichtiges Wissen zur Sache transportieren.

Steuerung und Moderation

Eine Beteiligten-Gruppe braucht vorbereitende Initiativen, Moderation bei den Treffen und strategischen Überblick. Vieles spricht dafür, dies bei dem Gemeindepädagogen gut aufgehoben zu sehen. Doppelrolle und Konfliktpotentiale raten allerdings dazu, moderierende Unterstützung von außen zu suchen (→ IV-9).

Ähnliches gilt übrigens auch, wenn absehbar ist, dass die eine oder der andere Beteiligte dazu neigt, die Kommunikation in der Gruppe zu dominieren, aus welchen Gründen auch immer. Das kann zu Weichenstellungen führen, bevor die Gruppe insgesamt an einem solchen Punkt angelangt ist.

Visionen kreativ entwickeln

"Wenn du ein Schiff bauen willst, dann rufe nicht die Menschen zusammen, um Holz zu beschaffen, Aufgaben zu vergeben und die Arbeit einzuteilen, sondern lehre sie die Sehnsucht nach dem weiten, endlosen Meer."

Wozu „Visionen"?

Begeisterung entwickeln

Der nebenstehende Ratschlag von Antoine de Saint-Exupéry fasst einen *zielorientierenden Handlungsauftrag* in eine *Metapher* und erzeugt so eine Vorstellung im Kopf der Lesenden. Genau darum geht es. Zwar müssen am Ende des ersten Treffens in einer Beteiligten-Gruppe auch Aufgaben verteilt und eine Zeitschiene verabredet werden. Aber am Anfang geht es darum, die intrinsische Motivation aufzurufen und zu würdigen. Wohin soll das Ganze führen? Die Beteiligten dürfen ihren Träumen auf die Spur gehen und daraus Bedürfnisse entwickeln. Am besten erzählen sie einander davon *in Metaphern und Bildern*.

Geistlich vergewissern

Im Kontext einer Kirchgemeinde ist es wichtig, eine Vision theologisch zu verankern. Diese gilt es zu erkunden und ins Gespräch zu bringen. Die Bibel hält hierfür viele Bilder bereit, wie das Gleichnis vom vierfachen Acker (Mt 13,1-9), das Bild vom Leib mit vielen Gliedern (1Kor 12,12-26) oder andere. Zusammen mit pädagogischen und strukturellen Vorstellungen bildet eine geistliche Vergewisserung das tragende Gerüst all dessen, was später konkret zu entwickeln ist.

Methoden

Eine Vision für die gemeindliche Arbeit mit Kindern zu entwickeln, kann auf ganz verschiedenen Wegen erfolgen. Kennzeichen ist stets, dass die Methoden Raum geben für *kreative Energie, frische Ideen, Teamwork, Freiheit im Kopf und Spaß an der Sache*. Gemeindepädagogische Fachkräfte sind Expertinnen auf diesem Gebiet!

Große Bandbreite

Die Gruppe könnte gemeinsame *Mindmaps* erstellen oder *Visualisierungskarten* und *flexible Zettelwände* verwenden. Solche Methoden sind bewährt und gut bekannt. Dadurch vermitteln sie den Beteiligten *Sicherheit* am Anfang eines Prozesses, der mit einer *unsicheren* Zukunft umgehen soll. Das ist ihre Stärke. Eine Schwäche ist, dass sie im Wesentlichen zweidimensional und kognitiv funktionieren. *Metaphern-Übungen* oder *Bilderskizzen* können einen gewissen Ausgleich schaffen.

Herausfordernder ist der Einsatz von *Konstruktions-Materialien*, wie etwa Kapla-Steinen. *Natur- und Werkstoffe* wie Holz, Steine, Fäden, Stoffe oder Knete etc. geben vielfältigste Ausdrucksmöglichkeiten. Auch im *Metalog*-Konzept[1] lassen sich Anregungen zur Aktivierung von Gruppen und Eröffnung von Ideen-Räumen finden. Die Stärke dieser Materialien liegt in ihrer dreidimensionalen Form, ganzheitlicheren Inanspruchnahme und innewohnenden Animation zur Metaphern-Bildung. Allerdings setzen sie eine gewisse Bereitschaft voraus, frei und kreativ tätig zu werden – eben weil sie inhaltlich zunächst unbestimmt sind.

Ein Beispiel

Die illustrierenden Fotos dieses Teils im Arbeitsbuch spiegeln einen Ansatz, mit dem ich selbst ausgezeichnete Erfahrungen gemacht habe.[2]

Mit spielerischen, lustbetonten Gestaltungsmitteln machen sich die Teilnehmenden in einer bestimmten Schrittfolge (→ siehe Anhangsteil dieses Arbeitsbuches) ihre mentalen Modelle bewusst, verbalisieren diese, entwickeln sie im Austausch mit anderen weiter und bemühen sich schließlich um konzeptionelle Verständigung.

IV-4 Visionen kreativ entwickeln

Die Art des Materials sorgt dafür, dass sich die Teilnehmenden spontan positiv auf den Prozess einlassen. Die Noppen liefern eine spezielle Kombination von *Begrenzung* (nicht alles hält auf allem) und *Freiheit* (Stabilität in experimentellen Konstruktionen). Es entsteht eine große Breite im individuellen Ausdruck. Farben und Formenvielfalt stützen und fördern jenes metaphorische Denken, welches benötigt wird, um sich über die Zwänge des Alltagsgeschäftes zu erheben und Visionen freizusetzen. Große (und oft undeutliche) Mengen an Informationen werden kompakt zusammengefasst und konkretisiert. Verstand, Gefühl, Hand und Produkt sind in *einem* Vorgang verknüpft.

Die Diversität von Ideen innerhalb einer Beteiligten-Gruppe wird gewürdigt. Denn zunächst baut jeder sein individuelles Modell. Dann erläutert jeder sein Modell in der Gruppe. Auf dieser Basis baut und ergänzt die Gruppe danach ein gemeinsames Modell. Nicht das letztlich gebaute Modell, sondern der dabei entstehende *Austausch* ist entscheidend, damit weiterführende Ideen freigesetzt und in die nächsten Schritte der Profilentwicklung übergeleitet werden. Der nebenstehende QR-Code leitet zu einer kleinen Verfilmung einer solchen Schrittfolge.

Diese Methode eignet sich insbesondere, um Kinder (punktuell) in den Prozess einer Profilentwicklung einzubeziehen. Sie sind meist Experten in der Verwendung solcher Spielsteine! Erwachsene müssen sich meist erst vom Kopf über die Hände in die Modellgestaltung „hineinarbeiten". Kinder hingegen entwickeln aus der sofort beginnenden Tätigkeit ihrer Finger heraus ein mentales Modell für das, was ihnen wichtig ist. Solche Unterschiede in der Arbeitsweise zwischen Kindern und Erwachsenen legen es nahe, sie an getrennten Tischen bauen zu lassen. Für die Kommunikation und Diskussion der Modelle „besuchen" sich dann die Tische gegenseitig.

„Die Wand, die Natur, ein geschützter Raum. Jeder soll mit nachdenken und sich einbringen. Jeder ist ein Teil von Kirche."

Bilanzierung

Wie bei jedem Schritt einer Profilentwicklung, so werden auch die Ergebnisse eines Visions-Workshops dokumentiert (z. B. in Fotos) und stichpunktartig formuliert. Es mag sein, dass diese Bilanzierung nach der vorhergehenden kreativen Weitung und Kommunikation als anstrengend empfunden wird und Formulierungshilfe durch die Moderation braucht.

Selbst wenn es dabei nur zu Stichpunkten oder vorläufigen Sätzen kommt – sie dienen als Referenz für die weiteren Schritte. Außerdem sind sie wichtiges Material zu Rückkopplung mit dem ursprünglich erteilten Auftrag durch die Gemeindeleitung.

Hinweis zur Formulierung

Es ist hilfreich, Visionen *positiv* (also nicht: „... besser als bisher ...") und als *IST-Zustand der Zukunft* (also nicht „wir wollen ...", „es soll ...") zu formulieren und dabei auch *bildhafte* und *emotionale* Sprache einzubeziehen.

Film "Vision entwickeln"

[1] Zum Metalog®-Konzept vgl. https://www.metalog.de.

[2] LEGO® Serious Play® wurde in den 90er Jahren vom International Institute for Management Development (IMD) in Lausanne gemeinsam mit dem dänischen Spielzeughersteller erfunden, um in Teams im Profit- und Nonprofit-Bereich kreative Lösungen für komplexe Problemstellungen zu entwickeln. In diesem Konzept werden die allseits bekannten bunten Spielsteine um spezielle, Dynamik andeutende Materialien ergänzt. Diese lassen sich außerhalb einer kommerziellen Nutzung auch gut improvisieren. Vgl. Blair, Sean/Rillo, Markus: Serious Work. Meetings und Workshops mit der Lego® Serious Play Methode moderieren, München 2019 sowie zahlreiche Beispiele im Internet.

 „In fünf Jahren kennen die Kinder des Stadtteils unsere Kinderkirche als ein einladendes Angebot, dessen Türen allen offenstehen."

„Im übernächsten Jahr wirkt unsere Kinderkirche wie ein Baum, dessen Zweige allen Kindern Platz und Schutz bieten, Nester zu bauen für Gemeinschaft und Glauben."

Gegebenheiten sichten

Worum geht es?
„Unter welchen Bedingungen findet die Profilentwicklung in der Arbeit mit Kindern statt? *Was ist da?"* Das sind die Leitfragen dieses Schrittes. Es geht darum, ein realistisches Bild der Ausgangslage zu gewinnen – eifrig, nüchtern, angstfrei.[1]

Die unendliche Fülle möglicher Fragerichtungen zwingt zur Begrenzung. Dabei hilft die Bindung an den formulierten Auftrag. *Der Auftrag steuert die Analyse.*

Gegenstände
Rahmenbedingungen
Welche Strukturen prägen die Arbeit mit Kindern derzeit? Hier geht es um:
- Institution (Träger: Selbstverständnis, Kommunikationskultur, Altersstruktur etc.)
- Umfeld (gesellschaftlicher Kontext)
- Zielgruppen (erreichte/nicht erreichte Kinder in ihren Lebenswelten)
- Angebote und Formate (existierend oder gefordert)
- Ressourcen (Räume, Ausstattung, Finanzen, haupt- und ehrenamtlich Mitwirkende etc.)

Besondere Aufmerksamkeit verdienen absehbare *Tendenzen* – z. B. in den kirchgemeindlichen Finanzen und Stellenplänen, in den Alterspyramiden in Kirche und Kommune sowie weiteren Strukturvorgaben.

Je nachdem, ob die angestrebte Profilentwicklung auf einen *lokalen* oder einen *regionalen* Horizont bezogen ist, unterscheiden sich natürlich die Ausformungen der Fragen. Aber die *Richtungen* sind wiederkehrend.

Häufig zeigen sich schon bei der Datenerhebung hinderliche und förderliche Bedingungen der Profilentwicklung.

Lokaler Horizont
Die Kinder
Wie viele Kinder in welchen Altersgruppen leben ungefähr im Einzugsbereich, wie viele von ihnen sind kirchlich über ihre Elternhäuser erreichbar, wie viele nehmen tatsächlich an der Christenlehre teil (kommunale und kirchgemeindliche Statistiken)?
- Welche Medien nutzen sie?
- Mithilfe spielerischer Aktionen und interviewähnlicher Gespräche erfährt man leicht, was Kinder an der Kinderkirche fasziniert, abstößt oder was sie sich wünschen. (Vgl. Anregungen zu spielbetonten Befragungen im Anhangsteil dieses Buches.)

Die Eltern
- Mithilfe informeller Gespräche, inszenierter Gelegenheiten des Austausches oder auch in standardisierter Form (kleine Fragebögen) ist es möglich, Kenntnisse über die Vorstellungen der Eltern zu erhalten. Erfahrungsgemäß sind Eltern gleichermaßen unsicher wie dankbar, nach ihren Einstellungen gefragt zu werden.

Kontextfaktoren
- Mithilfe einer topografischen Skizze (Stadtteil, Dorf, Gemeindeverbund) lässt sich sichtbar machen: Wo verlaufen die Wege der Kinder im öffentlichen Raum (Schule, Vereine, Bushaltestelle …) und wo sind die Standorte kirchlicher Gebäude und Werbemittel (wie Schaukästen)?
- Eine solche Skizze kann farbig erweitert werden um Zeit- und Beliebtheitsdimensionen – welche Orte suchen die Kinder wie häufig und wie gerne auf?

> *„Ich freue mich, dass wir was zusammen machen, also dass wir zusammen lernen. Ich freu mich auch auf die Spiele, die wir immer draußen spielen, und dass wir was basteln, das macht einfach großen Spaß."*
> (Aaron in Meisterfurt)

„Reichlich die Hälfte der Kinder wohnt in Oberstadt, die anderen in Dörfern des Umlandes. Die meisten besuchen eine evangelische Schule in einem nahegelegenen Ort und kommen direkt von der Bushaltestelle zum Kindertreff." (→ I-2)

Regionaler Horizont
Welche Formate existieren derzeit in der Region?
■ Personalplanung: Welche haupt- und ehrenamtlich Mitarbeitenden gibt es? Wie sind Aufgaben verteilt? Welche professionellen Schwerpunkte, Qualifikationsbedarfe und Potentiale der Ehrenamts-Förderung sind erkennbar?
■ Welche lokalen Traditionen und Einzelinteressen müssen unbedingt einbezogen werden? Außerdem können die verkehrstechnischen Umstände ausschlaggebende Bedeutung erlangen. Im Bereich der Arbeit mit Kindern und speziell in ländlichen Räumen darf dies nicht außer Acht gelassen werden.

IST-Zustand und Erwartungen
In einem wertegeleiteten, mit persönlich-biografischer Bedeutung aufgeladenen Kontext wie der Kirche bedarf es oft eines gesonderten Arbeitsschrittes, um *Realität* und *Intention* auseinanderzuhalten. Dabei hilft folgende Unterscheidung.

Was ist vorhanden?
Diese Fragerichtung lässt sich wiederum unterteilen:
■ *Daten* zum IST-Zustand
(als grobe Übersicht)
■ *Ursachen* des IST-Zustands
(vertiefte Analyse bei Bedarf)

Welche Erwartungen und Bedürfnisse gibt es?
■ Als „Erwartungen" wird gesammelt, was in Aussagen oder Daten *offen zutage* liegt.
■ Unter der Überschrift „Bedürfnisse" wird danach gefragt, was *hinter* den Erwartungen steht – oft unausgesprochen, unklar, gerüchteweise transportiert, aber trotzdem wirksam.

Zwischenbilanz
Zwei Schritte bieten sich an, um bei der Sichtung der Gegebenheiten die Übersicht zu behalten, die verschiedenen „Daten" zu gewichten und in den Prozess einzubetten. Zunächst ein Vergleich mit den zuvor entwickelten Visionen. Das verhindert, dass die Visionen einfach als *in die Zukunft verlängerte Idealisierungen der Vergangenheit* den weiteren Prozess bestimmen. Sie müssen sich den nüchternen Fakten aussetzen. Andererseits wird so verhindert, dass die Visionen hinter dem Berg von Fakten gleichsam „verschwinden".

Sodann lässt sich die Verständigung zwischen Vision und Gegebenheiten durch zwei einfache Fragen organisieren: „Wozu das Ganze?" „Was brauchen Kinder von der Christenlehre heute?" Beispielsweise hatten wir in Teil II über „Gemeinschaft" und „Relevanz" als zwei zentrale Zwecke von Kinderkirche nachgedacht (→ II-10 und II-11). Kann die Gruppe unter dieser Frage Gemeinsamkeiten festhalten, könnten nächste Schritte leichter fallen: Ziele zu definieren, die diesem Zweck dienen und sich dann auch in Handlungsschritte übersetzen lassen.

[1] In der Literatur zur Konzeptions-Entwicklung finden sich viele Varianten zum Arbeitsschritt „Analyse". Die folgenden Abschnitte orientieren sich an dem bereits genannten Themenheft der PGP 1-2011 sowie an https://www.kinder-jugend-konzeptionen.de/konzeption-erarbeiten/arbeitsschritte.html#Analyse (vgl. die komplexe Mindmap in Anhangsteil).

„Dieser ganze Naturaspekt soll unbedingt mit rein – das hat mir damals auch schon am meisten Spaß gemacht."

Ziele formulieren

„Das ist die Himmelsleiter, weil mit den Geschichten kann man in den Himmel gehen."

„Wir sorgen für interessengeleitete Begegnungsmöglichkeiten der Kinder mit anderen Gemeindegruppen."

„Wir achten auf die einladende Atmosphäre unserer Angebote für Eltern."

Worum geht es?

Um die Formulierung von Zielen ging es bereits in Kapitel → III-3, III-7 und IV-1. Doch nun, als Schritt eines Profilentwicklungs-Prozesses, werden *gemeindepädagogisch-inhaltliche* Intentionen der bildungsorientierten Arbeit mit Kindern mit *konkreten Strukturen* verknüpft.

Dieser Schritt kann sich auf die Zwischenbilanz der Beteiligten-Gruppe nach der Sichtung der Gegebenheiten stützen („Wozu das Ganze?" – der handlungsleitende Zweck).

Jede Festlegung *für* etwas bedeutet auch, etwas anderes *auszuschließen*. Das kann im Moment schwerfallen, auch wenn es auf lange Sicht erleichtert. Zum Glück gehört das Formulieren und Überprüfen von Zielen zum alltäglichen Handwerkszeug von Gemeindepädagoginnen. Außerdem wirkt unterstützend, dass die Aushandlung der Ziele in einer *Gruppe* erfolgt und dadurch zu belastbaren Ergebnissen führt.

„Die Kinder erleben sich als eigenständiger und wertgeschätzter Teil von Gemeinde."

„Die Eltern erhalten Unterstützung in der familiären religiösen Erziehung."

Wirkungs- und Handlungsziele

In der Festlegung von Zielen hat es sich als hilfreich erwiesen, zwischen *Wirkungs-* und *Handlungszielen* zu unterscheiden, und zwar je nach Bezugsfeldern.[1]

Wirkungsziele

Wirkungsziele sind auf die Kinder, die Eltern – kurz: die Zielgruppen – hin formuliert. Welche Wirkungen sollen bei ihnen in einem überschaubaren Zeitraum erreicht werden? Wirkungsziele bezeichnen wünschenswerte Zustände oder erweiterte Verhaltensmöglichkeiten. Daraus lassen sich Handlungsziele ableiten.

Handlungsziele

Handlungsziele fokussieren das Tun der Mitarbeitenden. Was können sie tun, damit die Wirkungsziele erreicht werden?

Die Formulierung dieser Ziele gehört zu den Kernaufgaben einer Konzeptionsentwicklung. Ein bestimmtes Wirkungsziel kann durch verschiedene Handlungsziele erreicht werden. Noch immer geht es allerdings um das *Was*, das erreicht werden soll, nicht um das *Wie* (im Sinne von Handlungs*schritten* [→ III-8]).

Bezugsfelder

Weil die gemeindliche Arbeit mit Kindern in verschiedene Bezugsfelder eingeflochten ist, müssen sich auch Wirkungsziele und die durch sie orientierten Handlungsziele dementsprechend unterscheiden. Das Erstellen einer Tabelle hilft, die Übersicht zu behalten. Hier kommen sowohl „harte Fakten" als auch „weiche Daten" (wie z. B. ausgesprochene oder verdeckte Erwartungen) aus der Analyse zur Geltung. Welche Ziele lassen sich beschreiben und sollen durch das eigene Handeln erreicht werden im Blick auf:
- die Trägerinstitution (Gemeinde, Kirchenkreis)
- das Umfeld (Kommune, andere Träger)
- die Zielgruppen (z. B. Kinder, Eltern)
- das Zusammenwirken von Haupt- und Ehrenamtlichen
- fachliche Kriterien (z. B. Berücksichtigung der verschiedenen Funktionen von Christenlehre)?

Erreichbarkeit

Beim Festlegen von Zielen gerät man leicht in die Gefahr, sich zu viel vorzunehmen oder Aspekte einzubeziehen, die nicht in gleicher Weise oder gar nicht steuerbar sind – wie z. B. die Aktivierung von Eltern. Vorbeugend wirkt folgende Frage: „Woran werden wir erkennen, dass wir unsere gesteckten Ziele erreicht haben?" Mögliche Kriterien lassen sich in der entstehenden Tabelle zuordnen, je Bezugsfeld. Zwar sollte man im Bereich religiöser Bildung mit „messbaren" Kriterien zurückhaltend umgehen. Dennoch: Die bewusste Aufstellung solcher Kriterien kann dazu führen, die Ziele noch einmal neu zu formulieren (meist wird es dann realistischer). Zugleich bieten diese Kriterien Ansatzpunkte für die Entwicklung von Handlungsschritten und für spätere Evaluationen (→ IV-8).

Bündelung
Gewichtung

Hilfsmittel der Zielformulierung sind Arbeitsblätter oder eine Zettel-Wand – im Gruppengespräch zusammengetragen und vielleicht unterstützt durch eine Tabellen-Form. Vieles kann dabei im Brainstorming-Modus geschehen. Bevor es jedoch zur Ableitung von Handlungsschritten kommt, braucht es eine Gewichtung, zum Beispiel mithilfe von verschiedenfarbigen Klebepunkten:
- Welche der Ziele werden als besonders *wichtig* erachtet, im *grundsätzlichen* Sinn?
- Welche der Ziele sind besonders *dringlich* zu bearbeiten, im *zeitlichen* Sinn?

So wird eine Priorisierung möglich, z. B. in *primäre* und *sekundäre* Ziele.[2]

Formulierung

Schließlich braucht es konkrete Formulierungen, die in die Verschriftlichung der Konzeption einfließen werden. Diese Sätze müssen es auf den Punkt bringen.

Es mag hilfreich sein, wenn die Formulierung durch eine Teilgruppe vorbereitet und dann der Beteiligten-Gruppe zur Diskussion gestellt wird. Um die Verbindlichkeit der Ziele zu betonen, empfiehlt es sich, sie *positiv* und als *IST-Zustand der Zukunft* zu formulieren – ähnlich wie bei den „Visionen" (→ IV-4).

Rückkopplung mit dem Auftraggeber

Die Formulierung der Ziele ist ein *Meilenstein* im Prozess einer Profilentwicklung. Was hier gesagt und festgelegt wird, bestimmt alle folgenden Vorschläge zur Umsetzung. Deshalb ist es ratsam, diese Zwischenergebnisse mit dem auftraggebenden Gremium oder Ausschuss abzustimmen. Rückkopplungen machen auf eventuell entstehende Differenzen zum Auftraggeber aufmerksam. So verringert man das Risiko, dass die Prozessergebnisse am Ende abgelehnt werden. Dies beugt einer späteren allseitigen Frustration vor.

„Zu Beginn der nächsten Sommerferien haben wir die Kooperation zwischen den Christenlehre-Gruppen unserer Kirchgemeinde und dem regionalen Kinderkirchentag neu entwickelt."

„Die Kinder können sich an infrastrukturellen Knotenpunkten im Stadtteil über die Angebote der Gemeinde informieren."

---

[1] Vgl. von Spiegel, Hiltrud: So macht man Konzeptionsentwicklung in der Kinder- und Jugendarbeit – eine praktische Anleitung. In: Sturzenhecker, Benedikt/Deinet, Ulrich (Hg.): Konzeptentwicklung in der Kinder- und Jugendarbeit. Reflexionen und Arbeitshilfen für die Praxis, Weinheim/München ²2009, 51-95. Für die kirchliche Anwendung ist auch hier auf die Materialien von Thomas Aßmann zu verweisen, https://www.kinder-jugend-konzeptionen.de/konzeption-erarbeiten/arbeitsschritte.html#Ziele (dort auch hilfreiche Arbeitstabellen; Abruf 05.01.2023).

[2] Die sog. SMART-Formel hilft, Ziele zu formulieren: Spezifisch, Messbar, Akzeptiert, Realistisch, Terminierbar. Für Erläuterungen und Beispiele vgl. https://projekte-leicht-gemacht.de/blog/methoden/projektziele/die-smart-formel/#A-Akzeptiert (Zugriff 14.02.2023).

Teil IV — Schritte zur Profilentwicklung

Die Umsetzung planen

Worum geht es?
Nun wird es wieder praktisch. Vielleicht eine gute Gelegenheit, um erneut Kinder einzubeziehen, um ein zweites Mal mit den Kreativ-Materialien aus dem Visionen-Workshop (→ III-4) zu arbeiten.

Zu klärende Fragen
- Welche Maßnahmen wären auf welcher Ebene / in welchem der analysierten Bereiche nötig, um die formulierten Ziele zu erreichen?
- In welcher Schrittfolge sollte dies geschehen?
- Welche Ressourcen sind dafür nötig?
- Wie lässt sich das Ergebnis verschriftlichen?

Vorgehensweise
Aufmerksamkeitsrichtungen ermitteln
Je größer die Erstreckung der Profilentwicklung, umso komplexer der Prozess, mithin auch die Umsetzungsplanung. Geht es um eine konkrete einzelne Handlungsform, wie zum Beispiel die Christenlehre? Geht es um das Zusammenspiel unterschiedlicher Formate für die Arbeit mit Kindern in einer Gemeinde / einem Gemeindeverbund / einem Kirchenkreis?

Operationalisierung
Schon bei der Festlegung der Handlungsziele sind in der Beteiligten-Gruppe Fantasien entstanden, wie man diese Ziele erreichen könnte. Daran lässt sich nun anknüpfen. Aus den *Handlungszielen* lassen sich zunächst *Bereiche* ableiten. Dann kann die Gruppe zusammentragen, welche *Handlungsschritte* jeweils nötig sind.

Auf einem Plakat visualisiert, kann die Gruppe in diese Tabelle Teilschritte und Zuständigkeiten eintragen und verabreden.

Nicht selten tauchen dabei auch neue Fragen auf, wie etwa Qualifikationsbedarfe. Wenn es z. B. Ziel ist, mehr Jugendliche als ehrenamtlich Mitarbeitende an der Kinderkirche zu beteiligen, braucht es KiLeiCa-Schulungen oder andere altersgerechte Fortbildungsmodule.

Spezielle Herausforderungen
Verlangsamung
So wie die Praxis aus vielen kleinen Bausteinen besteht, braucht auch ihre Entwicklung oder Veränderung viele kleine Maßnahmen. Eine Tabelle, wie soeben beschrieben, macht sie für alle sichtbar. Doch sobald man sie ausfüllt, entsteht Diskussionsbedarf. Denn ein bestimmtes Handlungsziel kann durch verschiedene Handlungsschritte erreicht werden! Es kommt zu einer Verlangsamung. Vielleicht kommt auch ein gehöriges Maß an Respekt hinzu, angesichts bevorstehender Aufwendungen an Zeit und Kraft.

Verabschiedungen
Bei der Umsetzungsplanung wird noch einmal ganz deutlich, dass vielleicht nicht alles wie bisher weitergehen kann. Manches muss auch aufgegeben werden, um sich für Neues öffnen zu können. Es ist wichtig, ein wenig Zeit und Aufmerksamkeit für solche Verabschiedungen und die damit verbundene Trauerarbeit einzuplanen.

Ein einfaches, pragmatisch effektives Medium ist eine Tabelle, gegliedert nach W-Fragen, z. B.

| wer | tut was | bis wann | mit wem | mithilfe wovon | |

Unterstützung finden

In Zeiten knapper Kassen und kirchlich-struktureller Reduktionen bleibt auch eine selbstbewusste, gut begründete und realitätsbezogene Planung nicht von Befürchtungen verschont, wie z. B.: „Scheitert am Ende sowieso alles am Geld?" Doch von solchen Momenten sollte man die Planung nicht leiten lassen. Denn anders als durch konkretes Aufzeigen der Möglichkeiten wird überhaupt keine Profilentwicklung befördert. Deshalb war die Auftragsklärung so wichtig. Ich ergänze eine zusätzliche Frage:
- Wie bekommen wir eine starke Lobby für unsere Pläne?

Verschriftlichung[1]

Eine Profilentwicklung, die über den Moment hinausreichende Wirksamkeit erzielen soll, braucht eine Verschriftlichung. Auch hier gilt es zweckgeleitet zu unterscheiden.

„…und wir haben uns gedacht, hier hinten ist was, wo wir uns **verkleiden** können"

Dokumentation

Für *interne* Zwecke lohnt eine Dokumentation der Zwischenergebnisse, die in den einzelnen Schritten des Prozesses erzielt wurden. Das können auch Sitzungsprotokolle, Fotos von kreativen Produkten, Zettelwänden und Flipcharts sein. In einer Hefter-Form aufbewahrt, können später aktualisierte Daten, ergänzende Texte oder frische Ideen eingefügt werden. Der Prozess der Profilentwicklung wird sozusagen *revisionsorientiert* dokumentiert.

Konzeptionspapier

Um die Ergebnisse der Profilentwicklung nach *außen* darzustellen, gegenüber dem Auftraggeber, der Öffentlichkeit oder einem größeren Kreis zukünftig Beteiligter, braucht es eine verdichtete Darstellungsweise, z. B. mit folgender Gliederung:
- Skizze des Formates/Handlungsfeldes
- Motivation und Vision zur Profilentwicklung
- Eckdaten zu Kontext und Zielgruppen
- ermittelte Ziele im Sinne der Profilentwicklung
- für nötig erachtete Maßnahmen
- Evaluationsplan

Der Verwendungszweck und die Erstreckung der Profilentwicklung bestimmen die Länge des Dokuments. Aus Sicht der Leser sind zehn Seiten vielleicht ein guter Richtwert. Ein noch stärkerer Fokus gelingt durch die Forderung, das Wichtigste auf einer Übersichtsseite zusammenzufassen. Beides zwingt die Autoren zur Konzentration und erhöht die Chancen, Aufmerksamkeit zu finden.

Eine ästhetisch reflektierte Gestaltung des Konzeptionspapiers trägt wesentlich zur nachhaltigen Aufnahme der Inhalte bei. Strukturgrafiken veranschaulichen Fakten und Zusammenhänge. Bilder von angebotsspezifischen Praxissituationen unterstützen die persönliche Begegnung der Lesenden mit dem Inhalt des Papiers.

Den Entwurf einer Verschriftlichung zu erstellen, liegt meist in der Hand der Gemeindepädagogin bzw. der Person mit der stärksten Motivation zur Profilentwicklung. Die Aufgabe der Beteiligten-Gruppe ist es, den Entwurf zu beraten und ihn gemeinsam zu autorisieren, wenn möglich.

---

[1] Vgl. Merkel, Simone/Kaiser, Yvonne: Wie entwickelt man Konzepte für kirchliche Arbeitsfelder? In: PGP 64 (2011), Heft 1, 6-9, speziell 9.

Teil IV — Schritte zur Profilentwicklung

Abschließen und evaluieren

„Die Kirche sollte für mich nicht die ganz zentrale Stellung haben, aber das, was eben den Grund bietet, zusammenzukommen."

Worum geht es?
Bericht geben
Am Ende des Prozesses gibt die Beteiligten-Gruppe dem auftraggebenden Gremium Rechenschaft. Der Termin dafür muss geplant – und manchmal auch aktiv eingefordert werden. Es braucht Zeit, um erreichte Sachstände und mögliche Konsequenzen zu diskutieren, Beschlüsse zur Umsetzung herbeizuführen und Wiedervorlagen zu verabreden. Dazu kann auch gehören, dass das auftraggebende Gremium einen neuen Auftrag erteilt.

Rückschau halten
Manche Menschen befürchten Kritik, wenn das Stichwort „Evaluation" fällt. Gerade deshalb ist es wichtig zu differenzieren:

Zunächst geht es um einen Rückblick auf den gegangenen Weg. Überblick, erweitertes Verständnis im Nachhinein, Markierung wichtiger Einsichten. Mehr nicht.

Sodann geht es tatsächlich um *Bewertungen*. Was gut gelungen ist, verdient Lob. Auch Kritisches hat ein Recht, zur Sprache zu kommen. Es kann in Verbesserungsvorschläge überführt werden. Entscheidend ist, dass dies *wert-schätzend*, nicht *ab-wertend* geschieht.

Gegenstände
Das Produkt
Hat das abschließende Konzeptionspapier die fälligen Entwicklungsmöglichkeiten tatsächlich fundiert und nachvollziehbar beschrieben? Kann damit die zweite Phase der Profilentwicklung – die Umsetzung – mit guter Aussicht auf Erfolg in Angriff genommen werden? Das ist das „Produkt".

Der Prozess
Der zweite Gegenstand der Auswertung bezieht sich auf die Logik der absolvierten Schritte und auf die Art und Weise der Zusammenarbeit. Mögliche Auswertungsperspektiven wären etwa:
- War der Aufwand ungefähr so hoch wie besprochen?
- Gingen die Mitwirkenden respektvoll miteinander um?
- Inwiefern konnten Kinder und Eltern mitbestimmen?
- Welchen Einfluss hatten hierarchiebezogene Momente auf die Beteiligung?
- Wurden die äußerlichen Umstände der Treffen als förderlich empfunden?

Zeitpunkte
Meist wird eine Evaluation mit dem *Abschluss* des beauftragten Prozesses verbunden.

Man kann aber auch schon *während* des Prozesses evaluative Schritte einbauen.

Zwischenevaluationen
Die Beteiligten-Gruppe verdeutlicht sich den bereits erreichten Fortschritt und justiert ggf. nach. Dafür bieten sich markante Stationen des Prozesses an, z. B. nach der

Sichtung der Gegebenheiten, oder nach der Festlegung von Zielen.

Ein weiterer Vorteil liegt darin, dass die Gruppe Auswertungen als selbstverständlichen und wertschätzenden Teil des Prozesses verstehen lernt. Die Hemmschwelle sinkt. Die Bereitschaft zu reflexivem Handeln steigt. Evaluation wird als eine Beteiligungsform erlebbar.

Ein Jahr später
Wenn man schon beim förmlichen Abschluss des Prozesses verabredet, z. B. 12 Monate später gemeinsam auf die zwischenzeitlich erfolgte Umsetzung der Profilentwicklung zu schauen, dann unterstützt dies die verbindliche Rezeption der Ergebnisse. Die häufig begegnende Sorge, das Konzeptionspapier könne „in der Schublade verschwinden", wird reduziert.

Methoden
Verschiedenste Methoden bieten sich an (und sind im gemeindepädagogischen Berufsalltag leicht zugänglich), um Auswertungen zu inszenieren. Deshalb genügt hier eine grobe Sortierung.

Schriftliche Formen
Kleine Fragebögen mit Bereichen zum Ankreuzen sowie für persönliche Notizen brauchen etwas Zeit zur Vorbereitung, haben aber drei Vorteile: Sie geben der Einzelnen Zeit zum Nachdenken, schützen ggf. durch Anonymität und erleichtern spätere Zusammenfassungen.

Mündliche Formen
Gruppengespräche machen einander als Person und mit Positionen noch einmal direkt wahrnehmbar. Die kleinste Form wäre ein Blitzlicht. Etwas genauer wird es z. B. mithilfe eines sog. Zielscheiben-Feedbacks. Dafür werden die anzusprechenden Bereiche auf einem Plakat vorstrukturiert und dann von der Gruppe mithilfe von Klebepunkten gewichtet (siehe Skizze). So wird in kurzer Zeit ein breites Themenspektrum erfasst, mit Möglichkeit für mündliche Erläuterungen.

Kreative Formen
Spielerische und ästhetisch-kreative Methoden unterstützen offenere, leichtfüßigere Rückblicke. Es darf auch herzlich gelacht werden! Bewegungen im Raum bringen Bewegungen in die Sache – z. B. als Positionierungen auf Linien im Raum zu wechselnden Auswertungsfragen.

Der Abschluss
Präsentation und Würdigung
Die geleistete Arbeit verdient es, würdig präsentiert und entgegengenommen zu werden, z. B.:
- Das auftraggebende Gremium organisiert eine kurze Feierlichkeit mit Übergabe des Berichtes.
- Blumen und kleine Aufmerksamkeiten für die Beteiligten-Gruppe,
- Information und Bedankung in den diversen Medien der Gemeinde,
- Gespräch im Rahmen eines Kirchenkaffees, eines Gemeindefestes oder einer Kirchenbezirkssynode.

Entscheidend ist, dass die Anerkennung spürbar von Herzen kommt und fachlichen Respekt vermittelt.

Auflösung der Beteiligten-Gruppe
Wie geht die Beteiligten-Gruppe auseinander? Ein kleines Ritual, verbunden mit symbolischen Gegenständen und der Einladung, all solche möglichen Gefühle zu äußern und abzulegen, abgeschlossen mit einem Gebet und einem Segen, würdigt auch dies und gibt dem Abschied eine Gestalt.

Teil IV — Schritte zur Profilentwicklung

Lokale Profilentwicklung und regionale Kooperation

Worum geht es?
Lokale Profilentwicklung

Profilentwicklung für die Arbeit mit Kindern nimmt oft ihren Ausgang in einer lokalen Situation. Meist geht es erstmal um einen überschaubaren Aktionsradius. Anzusprechen sind hier lokale Teams im Verkündigungsdienst allgemein sowie haupt- und ehrenamtlich Mitwirkende in der Arbeit mit Kindern speziell, außerdem Mandatsträger wie der Gemeindekirchenrat/Kirchenvorstand sowie Eltern (und punktuell Kinder in geeigneten Prozessschritten → IV-3, IV-4).

Regionale Kooperation

Immer öfter ragt die Frage nach Regionalisierung in die lokale Praxis hinein. Auch unsere Interviews spiegeln das – in allen vier Forschungsfeldern, einschließlich der damit verbundenen Ambivalenzen. Nicht selten geht ja auch der Impuls zur lokalen Profilentwicklung von einer regionalen Fachstelle aus. Auf jeden Fall wird eine regionale Profilentwicklung nur im Miteinander der beruflich Mitarbeitenden, Ehrenamtlichen und Anstellungsträger gelingen. Unterschiedliche Lokaltraditionen in der Arbeit mit Kindern werden auf eine stimmige Vielfalt hin geprüft. Manchmal müssen kirchgemeindliche Einzelinteressen geduldig und beharrlich ins Gespräch gezogen werden.

Welche Strukturen mit dem Begriff „regional" gemeint sind, variiert zwischen den Landeskirchen. Wichtiger als die Einzelstruktur ist das Grundprinzip: Es geht insgesamt darum, lokale Entwicklungen durch regionale Zusammenarbeit zu flankieren und zu ertüchtigen. Ziel ist es, zu einem gemeinsamen Verständnis von Kirche mit Kindern in der Region zu kommen.[1]

Unterstützungen in der regionalen Zusammenarbeit
Die benachbarte Kollegin

Auf lokaler Ebene wird es oft eine einzelne Gemeindepädagogin sein, von der die Initiative zu einer Profilentwicklung ausgeht. Es stellt sich die Frage, welche Unterstützung sie hat. Kann sie z. B. einen Prozess moderieren, dessen Ergebnis die eigene Arbeit betreffen wird? Diese Doppelrolle kann Verwirrung und Überforderung auslösen.

Unterstützung liegt in der nachbarschaftlichen kollegialen Beratung bereit. Auf der Ebene kleiner Struktureinheiten können sich Gemeindepädagoginnen untereinander oder mit anderen geeigneten Personen zu Reflexionsgesprächen treffen. Kennzeichnend ist, dass die Beteiligten auf Augenhöhe agieren und mithilfe eines klaren Ablaufs konkrete Anliegen klären.[2]

Eine weitere Möglichkeit besteht darin, dass benachbarte Kollegen einander in der Moderation unterstützen. Das entlastet die jeweils vor Ort beteiligte Kollegin von ihrer „Doppelrolle".

Der Fachkonvent

Im regionalen Fachkonvent haben gemeindepädagogisch Mitarbeitende Gelegenheit, sich regelmäßig zu treffen. Bei allen Unterschieden, die es auch hier zwischen den Landeskirchen gibt, geht es doch stets um die Pflege geschwisterlich-kollegialer Gemeinschaft, um fachlichen Austausch, um gegenseitige Informationen und um kleine Fortbildungseinheiten. Insofern ist die „Konvents-Ebene" dafür prädestiniert, um Profilentwicklungen in der Arbeit mit Kindern in den Gemeinden kollegial zu beraten.

Dies gilt besonders dann, wenn der Gegenstand der Profilentwicklung nicht nur in einzelnen Gemeinden, sondern in der *regionalen* Struktur liegt.

Die Fachstelle

Die regionalen Fachstellen verfügen über spezielle Ressourcen, Prozesse kompetent „von außen" zu begleiten. Durch ihre bewusste Einbeziehung können notwendige Kommunikationsprozesse in Gang und vorangebracht werden. Dies gilt besonders für solche Situationen, wo Konfliktpotentiale durch eine Profilentwicklung absehbar sind (z. B. wenn über das Aufrechterhalten bestimmter Angebotsformate entschieden werden muss).

In einer regionalen Fachstelle können auch spezielle Materialien vorgehalten und verliehen werden, die bestimmte Schritte (z. B. für kreative Methoden zur Visionsentwicklung) vor Ort unterstützen.

Profilentwicklung als Fortbildung

Landeskirchliche Arbeitsstellen für Gemeindeberatung oder Institute für gemeindepädagogische Fortbildung könnten Beteiligte aus Kirchgemeinden in Abständen gemeinsam beraten und dabei zugleich so qualifizieren, dass diese ihre je eigenen Prozesse vor Ort gut leiten können. Das wäre ein ressourcenschonendes Modell der Unterstützung, welches bei entsprechendem Bedarf auch auf regionaler Ebene angeboten werden könnte.

Die Metapher vom „Sandwich" deutet die Struktur an: zentrale Fortbildungs- und Beratungsmodule rahmen lokal unterschiedliche Prozesse. Dies ist in verschiedenen Varianten denkbar.

Das „Z – L – Z"-Modell

Eine ganztägige zentrale Fortbildung (Startmodul „Z") gibt Überblick über die Schritte einer Profilentwicklung, unterstützt die planerische Anwendung auf die jeweiligen Situationen der Teilnehmenden und schult die Moderationskompetenz.

„Mir ist bei der Kinderkirche auch wichtig, dass man zusammenhält – und wie unter einem Bogen zu stehen, halt."

Die Schrittfolge wird lokal umgesetzt („L"), z. B. über 12 Monate, unterstützt durch einen zwischenzeitlichen Besuch aus dem „Z"-Fortbildner-Team.

Ein zweites, halbtägiges zentrales Modul hilft bei der Reflexion des Prozesses, der Verschriftlichung der Ergebnisse und der Planung für Evaluation und Abschluss.

Das „Z – L – Z – L – Z – L"-Modell

In dieser Struktur sind die qualifizierenden Module häufiger, kürzer und genauer auf die nächsten ein oder zwei Schritte bezogen. Dieses Modell ist *innerhalb einer Region* leichter und alltagsfreundlicher zu organisieren. Außerdem gibt es den Teilnehmenden mehr Chancen, zu einer Gruppe zusammenzuwachsen, die gerade schwierige Phasen solidarisch mitträgt und gegenseitig berät.

---

[1] Eine Publikation der Ev. Arbeitsstelle für missionarische Kirchenentwicklung und diakonische Profilbildung (midi) schlägt eine ausführliche Schrittfolge vor, um Ortsgemeinde und Region in einen wechselseitigen Entwicklungsprozess zu bringen: Herbst, Michael/Pompe, Hans-Hermann: Regiolokale Kirchenentwicklung. Wie Gemeinden vom Nebeneinander zum Miteinander kommen können, Berlin 5/2022 (zum download unter https://www.mi-di.de/materialien/regiolokale-kirchenentwicklung, Abruf 30.1.2023).

[2] Das Religionspädagogische Zentrum Heilsbronn (Ev.-Luth. Kirche in Bayern) stellt auf seiner Website Informationen und Anleitungen zur kollegialen Beratung bereit, https://www.rpz-heilsbronn.de/arbeitsbereiche/berufsbegleitung/kollegiale-beratung/heilsbronner-modell-zur-kollegialen-beratung/ (Abruf 14.2.2023).

Abschluss

Die gemeindepädagogische Fachkraft

Nachdenkliche Ausblicke

Busfahrer, Hebamme, Backstage Manager?

Reflexionen zur gemeindepädagogischen Fachkraft

Schlüsselpersonen der Praxis

Welche Aspekte prägen das Handeln und Erleben der Menschen, die bildungsorientierte Formate mit Kindern in der Gemeinde leiten? In welchen Aufträgen bewegen sie sich? Wie passen empirische Wahrnehmungen und konzeptionelle Vorstellungen zusammen? Die Sichtweisen der vier Gemeindepädagoginnen aus dem Forschungsprojekt sind in einer ausführlichen vergleichenden Analyse zusammengefasst, erreichbar über den nebenstehenden QR-Code. Wie ein roter Faden zog sich das Tun und Lassen dieser Personen durch die verschiedenen Teile dieses Arbeitsbuches. Was genau macht sie zu „Schlüsselpersonen"?

Wer gilt als gemeindepädagogisch tätig?

Freilich – diese vier sind *beruflich leitend*. Doch so wie die Formen und Traditionen in der Arbeit mit Kindern zwischen Landeskirchen und Regionen variieren, so verhält es sich auch hinsichtlich der jeweils *leitenden Personen*. Neben speziell ausgebildeten *Gemeindepädagogen*, *Diakoninnen* oder *Katechetinnen* bringen sich Menschen mit ganz unterschiedlichen Qualifikationen ein, ob nun *haupt-*, *neben-* oder *ehrenamtlich*. Auch *Pfarrerinnen* und *Kirchenmusiker* gehören vielerorts dazu. Die Spannbreite derer, die „gemeindepädagogisch tätig" sind, ist groß.

Fachlichkeit im Vordergrund

Deshalb scheint es sinnvoll, in dieses Kapitel nicht mit einer „Beruflichkeits-Brille" einzusteigen, sondern *inhaltlich*. Ausgehend von Einzelbeobachtungen (unserer Forschung) lassen sich grundlegende Beobachtungen und Fragestellungen erheben, von denen erwartet werden kann, dass sie auch zur Interpretation der Leitungstätigkeit von Menschen beitragen können, die nicht in gleicher Weise „professionell" agieren.

Wenn ich also von „gemeindepädagogischen Fachkräften" rede, meine ich, wie schon in der Einleitung notiert: Dieses Arbeitsbuch ist für die Hand *aller Menschen* geschrieben, die mit Kindern in Kirchgemeinden arbeiten, sich für diese Arbeit zuständig wissen, diese Arbeit unter dem Bildungsaspekt reflektieren und profilieren möchten und andere dazu qualifizieren.

Was und woraufhin

Um die Fülle der relevanten Impulse aus Wiesenbrunn und Oberstadt, aus Waldhofen und Meisterfurt zu ordnen, bediene ich mich

Komparative Analyse Gemeindepä

„Die Anna geht ja sehr auf die ein und fragt die auch viel: ‚Was wollt ihr machen?' Dass die [...] nach den Interessen geht eben, von den Kindern und ich denke, das ist das Gute daran. Da macht denen das auch Spaß und da sind die begeistert."

(Mutter in Oberstadt)

Abschluss

Was die gemeindepädagogische Fachkraft tut	im Blick worauf
wahrnehmen zuhören, analysieren	persönliche Beziehungen
initiieren anfangen, eröffnen, Neues beginnen, Beziehungen knüpfen	Generationen & Zielgruppen
animieren gewinnen für Beteiligungen	Gemeinschaftssinn
inszenieren verständigen, gestalten	abwechslungsreiche Methodik
vergewissern feiern, pflegen	Bedürfnisse
verändern aufbrechen, aufhören	Themen, Sachwalterschaft
zurüsten gezielt qualifizieren	religiöse Mündigkeit
balancieren integrieren, vermitteln, ausgleichen	intern Mitarbeitende
verkörpern modellieren, sich erkennbar machen	Verknüpfung von Formaten
vernetzen in Arbeitsbeziehungen bringen	Zugehörigkeit
stellvertreten fürsprechen, legitimieren	Bestreitungen des Glaubens
informieren	widersprüchliche Erwartungen/Aufträge
evaluieren	Gremien
	Entwicklung von Gemeinde als soziales System
	externe Kooperationspartner

> **PLATZ FÜR IHRE METAPHER**

einer relativ simplen Unterscheidung: *Was tun* die Fachkräfte und *worauf richtet* sich dieses Tun? Die Ergebnisse finden sich in der obenstehenden Textgrafik. Der freie Platz in der Mitte soll signalisieren: Verschiedene Tätigkeiten können sich auf verschiedene Aufgabenbereiche richten. Erst indem individuelle Verbindungslinien gezogen werden, wird die Anordnung situationsgerecht.

Abschrift statt Vorschrift

Die Tabelle erhebt keinen Anspruch auf Vollständigkeit. Es handelt sich um eine *Abschrift*, keine *Vorschrift*. Was davon übertragbar ist, entscheiden die Leserinnen und Leser selbst. Gewiss fehlt manches, das für andere Situationen wesentlich wäre.

Die jeweils zuerst genannten Verben in der linken Spalte haben eine Art „Leitfunktion" für die erläuternd nachfolgenden, aus den Praxisbeschreibungen gewonnenen Verben.

Rollen und Sinnbilder

Die gemeindepädagogische Fachliteratur, ob nun empirischer, berufspolitischer oder konzeptioneller Prägung, ist voll von Aufgabenbeschreibungen und Kompetenz-Definitionen. Zwar ist vielfach benannt und empirisch belegt, dass die Arbeit mit Kindern einen beträchtlichen, vielerorts *grundlegenden* Teil gemeindepädagogischen Tuns ausmacht, in den ost- wie westdeutschen Landeskirchen.[1] Doch es ist auch klar, dass weitere Arbeitsfelder dazugehören – so vielfältig, dass immer wieder die Rede von einem „generalistischen Berufsbild" ist, gern auch umgangssprachlich von der „eierlegenden Wollmilchsau".[2]

Die zuletzt zitierte, augenzwinkernde Beschreibung lenkt die Aufmerksamkeit auf den Wert und die Aussagekraft einer *metaphorischen Beschreibung* der Fachlichkeit. Gemeint sind hier nicht übliche *Rollenbegriffe*, wie „Wegbegleiter", „Modell", „professionelle Assistentin" oder „Animateur". Gefragt sind vielmehr kreative, humorvolle *Imaginationen*. Welche bringen das Tun einer gemeindepädagogischen Fachkraft in ein aussagekräftiges *Bild*? Die Überschrift dieses Kapitels nennt schon drei. Weitere beliebte Bilder sind „Gärtner", „Optiker", „Weltsichteröffnerin", „Korrepetitor".

Die meisten Metaphern konzentrieren sich auf bestimmte Herausforderungen und lassen andere im Hintergrund. Das darf auch so sein. In einem Team, einem Konvent, einer Dienstberatung kann man sich gegenseitig die Bilder erklären.

Vielleicht ist auch der „Seiltänzer" dabei. Diese Metapher drückt die Schwierigkeit aus, Balance zu halten. Um diese Art von Herausforderung geht es auf den folgenden Seiten.

Die gemeindepädagogische Fachkraft

In Ambivalenzen pädagogisch handeln

Immer wieder werden gemeindepädagogische Fachkräfte durch Situationen herausgefordert, in denen *gegensätzliche Optionen gleiche Gültigkeit* beanspruchen. Das Umgehen mit solchen Ambivalenzerfahrungen hat Nicole Piroth als eine zentrale Aufgabe im gemeindepädagogischen Handeln beschrieben.[3]

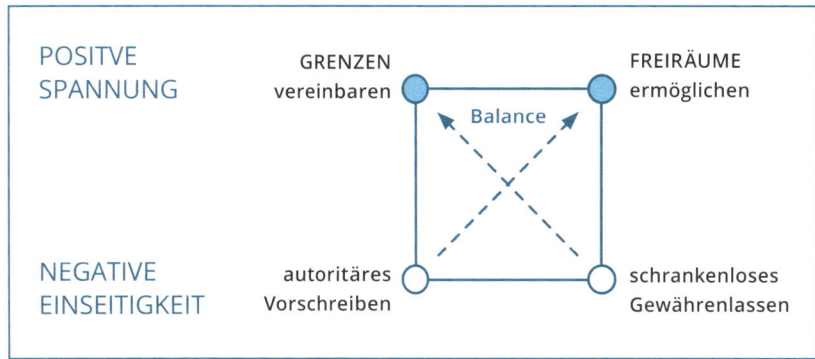

Signatur der Moderne

„Ambivalent" bedeutet „doppelwertig". Erfahrungen von Ambivalenz beinhalten ein „Sowohl-als-auch". Individualisierung und Pluralisierung vervielfältigen die Optionen. Die Dinge werden unübersichtlich. Technischer Fortschritt z. B. eröffnet *einerseits* neue Möglichkeiten, *andererseits* birgt er auch neue Risiken. Menschen rufen nach mehr Freiheit *und* fürchten sich zugleich davor.

Ein Beispiel: Grenzen und Freiräume

Was bedeutet diese Diagnose in pädagogischer Hinsicht? Hubert und Helga Teml folgen der These, dass „ein bestimmter Wert nur dann zu konstruktiver Wirkung gelangen kann, wenn er sich in positiver Spannung und Balance zu einem konstruktiven Gegenwert (…) befindet".[4] Sie verdeutlichen die These anhand der klassischen Frage nach „Grenzen" und „Freiräumen" (siehe nebenstehende Grafik).

Die Erläuterung (s. u.) gibt den *schul*pädagogischen Kontext der Autoren zu erkennen. Im *freizeit*pädagogischen Kontext von Kin-

derkirche wird ihr Thema weiter zugespitzt, denn dort ist die *institutionelle Rahmung* für Grenzen und Freiräume weniger ausgeprägt. Sowohl in der These vom „konstruktiven Gegenwert" (s. o.) als auch in der Anwendung auf Grenzen und Freiräume kann man erkennen, dass die Ambivalenzdiagnose *positiv* aufgefasst wird, nämlich als Bedingung einer pädagogischen Möglichkeit. D. h.: Freiräume und Grenzen als tragende Säulen einer pädagogischen Beziehung können (und müssen) immer wieder ausgehandelt werden.

„Da merkt man schon, dass ihr das auch wichtig ist und dass die Kinder sie auch gern haben und deswegen auch gern hingehen, also die kommt halt ja jetzt nicht mit der Keule oder autoritär …"

(Kirchvorsteherin in Wiesenbrunn)

 „Das einseitige Setzen von Grenzen kann zu einem autoritären Vorschreiben entarten, das keinen Freiraum für die Mitsprache der Lernenden lässt. Andererseits kann ein einseitiges Angebot von Freiräumen zu einem schrankenlosen Gewährenlassen verkommen, bei dem Lehrende ihre Führungsaufgabe nicht mehr wahrnehmen. Eine Lösung des Problems besteht zunächst darin, an die Stelle von ‚entweder – oder' ein ‚sowohl – als auch' zu setzen: Das dadurch entstehende Spannungsfeld – sowohl Grenzen als auch Freiräume – ist allerdings nicht durch einen ‚goldenen Mittelweg' aufzulösen. Vielmehr ist eine dynamische Balance gefordert, in der situationsspezifisch sinnvolle Freiräume ermöglicht wie notwendige Grenzen vereinbart werden."[5]

Abschluss

Gemeindepädagogische Ambivalenzen
Glaube, Religion, Bildung

Auch Religion und Glaube sind mit Ambivalenz-Erfahrungen verknüpft und helfen, solchen Erfahrungen Worte zu verleihen. Etwa mit der Spannung von „schon *und* noch nicht" in der Botschaft vom Reich Gottes. Allerdings wollen die biblischen Texte auch dazu beitragen, solche Erfahrungen zu bewältigen. „Ich glaube, hilf meinem Unglauben!" (Mk 9,24) Der Erfahrung der Anfechtung steht die Heilsgewissheit gegenüber.

Aus der Zusammenschau von gesellschaftlicher Ambivalenz-Diagnostik, christlichem Glauben und der Frage nach pädagogischer Professionalität heraus formuliert Nicole Piroth eine *Aufgabe religiöser Bildung*: Sie plädiert dafür, solche Spannungsfelder wahrzunehmen, im eigenen religionspädagogischen Handeln auszuhalten und wiederum die Lernpartner darin zu unterstützen, mit solchen Ambivalenz-Erfahrungen umzugehen.[6] Was heißt das praktisch?

Erlebte Ambivalenzen des Alltags

Auch bei unseren Besuchen in Wiesenbrunn und Oberstadt, in Waldhofen und Meisterfurt sind wir auf Phänomene gestoßen, die sich mithilfe solcher Ambivalenz-Diagnostik besser, d. h. genauer interpretieren lassen (→ II-11). Die Kinder finden, dass Beten irgendwie dazu gehört *und* sie finden es manchmal auch langweilig. *Einerseits* wollen die Kirchvorsteher mittels der Christenlehre Zugehörigkeit erzeugen oder doch wenigstens festigen, *andererseits* wissen sie um die nachlassende institutionelle Bindekraft angesichts biografischer Wechselfälle. Die Erwachsenen geben ein starkes Vermittlungsinteresse im Generationszusammenhang zu erkennen („Weitergabe") *und* sie wissen um die pädagogische Unverfügbarkeit des Glaubens.

> „Die Gemeindepädagogen haben es in der Christenlehre immer irgendwie geschafft, [...] wirklich auch die unruhigsten und die manchmal auch wirklich schwere Phasen hatten, also wo keiner sie eigentlich mehr so richtig ertragen konnte in einer Gruppe, die haben das eben selbstverständlich und ohne dass es da eben Fragen gab, immer mitgemacht."
> (Kirchvorsteher in Meisterfurt)

Die gemeindepädagogische Fachkraft

Gestaltete Ambivalenzen

In der Kinderkirche bilden die *Beziehungen* ein inneres tragendes Gerüst für die Sache der Kommunikation des Evangeliums (→ II-5). Beziehungen tragen auch einen mathetischen Umgang mit Ambivalenzen. Das lässt sich durch eine Übertragung des Ambivalenz-Quadrats nach Teml und Teml auf die Grundspannung der Lehr-Lernbarkeit des Glaubens in gemeindepädagogischen Prozessen nachvollziehen und persönlich erkunden.

Wiedergewinn von Freiheit

Den wichtigsten Ertrag eines wachsamen Umgangs mit Ambivalenzen für das gemeindepädagogische Handeln sehe ich in einer Veränderung der Perspektiven. Nicht das Phänomen ambivalenter Erfahrungen in Zeitgenossenschaft und Glauben ändert sich, sondern die *Haltung ihm gegenüber*. Bei manchen unserer erwachsenen Befragten klang ein Bedauern angesichts der Zumutungen der Moderne durch. Die Anerkennung und Bejahung der Ambivalenz-Diagnostik wäre ein erster Schritt zu neuer Freiheit. Die wichtigste Ressource dafür liegt im christlichen Glauben selbst bereit, im Kreuz als symbolisierter und zugleich interpretierender Ambivalenzerfahrung von Ohnmacht und Scheitern einerseits und darüber hinausweisender Zuversicht und Hoffnung andererseits.

„,Sie ist immer so gechillt', würden meine Kinder sagen, so ein Ruhepol und sie ist so lieb. Das sagt auch Doreen ja immer: ‚Die ist einfach lieb'. Die schimpft nicht."

(Mutter in Meisterfurt)

[1] Nur zwei seien exemplarisch genannt: Gennerich, Carsten: Rollenarrangements in der Gemeinde und im Dekanat. Empirische Befunde und mögliche Profilierungsperspektiven. In: Ders./Lieske, Roland (Hg.): Berufsprofile der Gemeindepädagogik, Leipzig 2020, 134-167; Landeskirchenamt der Ev. Kirche in Mitteldeutschland (Hg.): Der gemeindepädagogische Dienst in der EKM. Berufsprofil – Ausbildungswege – Aufgabenfelder, Erfurt 2018 (https://www.ekmd.de/asset/D82RYjy1RfOQ9zPeZ3cn7Q/ds-7-2-der-gpd-in-der-ekm.pdf?ts=1542364283515, Abruf 21.02.2023).

[2] Vgl. z. B. Kirchenamt der EKD (Hg.): Perspektiven für diakonisch-gemeindepädagogische Ausbildungs- und Berufsprofile. Tätigkeiten – Kompetenzmodell – Studium, Hannover 2014 (EKD-Texte 118); Piroth, Nicole: Die Rückkehr der eierlegenden Wollmilchsau. Berufliche Aufgaben und Kompetenzen der Gemeindepädagogin und des Diakons. In: Mutschler, Bernhard/Hess, Gerhard (Hg.): Gemeindepädagogik. Grundlagen, Herausforderungen und Handlungsfelder der Gegenwart, Leipzig 2014, 127-144.

[3] Vgl. Piroth, Nicole: Aufgaben und Spannungsfelder gemeindepädagogischen Handelns. In: Bubmann, Peter u. a. (Hg.): Gemeindepädagogik, Berlin 2018, 349-376.

[4] Teml, Hubert/Teml, Helga: Erfolgreiche Unterrichtsgestaltung. Wege zu einer persönlichen Didaktik, Innsbruck 2006, 28f., im Anschluss an den Kommunikationstheoretiker Schulz von Thun.

[5] Ebd.

[6] Vgl. Anm. 3, 368f.

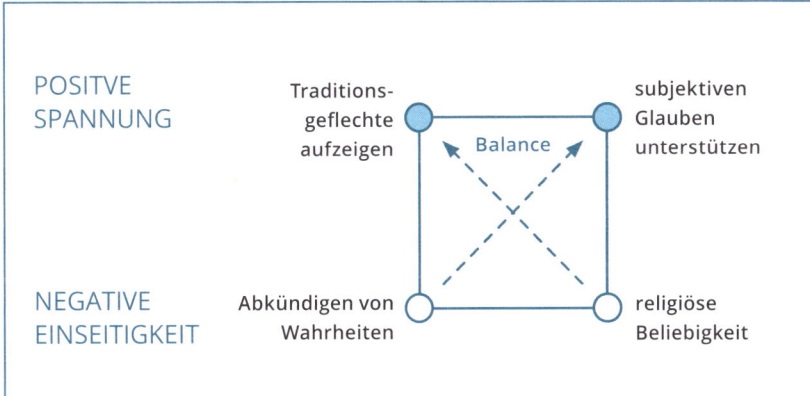

→ Vielleicht wollen Sie mit je einem Kreuzchen auf den beiden gestrichelten Linien markieren, wozu Ihre eigene gemeindepädagogische Haltung derzeit neigt?
→ Woran in Ihrer Gestaltung der gemeindepädagogischen Beziehung können die Kinder das ablesen?
→ An welcher Stelle würden sich die Kinder Ihre Kreuzchen wünschen?
→ Liegt darin eine Entwicklungsaufgabe?

Nachdenkliche Ausblicke

*Wohin wird der Weg führen für „Kinderkirche, Christenlehre & Co."?
Einige persönliche Zurück- und Vorausblicke stehen am Schluss dieses Buches.*

Glaubensmotivierte Dynamik
Das Privileg der Begegnung
Was treibt die Zukunft bildungsorientierter Formate in der Arbeit mit Kindern an? Nach den Besuchen in Wiesenbrunn und Oberstadt, in Waldhofen und Meisterfurt sowie den Reflexionen der empirischen Ergebnisse scheint mir die entscheidende Energie aus den *konkreten Begegnungen* zu erwachsen. Die Freude am Zusammenhalt, die Dankbarkeit für die Akzeptanz des So-Seins, die Neugier auf Geschichten und Erprobungen, die Bereitschaft sich zu öffnen füreinander und für Symbolisierungen des Glaubens, die kreativen Methoden – das sind Kraftquellen und Prozessmotoren, das sind „Marken-Kerne" von Christenlehre/Kinderkirche.

Familien als Partner
Diese glaubensmotivierte, gemeinschaftsorientierte Dynamik habe ich bei den Eltern und Kirchvorstehern gleichsam „gespiegelt" gefunden. Die Vielfalt von biografischen Vorerfahrungen, familienreligiösen Alltagsformen und Erwartungen an die Kinderkirche war beeindruckend. Ich frage mich, ob die Familien genug gemeindepädagogische Aufmerksamkeit bekommen. Als Kontext von Kinderkirche sehe ich in ihnen eine zentrale Ressource der Profilbildung.

Strategische Weiterentwicklungen
Welche Formate unter dem Dach von „Kirche mit Kindern" werden langfristig Stabilität behalten oder entwickeln? Alles deutet darauf hin, dass die nächsten Jahre und Jahrzehnte eine weitere, dynamische Flexibilisierung der tradierten Formate erfordern werden. Denn es ist ja klar, dass die in der Einleitung skizzierte (kirchen- und religions-)soziologische Großwetterlage die Praxis auf verschiedenste Weisen betrifft. Strukturreformen sorgen für Verunsicherung. Die Entwicklung neuer, situationsgerechter Formate braucht Unterstützung seitens der Leitungsebenen, fehlerfreundliche Experimente, ermutigende Beispiele, und vor allem wohl auch strategische Weitsicht.

Das gelingt besser, wenn das systemische Lernen in der Gemeinde nicht nur *re-aktiv* verläuft, weil sich eben in den Bedingungen etwas geändert hat, sondern *pro-aktiv*: Worüber müssen wir *heute* nachdenken, um auf die Herausforderungen von *morgen* vorbereitet zu sein?

Zwei Bezugsgrößen nehmen, neben dem kirchenleitenden Handeln, wesentlichen Einfluss auf dieses systemische Lernen: Das Team aus Mitarbeitenden vor Ort bzw. in der kleineren, überschaubaren Handlungseinheit, und zunehmend stärker auch die Region als Bezugsgröße lokaler Planungen. Es dürfte wohl eine langfristige Herausforderung sein, immer wieder die Balance zwischen den Interessen der Ortsgemeinden und dem Zwang zu regionaler Kooperation auszutarieren.

Beruf, Amt, Charisma
Als Institution muss die Kirche ein Interesse an bildungsorientierter Arbeit mit Kindern haben. Dieses Interesse setzt sie in Strukturen um. Dazu gehört die Beschäftigung von und Fürsorge für Gemeindepädagoginnen und Diakone. Dazu gehören auch

Ordnungen, die das berufliche Handeln regeln, mit Raum für Situationsspezifik.

Die zukünftigen Entwicklungen in der kirchlichen Arbeit mit Kindern werden ausschlaggebend davon abhängen, wie die Kirche diesen Rahmen durch Strukturen, Rollenzuschreibungen und Qualifikationen der Mitarbeitenden konkretisiert. Dieses Buch liefert reichlich Material für das Argument, dass die Handlungsbedingungen und -anforderungen von solch komplexen, teils widersprüchlichen Faktoren bestimmt sind, dass *Professionalität* nötiger denn je ist.

Dies ist kein Plädoyer gegen die Einbeziehung *Ehrenamtlicher*. Im Gegenteil. Deren Mitwirkung ist nicht nur aus genannten strukturellen Gründen *nötig*, sondern auch aus theologischen Gründen *gefordert*. Charisma (im Sinne einer gemeindepädagogischen Gnadengabe) ist nicht an Beruflichkeit gekoppelt. Deshalb stellt die Erkundung konkreter Begabungen und Mitwirkungsmöglichkeiten sowie die qualifizierende Begleitung ehrenamtlichen Engagements eine Schlüsselkompetenz gemeindepädagogischer Professionalität dar.

Mathetik und Didaktik

Ich blicke zurück auf Kap. II-9. Die Einsicht in diese skizzierten, glaubensmotivierten, mathetischen Stärken der Christenlehre verändert meine Rückfrage nach den didaktischen Qualitäten. Einerseits wünschte ich mir, wenn ich die Perspektive von „Christenlehre als ein bildungsorientiertes Format" neben die Hospitationen in Wiesenbrunn, Oberstadt, Waldhofen und Meisterfurt halte, gelegentlich mehr didaktische Klarheit in den Inszenierungen. Andererseits verdeutlicht die reflexive Gesamtschau auf unsere Besuche, dass die Qualität der „unterrichtlichen Elemente" keine ausschlaggebende Gelingensbedingung für das Gesamtereignis darstellte.

In den Gesprächen mit den Gemeindepädagoginnen leuchtet ein Problembewusstsein für diese Ambivalenz auf. Sie verfügen sowohl über Konzeptwissen („so sollte es gehen ...") als auch über Handlungswissen („so geht es ..."). Christenlehre zu leiten heißt, immer neue Balancen in der Unwucht zwischen Geplantem und Geschehendem zu finden. Mir scheint, dass dabei eine gemeindepädagogisch-mathetische Haltung hilft. Sie kann die Stärken von Christenlehre selbstbewusst als *prozesstragender Gesamtrahmen* für die Begegnung mit bestimmten Sachen interpretieren. Es geht in der Christenlehre sehr wohl um inszenierte Begegnungen mit Themen und einzelnen Sachen, aber in der „Haupt-Sache" geht es um mehr.

„Wozu dieses Ganze?"

„Welche Kirche braucht das Kind?" – diese grundsätzliche Frage der EKD-Synode 1994 hatte ich in der Einleitung aufgegriffen und Antwort-Elemente gesucht, ausgehend von einigen konkreten Praxissituationen. Am Ende dieses Arbeitsbuchs möchte ich ergänzen: „Welche Kirche braucht das Kind – *wozu*?" Die Ergänzung verstärkt die *pädagogische* Perspektive, mit zwei Blickwinkeln.

Ein institutionell-kultureller Blickwinkel

Die Kirche bietet in der Christenlehre „Gehalte des Glaubens" an. Das ist ihr institutioneller Auftrag, das ist ein erstes „Wozu". Sie bewertet diese Gehalte als „Positionen für gelingendes Leben". Deshalb lädt sie Kinder dazu ein, sich in Beziehung zu setzen, an der „Kommunikation des Evangeliums" teilzunehmen und eigene „Positionen" zu entwickeln. Dazu gehört auch die Wertschätzung für Vorläufigkeit und Fragmenthaftigkeit. Mehr noch: Kinderkirche als Angebot beinhaltet, überhaupt Erfahrungen mit Positionalität als eine Art und Weise des Sich-Einbringens in den kulturellen Kontext sammeln zu können. Die Kirche stimmt in diesen Interessen mit den Eltern überein, insofern sich diese für ihre Kinder

von solchen Angeboten Orientierung und Proviantierung für eine Lebensführung im christlichen Glauben versprechen.

Wozu das Ganze? Für die Kirche kommt zum institutionellen Auftrag noch ihr legitimes Interesse als *Organisation*: Sie verspricht sich von der Kinderkirche einen Beitrag zur Zukunftssicherung durch die Entwicklung von Zugehörigkeitsbewusstsein.

Ein personal-kommunikativer Blickwinkel

Die Kinder, denen wir im Rahmen der Forschung begegnet sind, stehen den kirchlichen Bemühungen, Gehalte des Glaubens durch Begegnung, Interaktion und Inszenierung „in Erfahrung zu bringen", aufgeschlossen gegenüber. Ihre Antwort auf die Frage nach dem „Wozu" ist freilich eingebettet in ein umfassendes Interesse am „Wohlfühlen". Sie wünschen sich eine Kirche, die ihnen Raum, Zeit und Gelegenheit gibt, zu sich selbst zu kommen, in ihren Themen und Bedürfnissen ernst genommen zu werden. Darin liegt ihr „Wozu" – das holen sie sich, so gut es ihnen die Umstände erlauben. Die Konkretionen dieser Bedürfnisse und die Ausformungen passgerechter Angebote sind so verschieden, wie Kinder und Gemeinden verschieden sind.

Christenlehre zum Staunen

Ich wünsche mir eine bildungsorientierte Arbeit mit Kindern in Kirchgemeinden, die ihr großes „Wozu?" dem *Prozess der Kommunikation des Evangeliums anvertraut.*

Das braucht im konkreten Vollzug, um den Prozess „halten" zu können, Professionalität. Denn es gilt, ganz verschiedene Faktoren zu sehen und zu würdigen, die zum Gelingen einer Kinderkirche beitragen. Es gehört zum gemeindepädagogischen Grundverständnis, dass die Frage nach dem „Wozu" viele Antworten erlaubt. Christenlehre ist kein starres Konzept. Es ist ein Sinn- und Handlungszusammenhang, der in konkreten Räumen und Zeiten immer wieder neu Gestalt gewinnt und durch Interaktion unterschiedlich geprägter Menschen bestimmt wird.

Das Vertrauen, dass dieser Zusammenhang erlebbar wird, kann sich stützen auf die Dynamik, die dem Glauben innewohnt. Der Kern dieser Dynamik hat Geschenkcharakter. Ich meine, dass Christenlehre und Kinderkirche ihre „Wozu"-Antworten dann am besten geben können, wenn ihre Wirkweise grundsätzlich als ein Geheimnis angesehen werden darf – wert, bestaunt zu werden.

Anhänge

Zu Kap. III-8: „Begegnungen planen"

Dynamische Verben für die Formulierung von Intentionen

Zu Kap. IV-1: „Profilentwicklung im Überblick"

Strukturgrafik zur Schrittfolge

Zu Kap. IV-4: „Visionen kreativ entwickeln"

Beispiel einer Schrittfolge mit Erläuterungen

Zu Kap. IV-5: „Gegebenheiten sichten"

Anregungen zu spielbetonten Befragungen von Kindern

Zu Kap. IV-5: „Gegebenheiten sichten"

Mindmap Analyse

Zu Kap. IV-7: „Die Umsetzung planen"

Mindmap Planung

Zur Beilage: „Fotopostkarten"

Methodische Vorschläge zum Einsatz

Zu Kap. III-8: „Begegnungen planen"

Dynamische Verben für die Formulierung von Intentionen im Verhältnis von Beteiligungsformen und Phasen im Prozess

Diese Verben beschreiben weder exakt realisierbare „Ziele", noch feststellbare Leistungsmerkmale („Operatoren"). Beschrieben werden in ihnen die „Absichten/Vorstellungen" des Erwachsenen hinsichtlich dessen, was die Kinder tun sollen, wollen sollen oder erleben sollen. Besonders im spirituellen und emotionalen Bereich kann es hier nur um „Intentionen" gehen – die gleichwohl steuernde/handlungsleitende Funktion haben.

Ebenen von Beteiligung

Phasen in einem Prozess (Stundenverlauf)	kognitiv	emotional	sozial	pragmatisch-kreativ	spirituell
ankommen	• sich fragen, wer wohl heute kommt • aufmerksam werden • entspannen	• sich einstimmen • Gefühle ausdrücken • im bekannten Raum ankommen	• bei anderen ankommen • den eignen Platz im Beziehungsgeflecht finden (indirekt) vergegenwärtigen	• ablegen, was stört • praktikablen Platz im Raum finden	• offen werden für den Prozess • Gefühle anvertrauen • vor Gott bringen • Gemeinde als Glaubensgestalt
anbahnen	• aufmerksam werden • kennen lernen • hören • sich anregen lassen • bekannt werden mit • eine Vorstellung entwickeln von	• wahrnehmen • achtsam werden für • staunend hören • sich berühren lassen von	• begegnen • miterleben • in Kontakt kommen mit • Anteil geben • miteinander auf die Suche gehen	• aktiv werden • probieren zu • formulieren • sammeln • anfänglich erkunden	• im Glaubensthema ankommen • still werden • offen werden für • nachdenklich werden • einen Raum eröffnen
entfalten	• erkunden • erklären • hören • ergänzen • zusammenstellen • Einblick gewinnen • vergleichen • erkennen • begründen • überlegen • bedenken • verbinden	• spüren • erleben • nachfühlen • miterleben • sich hineinversetzen	• vertraut machen • tolerieren • sich hineinversetzen • Anteil geben	• darstellen • veranschaulichen • schaffen • herstellen	• erkunden • suchen • nach Gott fragen • nach Zustimmung suchen • Zweifeln nachgehen
vertiefen	• einsehen • einordnen • wiedergeben • zusammenfassen • feststellen • beurteilen/Stellung nehmen • verstehen • Übersicht gewinnen • wissen/kennen	• vertraut werden mit • einfühlen • Fantasie entwickeln • Einstellung ändern • innerlich mitgehen	• zusammenwirken mit • offen lassen • tolerieren • kritikfähig werden • Streit üben • etwas zeigen/präsentieren	• umsetzen • können • fähig werden • ausdrücken • üben • sich mitteilen • anwenden	• anvertrauen • Hoffnung gewinnen • einen eigenen Weg entwickeln • planen
abschließen	• bündeln • bilanzieren • weiterführende Frage festhalten	• Befriedigung empfinden • sich freuen • sich aufs nächste Mal freuen • Wertschätzung erfahren	• besondere Art der Gemeinschaft erleben (z. B. in Gebet oder Spiel) • sich verabschieden	• nochmal ganz anders aktiv werden • Kooperationsformen erweitern	• Daseinsbejahung vergewissern • nach geistlicher Stärkung fragen • Zuspruch wahrnehmen • verbindliche Zuwendung erneuern • Hoffnung für die Woche gewinnen

Anhang zu Kap. IV-1

Zu Kap. IV-1: „Profilentwicklung im Überblick": Strukturgrafik zur Schrittfolge

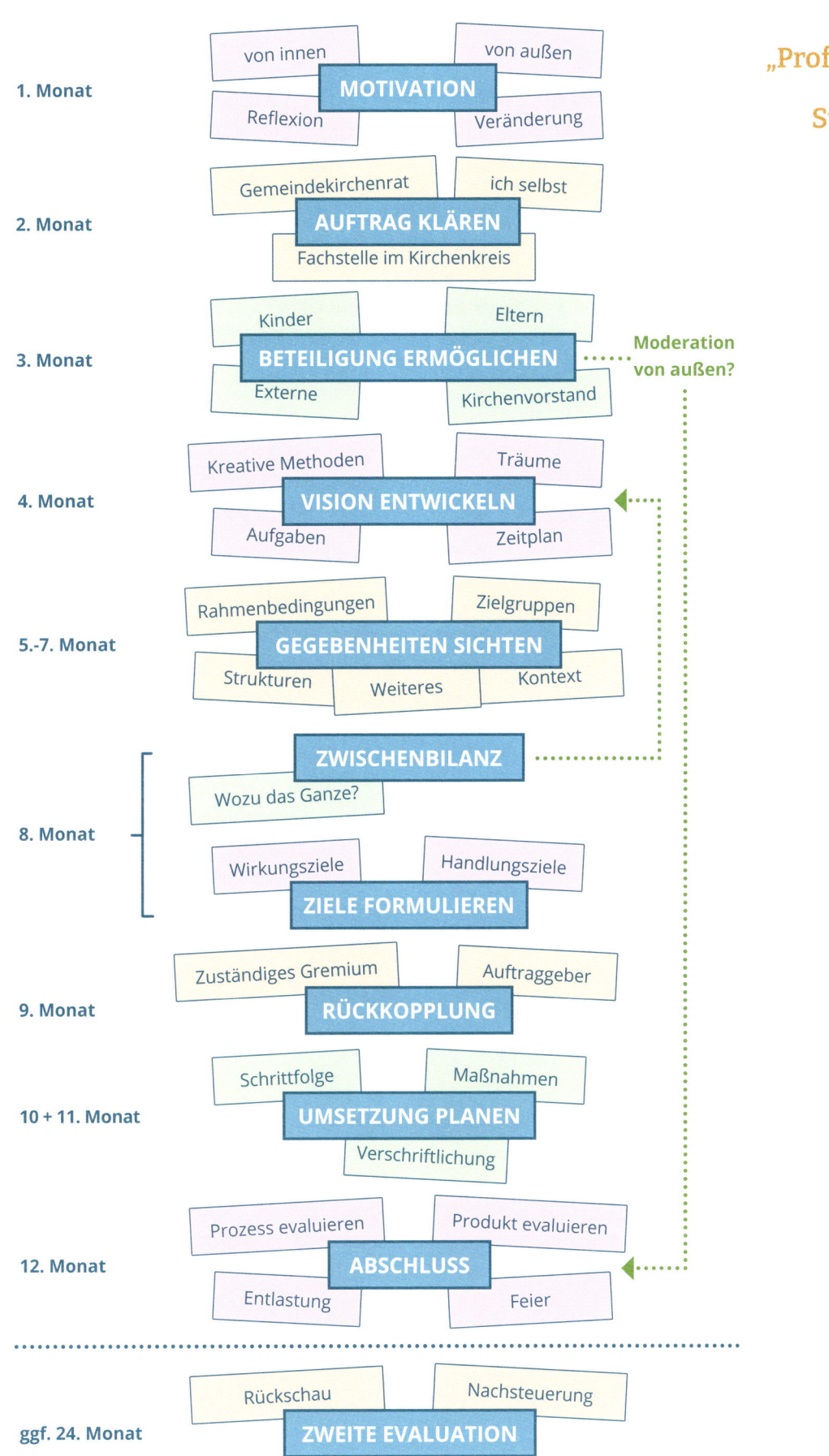

Anhang zu Kap. IV-4

Zu Kap. IV-4: Beispiel einer Schrittfolge mit Erläuterungen

In Kap. IV-4 habe ich bereits einige Merkmale der LEGO® Serious Play®-Methode benannt.
Der folgende Anhang soll Hinweise zur Anwendung ergänzen und mit der Schrittfolge eines Workshops verknüpfen.

Methodische Hinweise

Zeit ist kostbar. Die Einzelschritte sind absichtlich knapp bemessen. Die ersten drei Schritte sollte man keinesfalls abkürzen – sie sind eine sorgfältig gestufte Basis für das spätere Zusammenarbeiten am Modell. Insgesamt sollte der Workshop mindestens 3-4 Std. Zeit haben – Ideenentwicklung braucht Zeit.

- Wer keine Ausbildung in der Methode hat, sollte max. 10 Personen pro Workshop moderieren.
- Das Konzept eignet sich besonders, um *heterogene Perspektiven* sichtbar zu machen. Nehmen *Kinder* teil, sollten sie einen eigenen Tisch bekommen, weil sie viel schneller und intuitiver bauen als Erwachsene. Meist wird es dann zwei Schlussmodelle geben. Ggf. brauchen Kinder zwischendurch Erinnerungen an das Thema des Modells.
- Mithilfe der Modelle können sich die Tn besser verständlich machen, gegenseitig zuhören und wichtige Elemente im Kopf behalten. Wenn sie gemeinsam ein Modell bauen, intensiviert sich das wechselseitige Verstehen, vor allem für die leitenden Ideen. Beim Reihum-Erzählen ist darauf zu achten, dass die Tn nicht die Denkwege *in ihrem Kopf* schildern, sondern ihre Vorstellung *aus dem Modell heraus* erzählen. Das Erzählen ist Teil der *Identifikation mit* dem Modell und *Reflexion über* dieses. *Bewertungen* (auch lobende) sollten unbedingt vermieden werden.
- Die präzise Formulierung der „Aufgabe" ist wichtig. Sie wird aus dem Ziel des Workshops abgeleitet, muss also zum „Auftrag", zur Prozessstation in der Profilentwicklung und zur „Rolle", die die verschiedenen Tn im Prozess spielen (Kinder, Eltern, Kirchvorsteherinnen, Gemeindepädagogin etc.) passen.

Regeln

Der Moderator bittet die Gruppe, einige Regeln einzuhalten:

- Lassen Sie Ihre Hände denken.
- Teilen Sie miteinander die Geschichte, die Ihr Modell erzählt.
- Jeder baut, jeder teilt.
- Dein Modell zeigt Deine Bedeutung.
  Es gibt kein Richtig oder Falsch – weder in den Modellen noch in den Erzählungen.
- Hören Sie einander intensiv zu – auch mit den Augen.
- Modelle dürfen befragt, aber nicht bewertet werden.

Mindestbedarf (Empfehlungen)

- Pro Tn eine Grundplatte 32 x 32 Noppen
- Spielsteine: Pro Tn eine ungefähr gleich gefüllte Schachtel oder ein Haufen gemischter Steine und Figuren in der Mitte des Tisches – Kinderzimmer sind wahre Fundgruben.[1] Es lohnt sich, auch einige extravagant aussehende Teile und ein paar Duplo-Steine beizugeben. Für den Bau der Verbindungen können Fäden, Stäbe, biegsame Strohhalme, Mini-Netze etc verwendet werden.
- Pro Tisch eine Grundplatte 64 x 64 für das gemeinsame Modell
- Ca. 15 Grundplatten 16 x 16 für die „äußeren Einflussfaktoren"
- Klebezettel, Flipchart, Fotohandy

Feedback-Fragen:

- Diese Erkenntnisse zum Thema nehme ich mit …
- Am Prozess des Workshops hat mir gefallen / mich gestört …
- Das sollten wir in den nächsten Schritten im Blick behalten …

Nebenstehender QR-Code führt zu einem kurzen Film, der Arbeitsweise und Schrittfolge dieser Methodik veranschaulicht.

Anhang zu Kap. IV-4

Bilder

Die Fotos in Kap. IV zeigen folgende Stationen zur Aufgabe: „Kinderkirche, wie wir sie uns wünschen."[2]

IV-Deckblatt: Die beiden Modelle der Teilgruppen: links das der Kinder, rechts das der Erwachsenen
IV-Startseite: vorbereiteter Tisch
IV-1: Modell: „Ein freies Wochenende für mich"
IV-2: Modell: „Ein freies Wochenende für mich"
IV-3: „Die Geschichte teilen": die Erwachsenen hören zu
IV-4: „Die Geschichte teilen": die Erwachsenen hören zu
IV-5: Kinderkirche: „Ein gemeinsames Modell bauen"
IV-6: Die Kinder entwickeln ihr Modell
IV-7: Die Kinder zeigen den Erwachsenen ihr Modell
IV-8: Die Erwachsenen zeigen den Kindern ihr Modell (mit „Einflussfaktoren")
IV-9: Kinder stecken Fähnchen in das Modell der Erwachsenen und erläutern so Akzente

Vorschlag einer Schrittfolge zum „Visionen entwickeln" im Rahmen eines Profilierungsprozesses zur „Kinderkirche", z. B. 5 Erwachsene, 5 Kinder

Zeit	Schritt	Bemerkungen
45'	**Vorbereitung**	zwei Tische für je fünf Personen (10 Schachteln + 10 32er Platten) Weiteres Material auf separaten Tischen, Glöckchen für Zeitansagen, Pausensnacks
10'	**Begrüßung, Vorstellung**	*Thema klären*: (z. B. „Kinderkirche in der Gruppe 8-10, wie ich sie mir wünsche")
5'	**Ablauf und Regeln**	■ Regeln auf Flipchart ■ Schritte ganz kurz benennen ■ allgemeine Regeln (s. o.) ■ Bitte: Dem Prozess vertrauen ■ Jetzt und hier dabei sein: Handys ausschalten, Fotos gern in den Pausen
3'	**Ente**	*Mit dem Material in Kontakt kommen* „Baue eine Ente!"
5'		Reihum zeigen. *Reflexion*: Die verschiedenartigen Ideen zum gleichen Thema würdigen. Stärke des Konzeptes: Kein Richtig oder Falsch.
3'	**Brücke**	*Kreativität entwickeln*: „Baue auf deiner Platte eine Brücke: mindestens zwei Füße, sehr hoch, sehr weit, sehr schön."
5'		Moderator testet mit einem Spielzeug-Elefant o. Ä. die Belastbarkeit – eine wird kaputtgehen. *Reflexion*: Wieder – vielfältig! Wie ging es euch, als die Brücke kaputtging? Reaktion zeigt: Wie schnell man eine persönliche Beziehung zu seinem Werk aufbaut.
3'	**Modell 1**	*Metaphorisches Denken aktivieren*: „Nimm fünf Steine und baue, was dir grade in den Sinn kommt."
5'		Reihum zeigen und erklären, was das Konstrukt bedeutet

---

[1] Es handelt sich um einen kleinen Ausschnitt aus einem viel größeren „Werkzeugkoffer" der Teamentwicklung. Bei einer wiederholten Anwendung oder auf (über)regionaler Ebene lohnt es vielleicht, speziell für dieses Konzept entwickelte „Starter-Sets" zu erwerben (eines pro Tn).
[2] Die Details des Spielmaterials wurden auf den Fotos nachträglich mit Unschärfen versehen, um den Trademark Guidelines des Herstellers zu entsprechen. https://seriousplaypro.com/2016/12/20/revised-trademark-guidelines-for-lego-serious-play/ (Abruf 10. 03. 2023)

Anhang zu Kap. IV-4

10'	**Modell 2**	*Metaphorisches Denken verbreitern*: „Ein freies Wochenende für mich" (Hinweis: „Wenn du nicht weißt, was du bauen willst, einfach anfangen!")
15'		Zwei Tische „besuchen" sich gegenseitig. Reihum die Geschichte aus dem Modell heraus erzählen. Andere dürfen nachfragen. Personen werden nicht infrage gestellt. Moderator hilft, „mit den Augen zuzuhören". *Reflexion*: Kopf-Hand-Verbindung aktiviert. Wir geben unseren Vorstellungen Ausdruck, wir geben Sachen Bedeutung. Die Materialien helfen uns, eine Geschichte dazu zu erzählen.
15'	**PAUSE**	Einladung, Modelle zu fotografieren. Modelle abbauen
15'	**Einzelmodelle zum Thema**	*Thema erinnern*: „Bau ein Modell zur Kinderkirche in der Gruppe 8-10, wie du sie dir wünschst." Haben die Tn bisher mit individuell begrenzten Sets von Steinen gearbeitet, dürfen sie sich ab jetzt aus dem zusätzlichen Steine-Reservoir bedienen.
15'		Zwei Tische „besuchen" sich gegenseitig. Reihum die Ideen aus dem Modell heraus erzählen. Modelle nicht abbauen.
20'	**Gemeinsames Modell**	*Kooperation beginnen*: Eine 64er Platte in die Mitte: „Baut ein gemeinsames Modell aus den einzelnen Ideen. Drei Vorgaben: 1) Jeder muss mit dem Ergebnis zufrieden sein. 2) Von jedem am Tisch muss etwas im gemeinsamen Modell drin sein. 3) Jeder muss die Geschichte des neuen Modells erzählen können. Die bisherigen Einzelmodelle dürfen dabei nicht komplett übernommen werden."
15'	**Äußere Einflussfaktoren**	*Das Thema im Kontext sehen*: „Was oder wer hat Einfluss auf diese Kinderkirche, wie sie euch gefällt? Mit den kleinen 16er Platten könnt ihr solche Faktoren bauen. Zunächst jeder für sich, dann einander zeigen. Erstmal noch nicht an das große Modell dran bauen. Einflussfaktoren können greifbar sein (Raum) oder nicht greifbar (Gesetz). Sie können intern und extern sein. Sie brauchen nicht bewertet zu werden."
5'	**Verbindungen**	„Jetzt benutzt die Verbinder! Wie nah, wie weit weg sind die Einflussfaktoren? Welche Art von Verbindung haben sie? (Kette, Brücke, Leiter, Strick – an den Rand oder bis in die Mitte des Modells?)"
15'	**2. Pause**	Gelegenheit, Fotos zu machen
20' je nachdem	**Präsentation und Akzentuierung**	Diese Phase evtl. per Handy filmen, damit kein Gedanke verlorengeht. (Bitte, laute Geräusche zu vermeiden!) Mithilfe von Zeigestöcken (aus Steckleitern oder Verbindern) zeigen sich die Tische gegenseitig die Modelle (je 5'). Mit Stichwörtern auf Klebezetteln oder mit „Flaggen-Teilen" markieren Tn beim jeweils anderen Modell, was ihnen besonders gut gefällt und als Idee weiter bedacht werden soll (je 5'). Die Anderen dürfen nachfragen. *Reflexion*: Die Komplexität wird sichtbar. Die entstandenen Modelle sind nicht der kleinste gemeinsame Nenner, sondern mehr als die Summe ihrer Einzelteile. Viele sind beteiligt.
20'	**Auswertung, Verabredungen**	Für Weiterarbeit wichtige Sätze visualisieren (Flipchart). Ggf. Ergebnisse mit bisherigem Profil von Kinderkirche vergleichen. Ggf. nächste Schritte verabreden (Operationalisierung). Feedback zu Prozess und Ergebnis Nicht vergessen: Modelle fotografieren, inkl. der Klebezettel.
Reservezeit	**aufräumen**	Jeder baut sein eigenes Modell auseinander. Aufräumen am besten gemeinsam.

… Anhang zu Kap. IV-5

Zu Kap. IV-5: „Gegebenheiten sichten": Anregungen zu spielbetonten Befragungen von Kindern

Die sozialwissenschaftliche Kindheitsforschung hat ein breites Methodenrepertoire entwickelt, um die Lebenswelten von Kindern zu erfassen und ihre Sozialisationsbedingungen kennen zu lernen. Für die pädagogische Praxis hat diese Perspektive, neben den in Kap. II-1 und III-6 erwähnten entwicklungspsychologischen Erkenntniswegen, in den letzten Jahrzehnten zunehmende Bedeutung gewonnen. Die in Kap. II-8 erwähnte sozialökologische Perspektive bereitet sozusagen den Boden für genauere Erkundungen der Lebenswelt.

Für eine lokale oder regionale Profilentwicklung in der bildungsorientierten Arbeit mit Kindern muss es von hohem Interesse sein, herauszufinden, aus welchen Kontexten die Kinder kommen, worin ihre Freizeitbedürfnisse bestehen, welche Zusammenhänge sie selbst zu anderen Formaten und Orten religiöser Bildung herstellen etc. Denn man kann guten Gewissens davon ausgehen, dass die Kinder mit sehr unterschiedlichen Voraussetzungen kommen. „Was brauchen sie jeweils? Was brauchen sie von der Christenlehre?"

Sozialwissenschaftliche Expertise wird nur in Ausnahmefällen erreichbar sein. Aber schon mit einfach anzuwendenden Methoden kann man für lokale Zwecke gute Ergebnisse erzielen. Im Folgenden skizziere ich die Methoden, die wir in den Kindergruppeninterviews angewendet haben und die den Fallbeschreibungen in Kap. I-1-3, I-2-3, I-3-3 und I-4-3 zugrunde liegen. Sie sind leicht zu übernehmen und auszuprobieren.

Das Ziel war, den Kindern mithilfe von Impulsen verschiedene altersgerechte Anlässe zu geben, um persönliche Motivationen, Sichtweisen, Einstellungen und Gefühle im Blick auf die konkrete Veranstaltungsform darzulegen und nach Möglichkeit ereignisbezogen-erzählerisch zu entfalten: Die Kinder als Experten ihrer Praxis. Dafür wurde eine spielerische Gesamtatmosphäre mit weitest möglicher Reduktion des Problems der „sozialen Erwünschtheit bestimmter Antworten" geschaffen. Folgende methodische Elemente wurden für die Umsetzung entwickelt, hier jeweils mit Anfangsimpulsen wiedergegeben. Die Impulse waren anfänglich konkret formuliert (kürzliche Erlebnisse, entscheidungsbezogene Anfangsformulierungen), wurden im Verlauf aber *zunehmend offener* (Erzähl-Impulse) und schlossen Möglichkeiten zu Wiederholungen und Ergänzungen ein.

- **Bewegungsmöglichkeiten im Raum**
(Positionierung auf einer gedachten Linie im Raum mit dem Angebot zur anschließenden begründenden Erläuterung bezüglich der gewählten Position)

- Wie viel Lust hattest du heute, zur Kinderkirche/Christenlehre zu kommen?
- Wenn Religionsunterricht und Kinderkirche zur selben Zeit stattfinden würden, wo würdest du lieber hingehen?
- Wenn Kindergottesdienst und Kinderkirche zur selben Zeit stattfinden würden, wo würdest du lieber hingehen?
- Kommt ihr hierher, weil ihr selber hierher kommen wollt, oder weil euch eure Eltern oder Großeltern schicken?
- Diese vier Impulse wurden nach dem Aufstellen jeweils ergänzt durch: Wer mag sagen, weshalb er oder sie sich gerade an diese Stelle der Linie gestellt hat?

- **Geschicklichkeits-Anreize in Verbindung mit Aktivierung der Gruppendynamik**
(Faden-Netz durch Zuwerfen eines Wollknäuels bei Beantwortung des Frageimpulses, Reihenfolge durch die Kinder bestimmt)

- Worauf freust du dich, wenn du an die Kinderkirche denkst? Erzähl mal!
- Erzählt mal: Wie war es, als ihr mal keine Lust auf Christenlehre hattet – woran lag das?
- Hast du Geschwister in der Kinderkirche?

- **Visualisierung**
(durch die Interviewenden ausgelegte Zettel, beschriftet mit den Stationen der soeben miterlebten Kinderkirche-Stunde zwecks Rekapitulation, freiem Bewerten, Entfernen, Ergänzen und Erläutern einzelner Elemente durch die Gruppe)

Anhang zu Kap. IV-5

- Habe ich irgendetwas vergessen, was für euch zu Christenlehre dazu gehört, was heute vielleicht gar nicht da war, was ich gar nicht gesehen habe?
- Wenn ihr von diesen vielen Stationen eine wegnehmen dürftet, was würdet ihr wegnehmen?
- Was muss unbedingt in der Kinderkirche dabei sein, damit es Kinderkirche ist?

- **Spannungserzeugung**
(Luftballons aufblasen, zum Platzen bringen, um aus den darin befindlichen Zettel-Teilen im Puzzle-Stil gemeinsam die nächste Aufgabenstellung zu ermitteln. Kinder, die sich vor dem Knall fürchteten, gaben ihren Luftballon anderen zum Platzenlassen, um sich selbst die Ohren zuhalten zu können. Das Puzzle-Blatt benannte die folgende Aufgabe.)

- **Gelegenheit zur ablenkungsfreien Einzel-Schreibarbeit** (Brief an ein fiktives Kind schreiben)

- Stell dir vor: Jemand erzählt dir, dass ein Kind in deinem Alter namens Oliver oder Clara bald in euren Ort ziehen wird. Aber es weiß nicht, was Kinderkirche ist. Du kannst jetzt an Oliver oder Clara einen kurzen Brief schreiben. Wie würdest du diesem Kind erklären, was Kinderkirche ist?

- **kleine Prämien zur Stärkung der Beteiligungsmotivation** zwischen den Schritten des Interviews (Naschereien, Sticker u. Ä.).[1]

RAUM FÜR NOTIZEN

---

[1] Methoden und Frageformen wurden entwickelt in Auseinandersetzung mit Trautmann, Thomas: Interviews mit Kindern. Grundlagen, Techniken, Besonderheiten, Beispiele, Wiesbaden 2010; Heinzel, Friederike (Hg.): Methoden der Kindheitsforschung. Ein Überblick über Forschungszugänge zur kindlichen Perspektive, Weinheim / Basel ²2012. Ein breites Spektrum von leicht anwendbaren Methoden zur Analyse der Lebenswelt von Kindern enthält auch von Spiegel, Hiltrud: Offene Arbeit mit Kindern – (k)ein Kinderspiel. Erklärungswissen und Hilfen zum methodischen Arbeiten, Münster 1997.

Zu Kap. IV-5: „Gegebenheiten sichten": Mindmap zu möglichen Fragestellungen

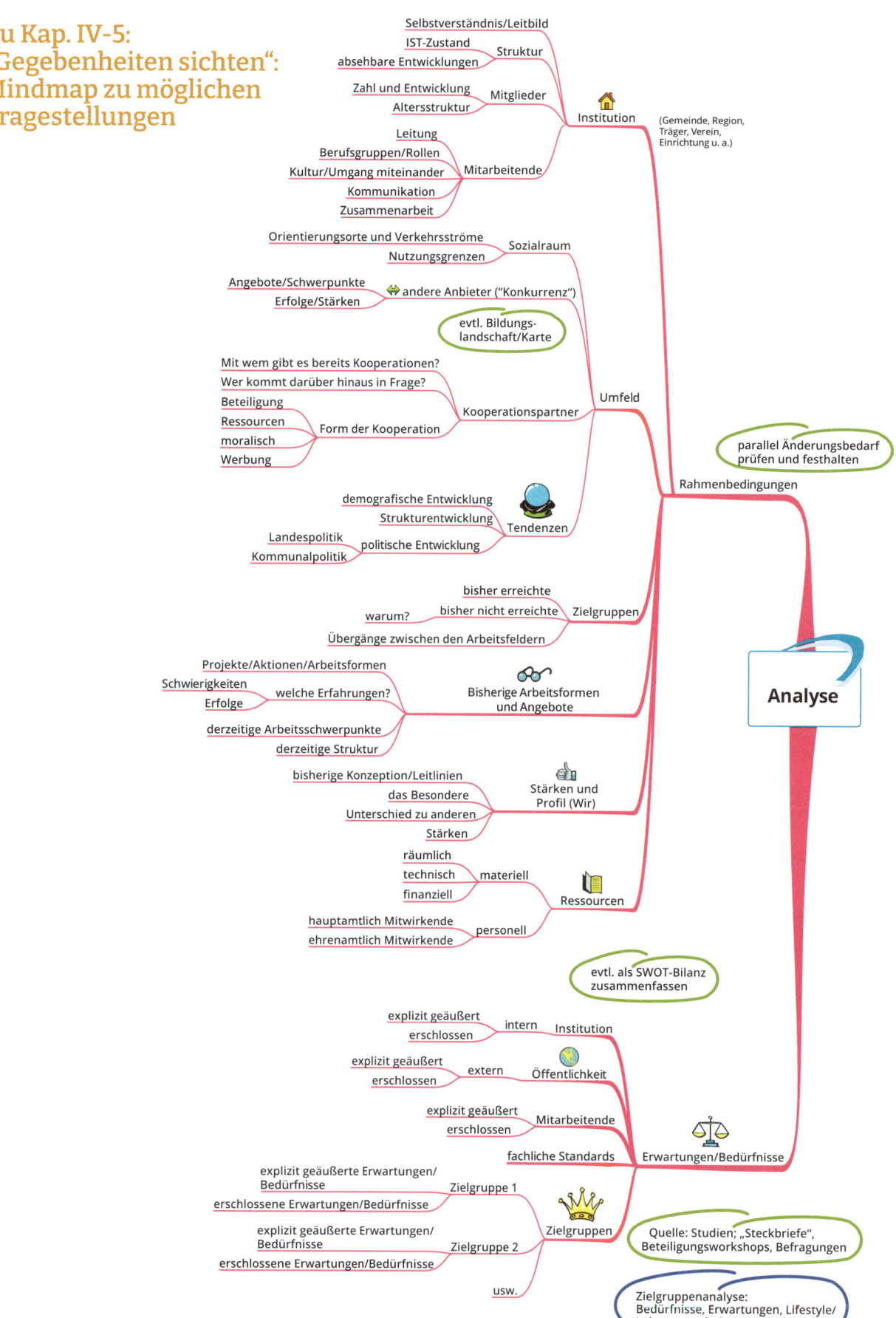

Anhang zu Kap. IV-7

Zu Kap. IV-7: „Umsetzung planen": Mindmap zu möglichen Perspektiven und Verknüpfungen

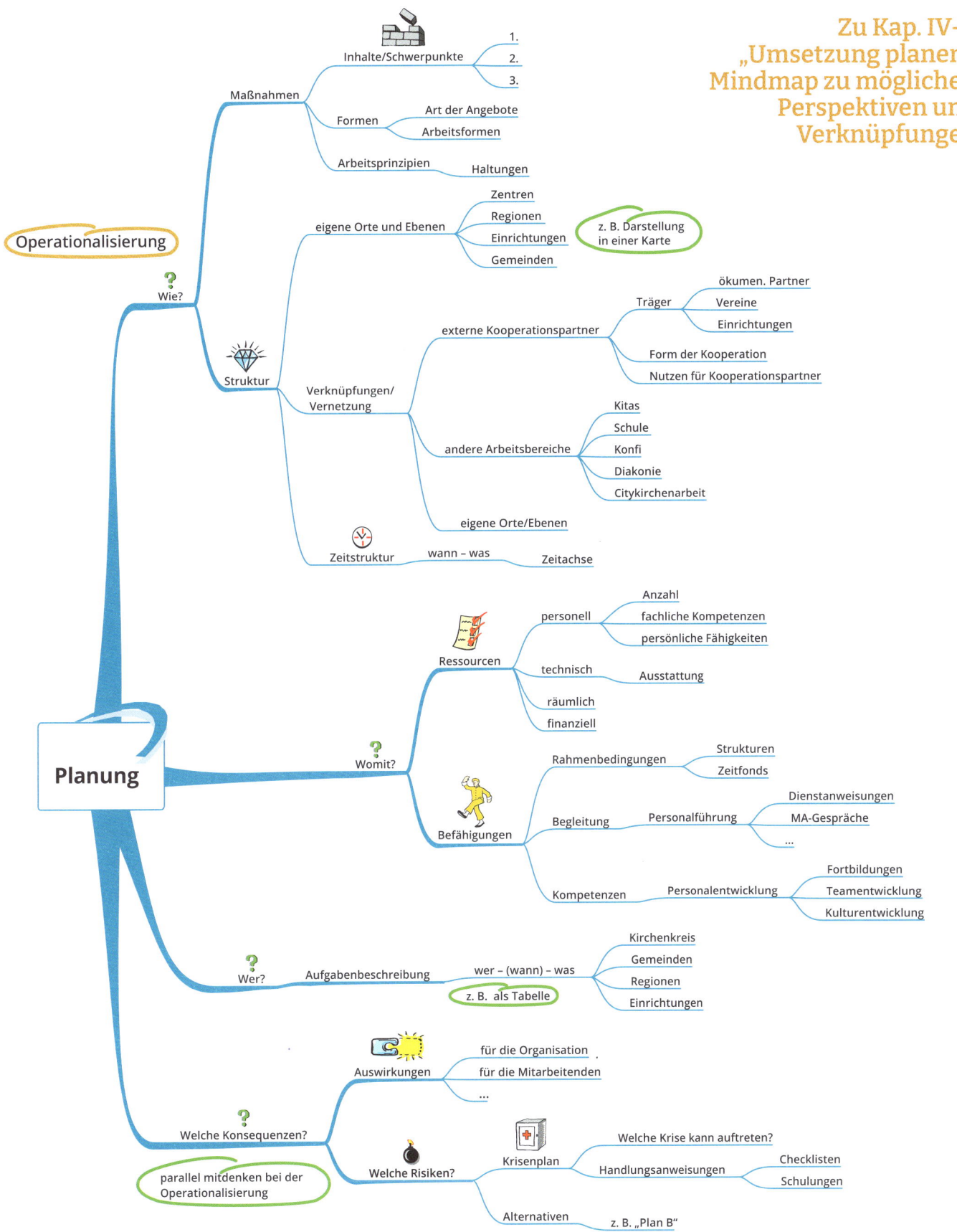

© Thomas Aßmann – Kinder- und Jugendpfarramt der EKM – Referat Konzeption – thomas.assmann@ekm.de

Beilage Foto-Karten

Zur Beilage: „Foto-Karten": Methodische Vorschläge zum Einsatz

Erwachsenenbildung

Bild-Karten werden gern und vielfältig in der Erwachsenenbildung eingesetzt, weil sie handlungsfeld-typische Merkmale wie Teilnehmer-Orientierung, biografisches Verbalisieren und ganzheitliches Lernen unterstützen.

Im Prozess einer Profilentwicklung zur bildungsorientierten kirchlichen Arbeit mit Kindern können die beigefügten Fotos z. B. bei einem Elternabend eingesetzt werden, einer Sitzung im Presbyterium oder auch in einem gemeindepädagogischen Konvent. Der folgende Vorschlag geht davon aus, dass die meisten Anwesenden über keine oder keine gemeinsamen „Innenansichten" von Christenlehre verfügen. Der Vorschlag geht weiterhin davon aus, dass die Gruppe aus 5-7 Personen besteht – sind zwei Sets der Fotokarten verfügbar, können sowohl Vorder- als auch Rückseiten genutzt werden.

Intentionen

Inhaltliche Intentionen
Die beigefügten 40 Fotos auf 20 Karten
- beinhalten Informationen zu Stationen und Wirkfaktoren von Kinderkirche
- tragen dazu bei, gemeinsame Gesprächsstände herzustellen
- wecken biografische Assoziationen und Anknüpfungspunkte
- provozieren Auseinandersetzung
- helfen beim Fokussieren und Sortieren diffuser Meinungen
- unterstützen inhaltliche Differenzierungen

Kommunikative Intentionen
Die Karten unterstützen
- die spontane Aktivierung der Anwesenden
- die kommunikative Interaktion zwischen ihnen
- die kreativ-assoziative wie auch kognitiv strukturierte Auseinandersetzung mit den Inhalten
- Verbalisierungen und Präzisierungen von Ideen
Der Zeitpunkt, an welchem im Laufe eines Prozesses zur Profilentwicklung mit den Fotokarten gearbeitet wird, kann variieren – Anfangssituationen werden vermutlich am häufigsten gewählt, aber auch für die Sichtbarmachung von Visionen (→ vgl. IV-4) oder die Diskussion von Handlungszielen (→ vgl. IV-6) eignet sich das Set.

Methoden

Die 40 Fotomotive beinhalten *personale, interaktionale und prozessuale* Aspekte. Wer mit den Fotos arbeitet, muss also zunächst eine Auswahl treffen, inkl. Vorder- oder Rückseite. Die Auswahl kann durch eine Konzentration auf bestimmte Aspekte präzisiert werden.

Je nach Zielstellung kann eine der folgenden Methoden ausgewählt werden.

Assoziative Methoden
- Aus dem offen ausgebreiteten Foto-Set kann sich jeder Teilnehmer ein Bild, das ihn *persönlich-emotional* berührt, auswählen und mit wenigen Worten den anderen erläutern: („Was ist mir das Liebste an Christenlehre?").
- Der Impuls kann auch biografisch angelegt sein und die unterschiedlichen Erinnerungen der Anwesenden mit den Bildern verknüpfen.
- Unter Umständen mag es hilfreich sein, wenn sich die Teilnehmenden über ihre Auswahl zunächst oder ausschließlich im Nachbarschaftsgespräch austauschen.

Themenerschließende Methoden
- Ein *sachlich-kognitiver Akzent* kann sich anschließen („Was finde ich am wichtigsten an Kinderkirche?"). Unter Umständen erweist sich dafür eine zweite Runde der Fotoauswahl als nötig. Vielleicht ist es auch angemessen, die Wahl von *zwei* Fotos zu ermöglichen.
- Für die Weiterarbeit ist es hilfreich, die Fotos der Teilnehmenden, nachdem sie sich jeweils geäußert haben, auf einem Plakat zu befestigen und darunter einige Stichpunkte zum jeweiligen inhaltlichen Akzent zu ergänzen. So kann eine erste Übersicht entstehen, die die Grundlage für das weitere Gruppengespräch bildet, z. B. indem ähnliche Akzente nahe zueinander geordnet werden.
- Man kann auch den umgekehrten Weg gehen. *Nachdem* Kleingruppen einen Themenausschnitt diskutiert haben, wählen sie sich *anschließend* ein Foto aus, mit dem sie ihr Gruppenergebnis am besten für alle anderen veranschaulichen können.

Weitere Hinweise

Sollte das Gespräch schwer in Gang kommen, empfiehlt sich ein kontrastiver Einstieg durch die Moderation. Sie wählt dann zwei Fotos mit stark unterschiedlichen Akzenten aus und lädt die Gruppe ein, sich zu positionieren – z. B. zwischen verschiedenen Formenelementen im Verlauf einer Stunde.

Sollte die Gruppe mit den Fotos weiterarbeiten wollen, kann sie sie auch in einer „story" sortieren und damit die „Geschichte einer Kinderkirche" erzählen. Daraus wiederum kann eine kommentierte Ausstellung für die ganze Gemeinde werden.

Spannend wäre es auch, die beigefügten (dokumentarischen) Fotos mit weiteren (symbolischen) Bild-Karten zu kombinieren, d. h. Motiven aus Landschaft, Technik, Tierwelt etc. Solche Ergänzungen kämen jenen Anwesenden entgegen, denen die Bilder der beigefügten Sammlung zu konkret sind, zu festlegend und die eher assoziative Weite brauchen, um ihre Vorstellungen erläutern zu können.

Das Forschungsprojekt, dessen Ergebnisse diesem Arbeitsbuch zugrunde liegen, findet sich dokumentiert und mit fachlichen Kommentaren versehen in folgendem Buch:

Steinhäuser, Martin: **„Kinderkirche, Christenlehre & Co"**. *Profilentwicklung in der bildungsorientierten Arbeit mit Kindern in Kirchgemeinden.*
Bd. 2: Dokumentation und Kommentare zum Forschungsprojekt, Leipzig 2024.

Bildnachweise

Alle Fotografien in diesem Buch stammen im Sinne des Urheberrechts von Bertram Kober, mit Ausnahme von S. 9 und 156 (Martin Steinhäuser: Ev. Marienkirche Stralsund & Michaelis-Friedens-Kirchgemeinde Leipzig) und S. 152 (Timm Harder: Ev. Gemeinde Meran).

Ich bedanke mich sehr herzlich bei den Gemeindepädagogen und Gemeindepädagoginnen, den Kindern und ihren Eltern für die Genehmigung, Fotos für dieses Arbeitsbuch anfertigen zu dürfen:

Ev.-Luth. Kirchgemeinde St. Nikolai, Leipzig (S. 18, 19, 111, 119)
Ev.-Luth. Kirchspiel Dresden-Neustadt (Martin-Luther-Kirchgemeinde)
(Cover, S. 10, 21, 22, 24, 27, 29, 31, 33, 35, 36, 107, 109, 119, 122, 128, 129, 142, 148, 153, 177, 186)
Ev.-Luth. Christuskirchgemeinde, Dresden-Strehlen (S. 8, 13, 39, 40, 46, 50, 53, 54, 55, 56, 106, 112, 141, 179)
Ev.-Luth. Kirchgemeinde Ottendorf-Okrilla (S. 14, 16, 59, 60, 61, 65, 67, 71, 104, 144, 184, 185, Innencover hinten)
Ev.-Luth. Kirchgemeinde Zwenkau (Innencover vorn, S. 4, 5, 17, 75, 78, 81, 83, 84, 87, 89, 90, 92, 98, 101, 103)
Ev.-Luth. Kirchgemeinde Schneeberg-Neustädtel (S. 105, 115, 123, 124, 181, 195)
Ev.-Luth. Kirchgemeinde Reichenberg (S. 116, 138)
Ev.-Luth. Kirchgemeinde Frieden und Hoffnung, Dresden (S. 127, 150, 151, 180)
Ev.-Luth. Kirchgemeinde Johannes-Kreuz-Lukas (Gemeinde um die Lukaskirche), Dresden (S. 3, 11, 133, 147, 183)
Ev.-Luth. Michaelis-Friedens-Kirchgemeinde, Leipzig (S. 154, 155, 156, 157, 161, 162, 165, 167, 168, 171, 172, 175)

Grafiken S. 94-95 (Larissa Taubert), 120-21 (Alina Ott), 133 (Juliet Ullmann), alle anderen grafischen Inhalte: Martin Steinhäuser, grafische Umsetzung: Silke Kröger.